普通高等教育"十二五"规划教材

水利水电工程导论

主　编　魏　松　王　慧
副主编　王俊杰　陈　艳
主　审　徐得潜

中国水利水电出版社
www.waterpub.com.cn

内 容 提 要

本书为普通高等教育“十二五”精品规划教材。全书共分10章，内容包括：绪论，水利水电工程专业教育基本知识，水库、水利枢纽及水工建筑物，挡水泄水建筑物，取水输水建筑物，水电站，灌溉排水及泵站工程，防洪治河工程，生态水利工程，水利水电工程勘测、设计、施工和管理。内容叙述浅显易懂，力求通过本书，形成水利水电工程专业基本概念，构建对水利水电工程专业的大局观，培养专业学习兴趣。书中配备了大量易于理解的工程图，可使学生更直观地掌握相关水利水电工程基本知识。

本书适用于大学本科，可作为水利水电工程专业导论课教材和专业认识实习预备知识教材，也可用于其他专业学生水利工程概论选修和水利行业管理人员的培训教材。

图书在版编目（CIP）数据

水利水电工程导论/魏松，王慧主编．—北京：中国水利水电出版社，2012.1（2013.8重印）
普通高等教育“十二五”规划教材
ISBN 978-7-5084-9408-1

Ⅰ.①水…　Ⅱ.①魏…②王…　Ⅲ.①水利水电工程-高等学校-教材　Ⅳ.①TV

中国版本图书馆CIP数据核字（2012）第005606号

审图号：GS（2011）1600号

书　　名	普通高等教育“十二五”规划教材 **水利水电工程导论**
作　　者	主编　魏松　王慧　　副主编　王俊杰　陈艳 主审　徐得潜
出版发行	中国水利水电出版社 （北京市海淀区玉渊潭南路1号D座　100038） 网址：www.waterpub.com.cn E-mail：sales@waterpub.com.cn 电话：（010）68367658（发行部）
经　　售	北京科水图书销售中心（零售） 电话：（010）88383994、63202643、68545874 全国各地新华书店和相关出版物销售网点
排　　版	中国水利水电出版社微机排版中心
印　　刷	北京纪元彩艺印刷有限公司
规　　格	184mm×260mm　16开本　9.5印张　225千字
版　　次	2012年1月第1版　2013年8月第2次印刷
印　　数	3001—6000册
定　　价	**19.00**元

前言

随着我国社会经济飞速发展，高等教育也步入了一个快速发展期，人才培养模式也正从精英教育向大众教育过渡。《国家中长期教育改革和发展规划纲要（2010～2020年）》的出台，进一步明确了高等教育人才培养的目标，其中“坚持能力为重。优化知识结构，丰富社会实践，强化能力培养。着力提高学生的学习能力、实践能力、创新能力、……”被定为该纲要的战略主题之一。为此，各高校在专业教学计划的制定中，有针对性地增加对学生创新实践能力的培养，在课程安排上逐步增加实践教学环节的课时、减少课堂教学课时。本书正是在该形势下编写的，适用于水利水电工程专业导论和专业认识实习等课程。

水利水电工程，有其自身不同于其他工程的特点，具体表现有工程规模大、投资大、建设难度大、建设周期长、失事损失大等特点，故在人才培养中应有较适合该专业的个性化培养方式。对于水利水电工程专业导论课程而言，不仅要在有限的课时内（一般8～24课时）循序渐进地引导学生建立专业概念、诱发专业学习兴趣、培养专业精神，使其形成愿学、肯学的学习态度，更应构建对水利水电工程专业的大局观，从而形成立志服务水利的价值取向。基于以上思考，结合大一新生刚接触水利水电工程专业的教学环境，要求教材编写重图文介绍、轻专业知识，以建立水利水电工程基本概念，同时注意导论与水利专业课的区别，特别是对专业术语的解释力求通俗易懂。

在本书内容安排上，注重层次性，总体上按照由总到分的思路编写。如第一章介绍水资源和水利事业概况，第三章介绍水利枢纽和水工建筑物基本概念，第四～第八章分别介绍该专业涉及的不同类型水工建筑物、灌排及泵站工程、防洪治河工程。同时，教材第九章对生态水利工程也作了介绍。第十章简要介绍了水利工程的建设管理及施工。为了使大一新生对未来学习内容有所了解，第二章特别介绍了该专业教育基本知识。

全书由合肥工业大学魏松、王慧任主编，重庆交通大学王俊杰、山东科技大学陈艳任副主编，由魏松统稿。具体分工为：第二、第七、第九章由魏松编写，第一、第三、第十章由王慧编写，第四、第八章由王俊杰编写，第五、第六章由陈艳编写，魏松、王俊杰和陈艳也参与了其他章节的部分编写工作。全书由全国水利水电工程专业教学指导委员会委员合肥工业大学徐得潜教授主审。

由于编者水平有限，基本思想可能没有得到很好贯彻执行。同时，书中难免疏漏、表达错误之处，恳请同行专家和读者批评指正。

编者

2011年7月

目录

第一章 绪　论

水是生命的源泉，是一切生物赖以生存以及社会经济发展的重要物质资源。地球上的水资源是有限的，具有时空分布不均等特点。因此，水也会引起洪、旱、涝、渍、盐碱、滑坡、泥石流、海啸、风暴潮、环境恶化等灾害。如何开发利用水资源、保护水资源，使水资源得到有效、可持续应用，达到兴水利、除水害目的，是我们必须研究的课题。水利事业正是基于除水害和兴水利的根本任务，使水资源按照需求达到合理的利用、开发、保护，防止可能对人类的灾害，而实现兴利除害目的最根本的措施就是兴建水利工程。本章主要介绍地球上的水资源及中国水资源的概况和特点、水利事业和中国水利工程建设成就。

第一节 水　资　源

一、地球上的水资源

水资源是指地球上各种形成的（气态、液态或固态）天然水，包括大气中的水汽和水滴，海洋、湖泊、水库、河流、土壤、含水层和生物体的液态水，冰川、积雪和永久冻土中的固态水，岩石中的结晶水。水资源又可分为地表水和地下水。人类大量利用的是大气降水，河流、湖泊和水库水，土壤水和地下淡水。地球上水的储量很大（约为15亿km^3），但97.5%是咸水，储存在海洋及其他水体中，只有2.5%是淡水。而这些淡水中将近70%冻结在南极和格陵兰冰盖中，其余大部分是土壤水或者是不易开采利用的深层地下水。因此，可供人类利用的淡水资源在数量上是有限的，不足世界淡水储量的1%，即相当全球水储量的0.007%。江河径流是人类的最重要和最经常利用的资源，全球的江河年径流量为46.8万亿m^3，中国为2.7万亿m^3。

水资源可以通过水循环不断得到更新。根据水的更新周期，地球上水的储量可分成两类：一类是永久储量，它的更新非常缓慢，如深层地下水、高山冰川中蓄积的水，大约每1400～1600年更新一次；另一类是年内可以更新的储量，如大气降水、河流水、湖泊水、土壤水、浅层地下水等，这部分水积极参与全球水循环，每年可以得到更新，并且在多年间可以保持动态平衡，它们就是通常所说的可利用水资源。由于大气降水是河流水、湖泊水、土壤水和地下水的总补给资源，从广义上讲，多年平均年降水量就是某一地区可利用水资源的总量。

河川水资源可以再生，可重复利用，但受到气候的影响，在时间上、空间上分布不均匀，水量偏多或偏少往往造成洪涝或干旱等自然灾害。为了兴利除害，满足国民经济各部门用水的需要，必须根据天然水资源的时空分布特点、需水的要求，修建必要的蓄水、引水、提水或跨流域调水工程，对天然水资源在时间上、空间上进行合理的再分配。水资源不同于土地、矿藏等自然资源，具有循环性和有限性，用途广泛和不可替代性，时空分布不均匀性，有利性和有害性并存等特点。

二、中国水资源概况

中国幅员辽阔，水系众多，江河密布，径流充沛。960万km^2的国土上，大江大河源远流长，有长江、黄河、珠江、淮河、海河、辽河、松花江七大水系，还有雅鲁藏布江、澜沧江、怒江、鸭绿江、图们江、黑龙江、额尔齐斯河、伊犁河、阿克苏河等国际河流。据统计，流域面积在100km^2以上的河流有5万多条，流域面积在1000km^2以上的有1500多条。全国平均年降雨深为630mm，降水总量为6.19万亿m^3，多年平均河川径流总量为2.72万亿m^3，有17条河流的年径流量在500亿m^3以上。全国水系见附图1。

中国水资源总量居世界第6位，前5位国家分别是巴西、俄罗斯、加拿大、美国、印度尼西亚。由于人口众多，水资源时空分布不合理，加上对水资源保护不够，水资源污染严重。从整体上来讲，中国是一个水资源缺乏的国家。人均占有水资源量约2100m^3，仅为世界人均占有量的1/4。

我国的河川径流主要是降雨补给。中国多年平均雨量分布见彩图2。就平均年降雨量来看，东南沿海地区在1500mm以上，淮河、秦岭以南大于1000mm，华北、东北大部分地区在400～800mm，西北大多数地区少于400mm。从地面径流看，长江多年平均径流量达9793亿m^3，而黄河多年平均径流量只有560亿m^3。西北地区内陆河流总量约为1.33亿m^3，也只有长江水量的11.3%。总之，我国水资源在地区上分布不均匀，东南多、西北少，由东南到西北递减。长江流域和长江以南地区，地表水资源占全国的70%，长江流域以北地区拥有的地表水资源仅占全国的30%。

就同一地区而言，降雨量和径流量在年内和年际的分布也是不均匀的，并且有连续枯水年和连续丰水年出现的情况。大部分地区年降雨量和年径流量主要集中在汛期，南方地区汛期的雨量约占全年的50%～60%；北方地区汛期的雨量约占全年的60%～70%。径流也主要集中在汛期，黄河汛期7～10月4个月的入海流量一般约占全年的60%以上，甚至一个月的水量达全年水量的1/4，而冬春枯水期每个月水量只有全年水量的3%～5%。由于汛期雨量过分集中，非汛期雨量缺乏，使得总水量得不到充分利用。降雨集中程度越高，弃水就越多，利用水量占水资源总量的比例也就越小。表1-1中国主要河流的径流特征值。

表1-1　中国主要河流的径流特征值

河名	站名	集水面积（km^2）	多年平均年径流量（亿m^3）	最大年径流量		最小年径流量		年际极值比K	变差系数C_v	统计年数
				亿m^3	年份	亿m^3	年份			
松花江	哈尔滨	390526	385	847	1932	123	1920	6.9	0.31	82
永定河	官厅	43402	17.7	32	1939	7.16	1930	4.5	0.32	61
黄河	陕县	688421	507	840	1964	242	1923	3.5	0.24	61
淮河	蚌埠	121330	278	719	1921	62.2	1929	11.6	0.59	54
长江	汉口	1488036	7392	10130	1954	4531	1900	2.2	0.13	113
珠江	梧州	329705	2271	3280	1911	1020	1963	3.2	0.2	80
闽江	竹岐	54500	559	842	1937	276	1971	3.1	0.23	42
伊犁江	雅马渡	49186	370	495	1959	280	1974	1.8	0.15	56
黑河	莺落峡	10009	49.5	70.4	1952	35.1	1973	2.0	0.14	36

在地下水资源方面，扣除地下水矿化度大于 2g/L 的咸水面积和大型水域面积，全国地下水资源计算面积约 880 万 km^2，多年平均资源量 8288 亿 m^3。其中，平原区计算面积为 198 万 km^2，多年平均资源量 1873 亿 m^3。中国华北地区、西北地区、东北地区，地表水相对贫乏，但有广大的平原分布，地下水资源量比较丰富且开采条件好，在城乡供水中地下水占有重要的地位。

随着中国经济的持续快速发展，城市化进程加快，人们生活水平的不断提高，对水量的需求日益增长。不少地区和城市水资源已严重短缺，洪旱灾害和环境恶化等问题日益突出。目前，全国 670 座城市中，有 400 多座城市缺水，年缺水量达 60 多亿 m^3，全国近 50%的河段、90%的城市水域受到不同程度的污染。

三、中国水资源特点

1. 人均水量低

由于中国人口众多，人均天然河川径流量大大低于世界平均水平。按 1999 年人口统计计算，中国人均径流量 2100m^3，约为世界人均径流量的 1/4。

2. 地区上分布不均匀

中国水资源因受海陆位置、水汽来源、地形地貌等因素的影响，在地区上分布极不均匀，总趋势从东南沿海向西北内陆递减。按照年降水量和年径流深，可将全国划分为 5 个地带。

（1）多雨——丰水带。年降水量大于 1600mm，年径流深超过 800mm。包括浙江、福建、中国台湾、广东的大部分，广西东部、云南西南部和西藏东南部，以及江西、湖南、四川西部的山地。

（2）湿润——多水带。年降水量 800～1600mm，年径流深 200～800mm。包括沂沭河下游和淮河两岸地区，秦岭以南汉江流域，长江中下游地区，云南、贵州、四川、广西的大部分以及长白山地区。

（3）半湿润——过渡带。年降水量 400～800mm，年径流深 50～200mm。包括黄淮海平原，东北三省、山西、陕西的大部分，甘肃和青海的东南部，新疆北部、西部的山地，四川西北部和西藏东部。

（4）半干旱——少水带。年降水量 200～400mm，年径流深 10～50mm。包括东北地区西部，内蒙古、宁夏、甘肃的大部分地区，青海、新疆的西北部和西藏部分地区。

（5）干旱——干涸带。年降水量小于 200mm，年径流深不足 10mm，有面积广大的无流区。包括内蒙古自治区、宁夏回族自治区、甘肃的荒漠和沙漠，青海的柴达木盆地，新疆的塔里木盆地和准噶尔盆地，西藏北部的羌塘地区。

3. 与耕地、人口的分布不相匹配

中国外流区域面积占全国面积的 64.6%，水资源总量占全国的 95.4%；内流区域面积占全国的 35.4%，水资源总量占全国的 4.6%（见表 1-2）。在外流区域中，水资源与耕地、人口的地区分布不相匹配，人均、单位耕地水资源量差别很大：南方地区水资源总量占全国的 81.0%，人口占全国的 54.6%，耕地占全国的 39.7%，人均水资源为 3300m^3，单位耕地水资源为 43860m^3/hm^2；北方地区水资源总量占全国的 14.4%，人口占全国的 43.3%，耕地占全国的 54.9%，人均水资源为 740m^3，单位耕地水资源为

5640m³/hm²。这种水、土资源和人口组合不平衡的状况，造成了北方用水紧缺的局面。内流区域人均、单位耕地水资源虽然不少，但有人居住的地区水资源有限，亦感水量不足。

表 1-2　　中国水资源、耕地、人口的分区组合

分区名称			土地面积	水资源总量	人口	耕地	人均水资源量（m^3/人）	单位耕地水资源量（m^3/hm^2）
			占全国（%）					
内流区域（含额尔齐斯河）			35.4	4.6	2.1	5.4	4830	18300
外流区域	北方	东北诸河	13.1	6.9	9.3	19.7	1640	7460
		海滦河流域	3.3	1.5	9.9	9.1	340	3540
		淮河和山东半岛	3.5	3.4	15.7	13.4	480	5480
		黄河流域	8.3	2.6	8.4	12.7	700	4480
		北方四区	28.2	14.4	43.3	54.9	740	5640
	南方	长江流域	18.9	34.2	33.2	25.5	2290	28770
		华南诸河	6.1	16.8	12.8	8.4	2920	42820
		东南诸河	2.5	9.2	7.1	3.0	2800	67340
		西南诸河	8.9	20.8	1.5	2.8	30890	160000
		南方四区	36.4	81.0	54.6	39.7	3300	43860
	外流河八区		64.6	95.4	97.9	94.6	2170	21760
全国			100	100	100	100	2180	21480

注　1. 人口采用 1999 年统计数。
　　2. 耕地面积采用国家土地管理局 1996 年调查数。

4. 年内年际变化大

因受季风气候的影响，中国大部分地区降水的年内分配很不均匀，年际变化大，枯水年和丰水年连续发生。长江以南地区受东南季风影响时间长，最大 4 个月降雨发生在 3～6 月或 5～8 月，占全年降水量的 50%～60%。华北和东北地区，多雨季节为 6～9 月，这 4 个月雨量占全年降水量的 70%～80%，其中华北地区更为集中，7 月、8 月两个月降雨占全年的 50%～60%。西南地区主要受西南季风的影响，有明显的雨季（5～10 月）和旱季（11 月～翌年 4 月），最大 4 个月（6～9 月）雨量占全年的 70%～80%。各年的降水量相差也较大，极值比西北大部分地区为 5～6，华北地区为 4～6，东北地区为 3～5，淮河、秦岭以南地区为 2～4。年径流的年际变化更大，在半干旱、半湿润地区的极值比可达 15～20。中国大部分地区的降水有比较明显的 60～80 年长周期，且南北不同步。许多河流发生过 3～8 年的连丰期或连枯期，黄河曾发生长达 11 年的连枯期。降水和径流年内年际变化大的特点，是造成中国水旱灾害频繁、农业生产不稳定的重要原因，也给水资源的充分开发利用带来困难，需要兴建大量水库对河川径流量进行年内调节或多年调节。

四、中国水能资源概况

中国有着巨大的水能资源蕴藏量。我国的地形特征为西高东低，主要河流多发源于西南高原，加之南方雨量丰沛，丰沛的径流和巨大的落差，形成了十分丰富的水能资源。全国约70%的水能资源集中在西南地区，可开发的大型水电站和特大型水电站站址的70%～80%都分布在西南各省、自治区（云南、贵州、四川、西藏）。据全国第5次水能资源普查，我国大陆的水能蕴藏量为676000MW，年发电量为5.92万亿kW·h。表1-3、表1-4分别为中国大陆水能资源按地区和按水系分布的情况。中国大陆地区可开发的装机容量为378530MW，年发电量为19233亿kW·h，列世界之冠。另据统计，中国台湾地区水能蕴藏量为11730MW，年发电量为1028亿kW·h。除此之外，在我国还有8000多km海岸线上可能开发的潮汐动力资源约21000MW。

表1-3　　中国大陆水能资源分布（按地区）

地　区	理论蕴藏量（MW）	可开发容量（MW）	年发电量（亿kW·h）	所占比例（%）
华北	12300	6920	232.25	1.2
东北	12120	11990	383.91	2.0
华东	30050	17900	687.94	3.6
中南	64080	67430	2973.65	15.5
西南	473310	232340	13050.36	67.8
西北	84180	41940	1904.93	9.9
全国	676040	378520	19233.04	100.0

表1-4　　中国大陆水能资源分布（按水系）

水　系	理论蕴藏量（MW）	可开发容量（MW）	年发电量（亿kW·h）	所占比例（%）
长江	268020	197240	10274.98	53.4
黄河	40550	280000	1169.91	6.1
珠江	33480	24850	1124.78	5.8
海河、滦河	2940	2130	51.68	0.3
淮河	1440	660	18.94	0.1
东北诸河	15310	13700	439.42	2.3
东南沿海诸河	20670	13900	547.41	2.9
西南沿海诸河	96900	37680	2098.68	10.9
雅鲁藏布江及西藏其他河流	159740	50380	2969.58	15.4
北方内陆及新疆诸河	34990	9970	538.66	2.8
全国	676040	378530	19233.04	100.0

目前，中国大中型水电站约2000多座，其中单站装机2000MW以上的特大型水电站有33座，总装机容量和年平均发电量占开发资源总量的50%；250MW以上的大型水电站有203座，其装机容量和年平均发电量占开发资源总量的80%。中国台湾地区的可开发装机容量为5050MW，年发电量为204亿kW·h。截至2008年年底，中国大陆地区水

电装机容量已达171000MW，开发率为27%左右，年发电量5600亿kW·h，水电装机容量和年发电量位居世界首位，水电装机容量占全国电力总装机的21.6%。根据国家发展和改革委员会公布的《可再生能源发展“十一五”规划》，2010年水电装机容量达到190000MW，其中大中型常规水电120000MW，小水电50000MW，抽水蓄能电站20000MW。在“十一五”末的2010年5月，小湾水电站4号机组投产，标志着我国水电装机容量站上了200000MW这个新的历史起点。

五、水资源的利用和保护

水能资源同样存在着利用和保护的问题。中国是发展中国家，利用丰富的水能资源是必然的途径，开发水能资源就需要建设大坝。大坝拦断江河蓄水发电的同时，也阻碍了河流的天然流动。在水能开发过程中，如何保护环境免受破坏是目前的新问题。水资源及水能资源的合理开发利用要做好流域规划，合理布局，梯级开发，先后有序，综合利用。借鉴世界发达国家水能资源开发的经验教训，认真研究水利水电工程建设与环境保护之间的矛盾与和谐，真正实现水资源和水能资源的有效利用、综合利用、可持续利用。

水的用途十分广泛，不仅用于农业灌溉、工业生产、城乡生活，而且还用于发电、航运、水产养殖、旅游娱乐、改善生态环境等，水在人类生活中占有特别重要的地位。随着社会生产力快速发展，人民文化生活水平不断提高，人类对水的需求量日益增长，不少国家、不少地区出现了水源不足的紧张局面，水资源已成为经济社会可持续发展的重要制约因素。人们已逐渐认识到水资源并不是取之不尽、用之不竭的，必须十分重视、珍惜利用。

面对有限供水和不断增长的用水需要，为了使有限的水资源得以充分发挥效益，世界各国都十分重视水资源的调查、评价和合理开发利用。为了提高水资源的利用率，水资源的开发利用已由单一目标发展到多目标综合利用，由地表水或地下水单一水源的开发发展到地表水和地下水等多种水源的联合开发，由水量控制发展到水质控制，由单纯经济观点发展到经济、社会、环境、生态等多因素的综合分析。水资源的供需体系已成了一个复杂的系统，必须用系统分析的方法，综合分析这些复杂的因素，为水资源的统一规划、管理和重大决策提供科学依据。

水资源利用不充分、不合理和水污染，更加剧了水资源供需矛盾。因此，提倡节约用水、合理用水，提高水的有效利用率，拓展水源，对废污水进行处理和重复利用，海水淡化或直接利用海水，在流域间进行合理调配，合理开发利用雨洪资源，是解决水资源不足和持续利用的有效措施。制定水资源开发、利用、管理、保护的法规和规划，结合必要的经济手段，对水资源统一管理，合理调度，科学分配，能使有限水资源在发展国民经济、提高人民生活水平中，更加有效地发挥其作用。

第二节 水利事业

作为自然界的重要组成部分，水给人类带来福祉的同时也给我们带来了灾难。人类研究自然界水资源规律，采取各种适当的工程措施，对天然河道进行控制和改善，以达到兴水利除水害的目的。为达到这一目的而开展的一系列解决水问题的活动称之为水利事业。

水利事业的根本任务是除水害和兴水利，实现兴利除害目的最根本的措施就是兴建水利工程。

所谓水利工程，是指对自然界的地表水和地下水进行控制和调配，以达到除害兴利目的而修建的工程。水利工程按其承担的任务可分为防洪工程、农田水利工程、水力发电工程、供水与排水工程、航运及港口工程、生态水利工程等，一项工程同时兼有几种任务时称为综合利用水利工程。水利工程也可按其对水的作用分类，如蓄水工程、排水工程、取水工程、输水工程、提水（扬水）工程、水质净化和污水处理工程等。

基于水利工程建设，水利事业需实现防洪、农田水利、水力发电、城市水利、生态水利、航运、水产及旅游等效益。

一、防洪

我国的河流多数属于雨源型河流，由于雨量主要集中在汛期，往往发生暴雨洪水，极易造成洪水灾害。洪水造成的危害。轻者毁坏良田，重者造成工业停产、农业绝收，威胁人民生命财产安全。水害发生往往是大面积的，损失惨重。因此，在开发利用河流水资源时，一般先要解决防洪问题。由于目前水文、水情预报还未尽如人意，防洪是水利事业的一项十分重要工作。防洪减灾主要有以下几项措施。

1. 蓄洪、滞洪、分洪

蓄洪是利用水库和湖泊洼地来调蓄洪水。在河流上中游修建大坝形成水库拦蓄洪水，是当前提高防洪能力的重要措施。水库巨大的库容，能够蓄积和滞留大量的洪水，削减下泄洪峰流量，从而减轻消除下游河道可能发生的洪灾。

滞洪是利用河道附近的湖泊和洼地，建水闸控制引进一部分洪水临时蓄积起来，待洪峰过去后再排入原河道。

堤防防御洪水的能力是有限的。当河道泄流能力不足时，分洪是确保堤防安全的措施之一。分洪工程是河流上游某处修筑分洪闸，将超过下游河段安全泄量的部分洪水引走，以保证下游河段的安全。分洪是滞洪非常措施，在汛期适当的时候向分洪区分洪，能在抗洪的关键时刻舍去局部利益，从而保全大局。

2. 增加河道泄洪能力

修建堤防和整治河道，扩大河道过水断面，能有效提高河段的泄洪能力。

筑堤防洪是平原地区历史最悠久的防洪措施，也是目前防洪的重要措施之一。防洪堤一方面扩大了河道的过水断面，增加了泄洪能力；另一方面也增加了河道本身的蓄水容积。

整治河道包括对河道疏浚拓宽、裁弯取直、消除障碍、做护岸堤等。河道疏浚拓宽，将过于窄浅的阻水河段疏通、浚深、拓宽以增加泄洪能力。裁弯取直针对河道弯段过多或曲率过大、泄洪不畅的河段进行的河道改善。护岸工程一般是在河道凹岸设置，能有效防止洪水冲刷引起河岸坍塌及堤防崩溃，有稳定河床作用，对泄洪有利。

河床及其范围内的河滩地均是行洪通道，不得有任何影响泄洪的障碍存在。近些年来随着经济的发展，城市人口的增加，人类活动范围的扩大，受利益驱使，随意侵占河滩地时有发生。建筑物的存在造成河道过水断面缩减，阻碍泄洪，大大降低河道的过流能力。洪水汛期，建筑物壅高上游水位，威胁堤防安全，必须清除。

3. 加强水土保持

流域内上游地区的大量泥沙随地面径流进入河道，逐渐淤积在下游河床内，抬高了河床底部的高程，降低河道的行洪能力，致使河道破堤决口甚至改道，造成严重的洪水灾害。黄河就为其中一个例子。植树种草增加植被，能大大加强水土保持。利用树木、草丛可以截留和拦蓄部分雨水，减小洪峰。茂盛的植被能保护地面土壤免受水流冲刷，减缓坡面上的水土流失和河道泥沙，还能够增加土壤的含水量，涵养水土资源。

二、农田水利

水利是农业的命脉。农田水利事业是指一系列改善农田水分状况和地区水情的活动。在全国的总用水量中，超过80%的用水量是农业用水。良好的农田灌溉排水水利设施，是抗旱、排涝、防渍、防治盐碱，保障农业生产丰收的主要措施。修建水库、堰塘、渠道、涵闸、泵站等设施可以提高农业生产保障，是水利事业的重要内容。

三、水力发电

在河川水流中，在潮汐和海浪里，蕴藏着巨大的能量，称为水能或水力资源。一般意义的水能资源主要指河流水能资源。水在自然界中周而复始的循环，水能是一种廉价、可再生、取之不尽用之不竭的能源。相对于石油、煤炭等不可再生、易产生污染的化石能源来说，水能具有无可比拟的优势。

水力发电就是利用水能，运用现代技术，利用大坝等拦蓄洪水，形成水库，抬高水位，再引水流通过水轮发电机组，利用水位落差使水能变为电能。水力发电不消耗水量，没有污染，运行成本低，是当前国家建设发展时期优先考虑发展的能源。

四、城市水利

城市水利就是开展一系列与城市各项功能正常运行有关的水事活动。其服务对象主要是城市居民，工作内容主要包括城市水安全、水环境、水生态、水管理等有关城市与水之间和谐运作的活动。它是集防洪、供水、水质保护、景观、生态建设于一体的综合水利建设。附图14为南京市外秦淮河城市防洪工程。随着城市的发展，居民生活水平的提高，将对城市水利提出越来越高的要求，城市水利建设的内容也要依据需求的变化而变化。

城市水利工作的总体目标是：保障城市防洪安全、供水安全、水生态与水环境安全，推进节水型社会建设，努力实现人水和谐。2006年水利部《关于加强城市水利工作的若干意见》中提出："到2010年，我国城市防洪标准进一步提高；在流域和区域的统一配置和调度前提下，通过供水工程建设与节水措施，基本满足城市发展的用水需求；加快城市污水处理设施建设，使城市水体质量明显好转，通过水生态系统保护与修复，水环境得以改善。到2020年，全国大中型城市基本达到国家规定的防洪标准，水资源供给能力与城市发展相适应，水功能区水质全面达标，水生态状况和水环境质量明显改善，实现人水和谐，环境优美。"

城市水利是水利工作的有机组成部分，也是提高城市综合承载能力，积极稳妥地推进城市化进程的基础支撑和重要保障。加强城市水利基础设施建设，以促进城乡经济社会可持续发展。

五、生态水利

水利界部分专家将人类水利史重新划分了与古代水利、近代水利和现代水利不同的

"原始水利"、"工程水利"、"资源水利"和"生态水利"四个阶段。

"原始水利"是水资源开发的原始阶段，以解决人类生活生存为主要目的，主要是修堤拦洪、挖渠灌溉，但是拦洪只能拦一小部分洪水，灌溉也只能小范围灌溉。"工程水利"是水资源开发的初级阶段，其活动集中在修建各类调蓄工程和配套设施，对水资源进行失控调节，实现供水管理。"资源水利"是水资源开发的中级阶段，主要特征是以宏观经济为基础，通过市场机制和政府行政来合理配置、优化调度控制水资源的利用方式，限制水资源的过度需求，提倡节约用水，提高其利用率，以维持经济的持续增长。

"生态水利"是基于20世纪先后提出的"环境水利"和"生态水利"发展形成的，依据对水利与生态系统关系的研究，按照生态学原理，遵循生态平衡的法则和要求，从生态的角度出发进行水利工程建设，建立满足良性循环和可持续利用的水利体系，从而达到可持续发展以及人与自然和谐相处。生态水利工程是一种综合性工程，既要满足人的需求，包括防洪、灌溉、供水、发电、航运以及旅游等需求，也要兼顾生态系统可持续性的需求。生态水利工程既要符合水利工程学原理，也要符合生态学原理。生态水利工程的工程设施必须符合水文学和工程力学的规律，以确保工程设施的安全性、稳定性和耐久性。

六、航运及水产养殖

一些天然河道，或者是落差大、水流急，或者是河滩多、水深浅。在这些河流中，有些只能做季节性通航，有些却根本无法通航。筑坝修水库可以彻底解决深山峡谷的船只通航问题。三峡工程便是一个例子。水利水电工程修建了拦河大坝以后，阻隔了江河水流的天然通道，隔挡了过往船只的通行。在水利水电工程枢纽中需要修建船闸、升船机等通航建筑物，恢复全河段的河道通航问题。在平原地区，用滚水坝、水闸等壅水建筑物来抬高河道的水位以加大水深，改善河道航运条件，延长通航里程。同样也需要修建过坝过闸的通航建筑物来通过这些建筑物。

水利枢纽工程的修建为库区养鱼提供了广阔的水域条件。同时，水工建筑物妨碍了自然洄游鱼类的生存环境，需用一定的措施来帮助鱼类生存，如设置鱼道、鱼闸等水利设施。

七、旅游及其他

大型水库宽阔的水域将库内一些山体包围成岛屿，形成有山有水的美丽风景，是旅游度假的好去处，甚至水工建筑物自身也成为旅游景点。如今，库区旅游在许多地方成为旅游热点，如新安江水库的千岛湖、长江三峡水利枢纽等。

第三节　我国水利工程建设成就

我国幅员辽阔，是具有5000多年文明史的文明古国，水利方面文明更是灿烂的中华文明史中一颗璀璨的明珠。早在公元前2000多年前，我国人民已经开始与水害作斗争，大禹治水"三过家门而不入"的佳话，反映了劳动人民与水斗争取得胜利的业绩。公元前250年，李冰父子主持修建都江堰工程，实现了"三七分流"、"二八分砂"，目前灌溉面积1000万亩以上。公元前214年，秦始皇令史禄率众劈山凿渠，兴建灵渠，沟通了长江和珠江两大水系，成为当时南北航运的重要通道。公元前598～前591年在今安徽寿县境内兴建的芍陂（今称安丰塘），现为淠史杭灌区的一个重要的反调节水库，灌溉面积63万多亩。这些水利工程为社会的发展做出了贡献，为中华民族的繁衍生息、发展壮大奠定了根基。下面介绍几个古代和现代著名的水利工程。

一、古代水利工程

1. 都江堰

都江堰位于四川省都江堰市境内岷江进入成都平原的起始段，引岷江水，灌溉成都平原的大型水利工程。公元前250年，由时任蜀郡太守的李冰父子主持修建。都江堰工程包括宝瓶口、飞沙堰、分水鱼嘴、金刚堤、人字堤等建筑物（见图1－1）。宝瓶口依山开凿而成，是整个灌溉渠的进水口，不仅能够在枯水期大量引水，还能在洪水期约束控制进渠水量。分水鱼嘴建在岷江的江心洲滩最前端，在枢纽中起导水作用，低水位时分水入渠。飞沙堰长150～200m，高2m，汛期通过堰顶由内江向外江溢水分流排沙。内金刚堤长约650m，外金刚堤长约900m。整个工程顺地势修建而成，既能将岷江水引入成都平原用于灌溉，又能节制引水量。洪水期，狭窄的宝瓶口只允许30%的水进入内江，将70%的水量进入成都灌区。都江堰工程代表了当时水利工程建设的最高水平，经历代整治，至今仍在使用。1991年，都江堰水利枢纽的灌溉面积已达到1060万亩，2006年12月紫坪铺工程完工后，总灌溉面积达到1400万亩。

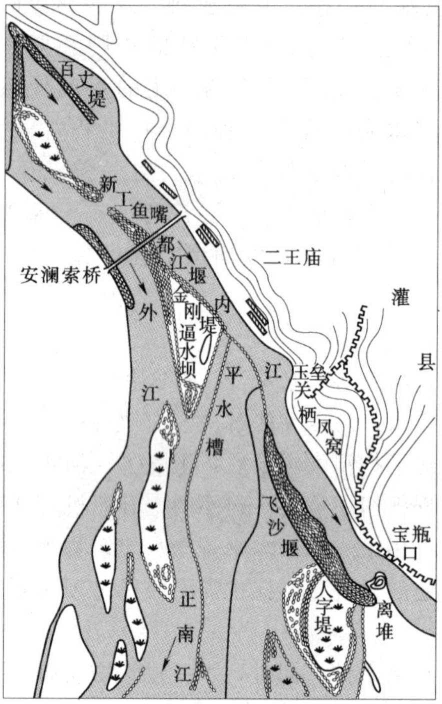

图1－1　都江堰渠首枢纽平面布置图

2. 灵渠

灵渠全长37km，在广西兴安县境内，距桂林市约60km。秦统一六国后，为了南下进攻南越，秦始皇令史禄率众劈山凿渠，于公元前214年修建灵渠。汉代马援，唐代李渤、鱼孟威，北宋李师中等，相继主持续建和修复灵渠。灵渠将长江水系的湘江和珠江水系的漓江连接在一起，沟通了长江和珠江两大水系，在当时成为南北航运的重要通道。灵渠工程由大天平、小天平、南渠、北渠等建筑物构成。大、小天平组成拦河坝（见图1－2、图1－3），拦断湘江上游段（又称海阳河），将抬高水位的湘江江水分别流入南渠（与漓江相通）和北渠（与湘江下游相通）。洪水期多余的水从大、小天平的顶部溢流进入湘江故道。大、小天平的鱼鳞石结构合理，能够抵御较大洪水的冲刷，在今天看来仍使人叹为观止。整个工程顺势建筑而成，至今仍保持完好。灵渠对维护国家统一、促进中原与岭南经济文化交流作出了重要贡献。灵渠与都江堰一南一北，异曲同工，相互媲美。

3. 坎儿井

利用地下渠道引用地下水，实现自流灌溉的一种水利设施，简称坎井（见图 1－4）。新疆吐鲁番地区和哈密一带采用较多。当地气候干旱，蒸发强烈，山麓砾石带的渗漏严重，坎儿井可较好地解决灌溉水源耗损较大的问题。其做法是先凿竖井探明水脉（含水层），然后沿水脉上游和下游，挖掘一长排竖井。竖井间距一般在上游为 80～100m，下游为 10～20m。竖井的深度，向下游逐渐减小。各竖井之间的地层挖通成为高约 2m、宽约 1m 的卵形暗渠。暗渠长度不一，最长可达 30km。由于水在地下暗渠中流动，避免了蒸发，并减少了渗漏。暗渠水流进田庄始流出地面。明渠末端，往往建有涝坝（小蓄水池），供蓄水灌溉。

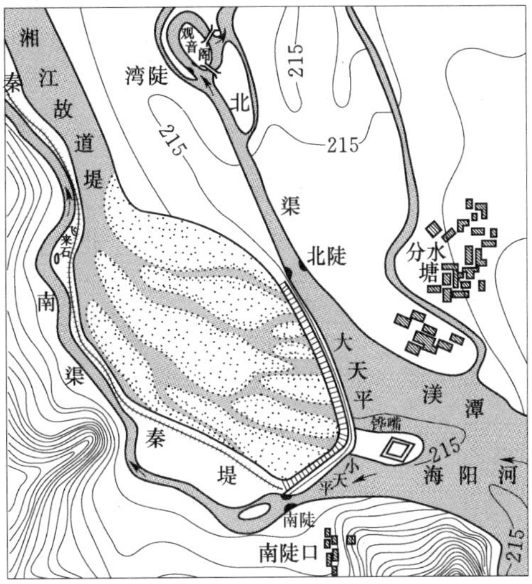

图 1－2　灵渠渠首示意图

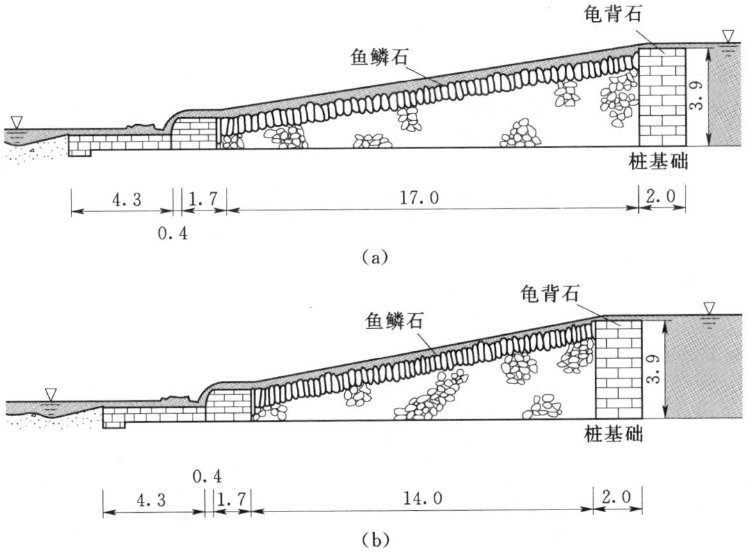

图 1－3　灵渠大小天平断面示意图（单位：m）

（a）大天平；（b）小天平

据和瑛《三州辑略》记载，18 世纪后期，吐鲁番地区已有坎儿井，但发展很慢，到 19 世纪中叶仅有 30 余处。清道光二十五年（1845 年），林则徐在新疆大兴水利，在吐鲁番盆地西部伊拉里克及托克逊等地，增建坎儿井 60 余处。当时还有一遣戍官员黄冕，建议用旧毡垫渠底，减少渗漏，增加灌溉效益。光绪六年（1880 年），左宗棠进兵新疆，又在吐鲁番增开坎儿井 185 处。后来在今鄯善也有修建。到 20 世纪初期，库车、哈密都曾开凿坎儿井。此外天山北麓奇台、阜康、巴里坤和昆仑山北麓皮山等处也曾凿有少量坎儿井。20 世纪 50 年代，新疆地区共有坎儿井 5000 多处。

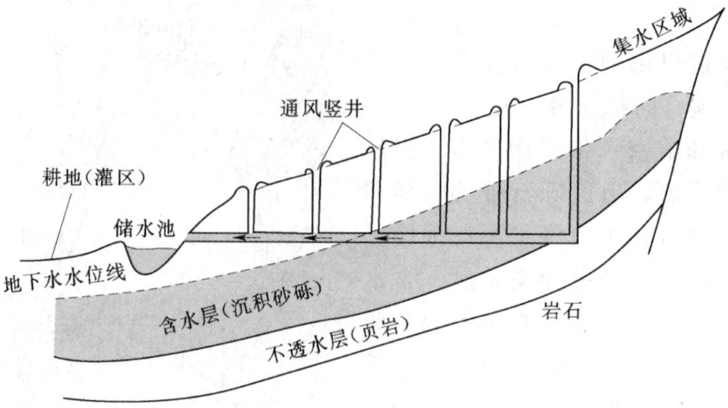

图 1-4　坎儿井结构示意图

4. 京杭运河

京杭运河自北京起，途经河北、天津、山东、江苏、浙江 5 省（市）至杭州。它沟通了海河、黄河、淮河、长江和钱塘江五大水系，全长近 1800km，是中国古代南北交通的主要通道。

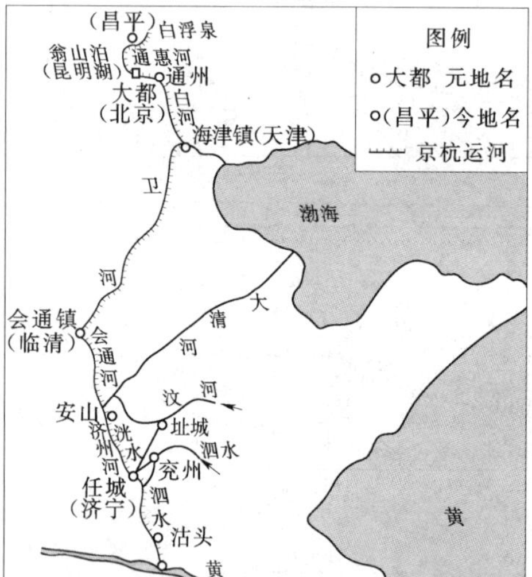

图 1-5　元代京杭运河示意图

春秋时期，中国就开始开凿沟通各流域的运河。隋代形成了以洛阳为中心，由永济渠、通济渠、邗沟和江南运河组成的南北大运河，北至涿郡（北京），南至余杭（今杭州），是隋、唐、北宋三代南北交通的干线。元代统一全国，建都大都（今北京），着手建设以大都为终点的南北运河。自元十三年至二十年（1276～1283 年），修济州河，自济宁至安山（今黄河南岸）。南方来船由泗水入济州河到东阿入大清河（位山以下黄河河道）出海北上，至天津入内河。至元二十六年（1289 年），修会通河，自安山到临清接卫河，南方来船可入会通河直接经卫河北上。后来济州河与会通河合称会通河。至元二十九年至三十年（1292～1293 年）修通惠河，自北京北白浮泉引水入北京城，再开河至通州接北运河，至天津接南运河（临清以下为卫河）。这样，由北京经通惠河、北运河、南运河、会通河可至济宁，再沿泗水河道至徐州入黄河，沿黄河顺流至淮安邗沟（淮扬运河），经扬州至瓜州，过长江至镇江入江南运河，直达杭州。至此，京杭运河全线贯通（见图 1-5）。

二、现代水利工程

1. 三峡水利工程

（1）工程规模及功能。三峡水利水电枢纽位于长江西陵峡中路，坝址在湖北宜昌三斗坪，下距葛洲坝水利水电枢纽 38km。坝址处河谷开阔，基础为坚硬完整的花岗岩，具有修建混凝土高坝的优越地形、地质和施工条件。

三峡水利水电枢纽是具有防洪、发电、航运等巨大综合利用大型工程，主要由拦河大坝、水电站厂房、通航建筑物三大部分组成（见附图 3）。

水库移民涉及湖北省和重庆市的 19 个县市，根据 1991～1992 年调查，主要淹没实物指标为：淹没区人口为 84.41 万人，淹没耕地和柑橘地 36.75 万亩。

三峡工程主体建筑物主要工程量为：土石方开挖 10282.9 万 m^3，土石方填筑 3197.9 万 m^3，混凝土 2793.5 万 m^3，金属结构安装 256500t。

按 1993 年 5 月末价格水平，工程静态总投资为 954.6 亿元人民币，其中枢纽工程静态总概算 500.9 亿元；移民安置费 300.7 亿元；输变电工程 153 亿元。计及工程建设期 17 年的物价上涨和贷款利息等因素，三峡工程动态总投资估计为 2039 亿元人民币。

（2）建设过程。早在 1918 年，孙中山先生在《建国方略》中就提出梯级开发三峡、改善川江航道、结合水力发电的设想。1944 年 5 月，世界著名水坝专家、美国垦务局总工程师萨凡奇（John Lucian Sovage）博士应中国政府之邀抵达重庆，先后考察了大渡河、岷江和西陵峡，提出了《扬子江三峡设计初步报告》。他建议在南津关至石碑之间选定坝址、修建电站。该电站设计坝高 225m，总装机容量 10560MW，兼有防洪、航运、灌溉之利，即“萨凡奇计划”。1945 年，中国政府原则同意萨凡奇的三峡计划。随后，组成三峡水力发电计划技术研究委员会，同时在四川长寿设立全国水力发电工程总处。由于国民党政府忙于打内战，使该计划最后归于流产。

中华人民共和国成立以后，建设三峡大坝的计划重新提到议事日程。1950 年 2 月，隶属于国务院的长江流域规划办公室成立，主持长江三峡和长江水利建设问题。其间，国家领导人多次深入三峡视察。1970 年 12 月，葛洲坝工程开工建设，为三峡工程建设在各方面积累了经验，是三峡工程全面的实战准备。经过四十余年的论证和国家财力的增长，1992 年 4 月 3 日，中华人民共和国全国人大七届五次会议通过了《关于兴建三峡工程决议》，三峡主体工程建设正式进入具体实施阶段。三峡工程的总体建设方案是“一级开发，一次建成，分期蓄水，连续移民”。

三峡工程枢纽建筑物分三期施工。1993 年开始施工，2009 年竣工，总工期为 17 年，主要大事记如下：

1994 年 12 月 14 日，三峡大坝工程正式动工。

1997 年 11 月 8 日，大江截流，二期工程施工开始。

2001 年 11 月 22 日，三峡工程 700MW 水轮发电机组本体开始安装。

2002 年 11 月 6 日，长江右岸导流明渠成功截流。

2003 年 6 月 1 日零时，正式下闸蓄水，6 月 10 日上游水位提高到 135m。

2003 年 6 月 16 日，永久船闸船队首次试通航。

2003 年 6 月 24 日，首台机组（二号机组）并网运行发电。

2005 年 9 月 16 日，左岸电厂 14 台机组全部投产发电。

2006 年 5 月 20 日，三峡大坝全线到达 185.00m 高程，主体工程混凝土浇筑完毕。

2006 年 6 月 6 日 16 时，三峡工程三期横向围堰爆破成功。10 月 27 日上游水位提高到 156m。三峡大坝全线挡水，标志三峡工程转向初期运行期。

2006 年 10 月 10 日，三峡大坝泄洪坝开始泄洪，调节蓄水进度。

2009 年初步设计内容全部完工。目前，右岸预留地下电站已发电。

(3) 移民、环保与文物保护。三峡水库最终将淹没耕地 43.13 万亩，最终将移民 113.81 万人。从 2000 年开始，农村移民外迁安置试点工作启动，当年外迁 7451 人。2001 年 1 月 15 日，国务院第 35 次常务会议审议并原则通过了《长江三峡工程建设移民条例（修正草案）》。该条例自 2001 年 3 月 1 日起执行。2001 年，进入大规模搬迁和外迁安置移民实施阶段，共安置 14.5 万人。截至 2001 年年底，三峡库区已累计完成移民搬迁安置 41.8 万人。

1999 年 6 月 8 日，三峡工程第一个生态保护项目，宜昌大老岭国家森林公园植物多样性保护工程通过专家评审验收，52 种珍稀植物得到保护。第二个生态保护项目，即宜昌兴山县龙门河常绿阔叶林自然保护区，设计大纲通过专家评审。2001 年 7 月，国务院决定：二期蓄水前（2003 年 6 月），在三峡基金中安排 40 亿元专项费用用于三峡库区地质灾害的防治。同年，还批准三峡库区及上游水污染防治规划（2001～2010 年）总投资 392.2 亿元。

1998 年 9 月，三峡建设委员会办公室组织召开《长江三峡工程淹没及迁建文物古迹保护规划报告》论证会。2001 年 12 月 12 日，三峡库区最大的地面文物整体搬迁项目——张飞庙搬迁工程正式开工。2002 年年初，瞿塘峡的夔门题刻保护工程正式开工，整块题刻被切割下来移到 175m 以上的崖壁上。为使白鹤梁题刻不受江水泥沙的侵蚀，2002 年春，文物工作者对石梁本体及表面进行化学处理、工程处理，从而达到永久加固和抗冲蚀的目的。

2. 小浪底水利枢纽

(1) 工程规模及功能。小浪底水利水电枢纽（见附图 4）位于三门峡水利水电枢纽下游 130km、河南洛阳市以北 40km，控制流域面积 69.4 万 km^2，占黄河流域面积的 92.3%。正常高水位 275.00m，总库容 126.5 亿 m^3，淤沙库容 75.5 亿 m^3，长期有效库容 51 亿 m^3。死水位 230.00m，汛期防洪限制水位 254.00m，防凌限制水位 266.00m。防洪最大泄量 1.7 万 m^3/s，正常死水位泄量略大于 $8000m^3/s$。

小浪底工程是三门峡以下唯一能够取得较大库容的控制性工程，处在控制黄河下游水沙的关键部位，具有优越的自然条件和重要的战略地位。小浪底水利水电枢纽开发任务以防洪、防凌、减淤为主，兼顾供水、灌溉、发电，除害兴利，综合利用。

小浪底水库与已建的三门峡水库、陆浑水库、故县水库联合运用，并利用东平湖分洪，可使黄河下游防洪标准提高到千年一遇。与三门峡水库联合运用，共同调蓄凌汛期水量，可基本解除黄河下游凌汛威胁。小浪底水库利用淤沙库容沉积泥沙，可使黄河下游河床 20 年内不淤积抬高。非汛期下泄清水挟沙入海以及人造洪峰冲淤，对下游河床有进一步减淤作用。2006 年进行泄水调沙试验，冲淤效果良好。黄河下游控制灌溉面积约 4000

万亩，年引水量80亿～100亿m^3。小浪底水库可减少下游断流的几率。

（2）建设过程。1991年4月，七届全国人大四次会议批准小浪底工程在“八五”期间动工兴建。工程于1991年9月12日开始进行前期准备工程。1994年9月1日主题工程正式开工，1997年10月28日截流，2000年1月9日首台机组投产，2000年11月30日大坝完工，2001年年底主体工程全部完工。2002年3月31日按期完工。

（3）库区淹没与移民。小浪底水库正常蓄水位时淹没影响面积277.8km^2。库区移民分三期进行。第一期为180.00m高程以下及受影响的4.6万移民，1995～1997年6月底完成。第二期为180.00～265.00m高程区间及受影响的12.6万移民，1997～2000年年底完成。第三期为265.00～275.00m高程区间及受影响的1.7万移民，2002～2003年完成。

3. 葛洲坝水利枢纽

葛洲坝水利水电枢纽（见附图5）位于中国湖北省宜昌市，在长江三峡出口南津关下游2.3km处，是三峡水利水电枢纽的航运梯级，担负着渠化三峡大坝至宜昌间天然河道、对三峡水电站日调节非恒定流进行反调节和利用河段落差发电的任务。葛洲坝水利水电枢纽是长江干流上20世纪80年代建成的第一座水利水电工程。

工程于1970年开工，工程分两期施工。一期工程于1981年1月4日胜利实现大江截流，同年6月三江通航建筑物投入运行，7月30日二江电厂第1台机组开始并网发电。1981年7月19日工程经受了长江百年罕见的特大洪水（7.2万m^3/s）考验，大坝安然无恙，工程运行正常。一期工程于1985年4月通过国家正式竣工验收。二期工程于1982年开始全面施工，1986年5月31日大江电厂第1台机组并网发电，1988年工程全面完成。

第二章　水利水电工程专业教育基本知识

作为水利学科创办最早、培养学生最多的高等教育专业，历经100多年的发展，水利水电工程专业培养的人才表现出知识面宽、工作适应性强、综合素质高等特点，这主要因为该专业具有较完备的教育内容和知识体系，其中合理的课程体系设置更是最主要的因素。本章将简要介绍该专业人才培养基本要求和通识教育、学科基础及专业知识课程主要内容，使人们对水利水电工程专业主要学习内容有所了解。

第一节　水利水电工程专业本科教育简介

一、专业教育的历史、现状及发展方向

中国的水利学科教学始于1904年（清光绪二十九年）的大学堂分科大学。1915年张謇创办的河海工程专门学校是中国第一所培养水利专门人才的高校。中华人民共和国成立后，我国的水利教育事业得到较大发展，水利水电工程专业是同类专业中建立最早、培养学生最多的专业之一。该专业始建初期学习前苏联经验，教学计划、教学大纲乃至课程设置、教材建设都留有前苏联教育的印记，专业名称亦由俄文译为河川枢纽与水电站水工建筑专业。

20世纪70年代该专业的名称为水利水电工程建筑，1993年调整为水利水电建筑工程专业。1998年以后，根据教育部新的专业目录，该专业又调整为水利水电工程专业至今。专业名称的改变反映了不断拓宽内涵的专业发展方向。

该专业人才培养的覆盖面宽，适应性强，毕业生可从事大中型水利水电工程及河道整治工程的勘测、规划、设计、施工、监理、运行管理等领域的工作，受到用人单位的欢迎，并已为我国的水利水电事业培养了一大批高级工程技术与管理人才。

目前，我国水利事业仍面临着一系列严峻挑战，为了实现经济社会全面、协调和可持续发展，实现从传统水利向现代水利和可持续发展水利的转变，保障人的防洪安全、供水安全、水环境和生态安全，需要进一步深化该专业的教育教学改革，努力培养一流的高素质水利人才。

20世纪90年代以来，该专业发展迅速，目前全国有50多所高校设有该专业，多年来，由于各高校办学的基础不同，故在勘测、规划、设计、施工、监理、运行管理、科研等领域各有所侧重。在科学发展观以及人与自然和谐的思想指导下，随着经济的发展、社会的进步对该专业人才培养的素质要求进一步提高，该专业培养方案的内涵也正在发生新的变化，正向着拓宽相关学科基础，融合资源环境学科及人文社会学科相关内容的融合、加强高新技术的应用以及水利水电工程的安全及管理的方向发展。

二、专业教育的主干学科和相关学科

1. 主干学科

该专业主干学科为水利工程，并以其中的水工结构工程、水力学及河流动力学、水利水电工程三个二级学科为主，它们均属传统学科。

水工结构工程学科主要研究改造自然水域的水工建筑物及其他地基基础、控制水的方式和结构、水工建筑材料、水工建筑施工工艺技术和施工组织、水利工程的运用、维护和管理。

水力学及河流动力学学科主要研究水流静止和运动的规律、水流与河床、海岸、过水建筑物等固体边界的相互作用、泥沙、空气或其他物质（如污染物）在水流中的扩散与输运规律，并应用于实践，解决有关工程技术问题，如高速水流、水工水力学、江河开发与治理中泥沙问题等。

水利水电工程学科是研究人工措施进行水旱灾害防治和水资源开发利用的学科，是研究水利水电工程规划设计、项目评价、施工管理以及与之相联系的环境问题的理论与技术的应用学科。以农业灌排工程以及水电站（抽水蓄能电站、潮汐电站）/泵站为主要研究对象。

三个主干学科都与水利工程建设运用的全过程密切相关，如著称于世的长江三峡工程、葛洲坝工程、黄河小浪底工程、南水北调等大型水利水电工程中的工程结构问题、水流问题、泥沙问题等都属该专业主干学科研究的领域。

2. 相关学科

与该专业相关的工程学科主要有土木工程、环境工程，基础学科主要有数学、力学以及工程管理等学科。影响该专业教育的因素是水利现代化事业、水资源可持续利用事业的发展以及水利现代科学技术的进展。

（1）土木工程学科。一切和水、土、文化有关的基础建设的计划、建造和维修。现时一般的土木工程项目包括：道路、水务、渠务、防洪工程及交通等。随着工程科学日益广阔，不少原来属于土木工程范围的内容都已经独立成科。目前，从狭义定义上来说，土木工程就等于 civil engineering，即建筑工程（或称结构工程）这个小范围。

（2）环境工程学科。应用自然科学和社会科学的原理进行环境规划与管理、环保关键技术与设备研究、绿色包装工程和工程技术协调环境与发展、保护和改善环境质量的新兴技术学科。

（3）管理科学与工程学科。研究人类管理活动的规律及其应用，涉及自然科学与社会科学相结合，定性方法与定量方法相结合、理论与实际相结合的综合性交叉学科。管理工程则是管理科学的工程化体现，它是管理者在多变的客观环境下设法运用各种资源来达到既定目标的各种活动和全过程。

三、专业培养目标和规格

1. 培养目标

培养适应社会主义现代化建设发展需要，德、智、体、美全面发展，具有扎实的自然科学、人文科学基础，具备外语和计算机应用技能，获得工程师的基本训练，掌握水利水电工程勘测、规划、设计、施工、科研和管理等方面的专业基本知识与专业技能，知识面宽、能力强、素质高、有创新精神的高级工程技术人才。

2. 人才培养规格

该专业培养应用型人才，学制四年，实行学分制的学校可适当延长或缩短。该专业教学包括理论教学和实践性教学环节两部分，修满规定学分，成绩合格者准予毕业，成绩优良者授予工学学士学位。

该专业人才培养应达到以下规格要求：

（1）素质结构。包括思想道德素质、文化素质、专业素质、身心素质。思想道德素质包括政治素质、思想素质、道德品质、法制意识、诚信意识、团体意识等；文化素质包括文化素养、文学艺术修养、现代意识、人际交往意识等；专业素质包括科学素质和工程素质，其中科学素质包括科学思维方法、科学研究方法、求实创新意识、科学素养；工程素质包括工程意识、综合分析素养、价值效益意识、创新精神等；身心素质包括身体素质，心理素质等。

（2）能力结构。包括获取知识能力、应用知识的能力、创新能力等。获取知识能力包括自学能力、表达能力、社交能力、计算机及信息技术应用能力；应用知识能力包括综合应用知识解决问题的能力、综合实验能力、工程实践能力、工程综合能力；创新能力包括创造性思维能力、创新试验能力、科技研究及开发能力。

（3）知识结构。包括工具性知识、人文社会科学知识、自然科学知识、工程技术知识、经济管理知识和专业知识等。工具性知识包括外语、计算机及信息技术应用、文献检索、科技写作、科技演讲等方面的知识；人文社会科学知识包括哲学、思想道德、政治学、法学、社会学、心理学等方面的知识；自然科学知识包括数学、物理学、化学等方面的知识；工程技术知识包括工程制图、工程力学、工程结构、工程原理、工程环境等方面的知识；经济管理知识包括工程经济、工程管理等方面的知识；专业知识包括水利水电工程、水工建筑物、水电站建筑物、工程施工等方面的知识。

四、专业相关课程及特点

按照上述专业人才培养规格，水利水电工程专业相关理论课程包括普通教育（或称通识教育）、学科基础、专业课程三种。普通教育课程主要培养学生的基本人文和自然科学素养，是人才培养重要的基础阶段，课程包括工具性知识、人文社会科学知识、自然科学、经济管理知识相关课程，如计算机、外语、数学、物理、化学、哲学等课程。学科基础课程主要指为专业服务的基础性课程，如该专业所需的理论力学、材料力学、结构力学、水力学、土力学、工程测量、工程制图、工程水文学、钢筋混凝土结构、钢结构等。专业课程是指今后从事的主要工作内容，包括水资源规划及利用、水工建筑物、水电站、工程施工、工程项目管理等。

除了理论教学相关课程外，必须进行相关实践教学课程的学习和实践，主要包括实习类和课程设计类。实习类包括认识实习、生产实习、地质实习、测量实习等，课程设计类包括钢筋混凝土结构、钢结构、水工建筑物、水电站建筑物、工程施工课程设计。

由于一般水利工程规模较大，工程概念的形成对于后期的学习和工作非常重要，因此，实践性强是该专业学习的最大特点。在掌握基本理论和专业知识基础上，加大实践教与学力度，培养学生的创新、实践动手能力是该专业培养人才的核心思想。

以上理论和实践教学将形成一套完整的知识体系，最终满足培养从事水利水电工程的勘测与规划、设计、施工与管理、管理等四个知识领域的要求。

五、水利专业发展环境

2011 年中央一号文件《中共中央国务院关于加快水利改革发展的决定》，以水利改革发展为主题，是中华人民共和国成立以来中央首个关于水利的综合性政策文件。该文件是第一次在我们党的重要文件中鲜明提出水利“具有很强的公益性、基础性、战略性”，首次提出“加快水利改革发展，不仅关系到防洪安全、供水安全、粮食安全，而且关系到经济安全、生态安全、国家安全”，把水利的重要性提升至国家安全的高度。

当前，水利行业迎来了难得的发展机遇。预计在未来 10 年，国家将投入 4 万亿元进行水利建设，力争通过 5～10 年努力，从根本上扭转水利建设明显滞后的局面。到 2020 年，基本建成防洪抗旱减灾体系，重点城市和防洪保护区防洪能力明显提高，抗旱能力显著增强，“十二五”期间基本完成重点中小河流（包括大江大河支流、独流入海河流和内陆河流）重要河段治理、全面完成小型水库除险加固和山洪灾害易发区预警预报系统建设；基本建成水资源合理配置和高效利用体系，全国年用水总量力争控制在 6700 亿 m^3 以内，城乡供水保证率显著提高，城乡居民饮水安全得到全面保障，万元国内生产总值和万元工业增加值用水量明显降低，农田灌溉水有效利用系数提高到 0.55 以上，“十二五”期间新增农田有效灌溉面积 4000 万亩；基本建成水资源保护和河湖健康保障体系，主要江河湖泊水功能区水质明显改善，城镇供水水源地水质全面达标，重点区域水土流失得到有效治理，地下水超采基本遏制；基本建成有利于水利科学发展的制度体系，最严格的水资源管理制度基本建立，水利投入稳定增长机制进一步完善，有利于水资源节约和合理配置的水价形成机制基本建立，水利工程良性运行机制基本形成。

基于目前国家水利建设的大环境，水利人才必将出现大量需求，预计在未来的数年内，水利教育事业将得到大发展，水利高校将承担起为水利行业培养专业人才的重任。

第二节　通识教育课程简介

通识教育课程包括工具性知识、人文社会科学知识、自然科学、经济管理知识相关课程，如计算机、外语、数学、物理、化学、哲学等类课程。

1. 计算机相关课程

计算机相关课程包括《计算机基础》和《计算机语言及程序设计》课程，是大学阶段乃至以后工作、深造进行理论和专业学习的必备基础知识，毕业时要求通过国家计算机二级水平考试。《计算机基础》知识主要包括基本数据结构与算法、程序设计基础、软件工程基础、数据库设计基础等。《计算机语言及程序设计》可以选学 C 语言程序设计、C++ 语言程序设计、Java 语言程序设计、Visual Basic 语言程序设计、Visual FoxPro 数据库程序设计和 Access 数据库程序设计中的任意一门。考虑水利水电工程专业的需要，一般要求选学 C 语言程序设计、C++ 语言程序设计或 Visual Basic 语言程序设计。对 C 语言程序设计来说，主要的知识点包括 C 语言的结构、数据类型及其运算、基本语句、选择结构程序设计、循环结构程序设计、数组的定义和引用、函数、编译预处理、指针、结构体（即“结构”）与共用体（即“联合”）、位运算、文件操作等。

2. 外语相关课程

根据入学外语基础等不同，外语课程包括《大学英语》、《日语》、《俄语》等，主要是《大学英语》。《大学英语》课程是大学生的一门重要的基础课程，通过学习培养学生具有较强的阅读能力、一定的听的能力和一定的译的能力以及初步的写和说的能力，使学生能以英语为工具，获取专业所需要的信息，并为进一步提高英语水平打下较好的基础。为此，要求毕业时达到一定的水平，其中一个重要的考核标准是参加国家英语四级水平考试的成绩。对于学习《日语》、《俄语》，也有相应需达到的水平要求。

3. 数学相关课程

该专业要求学习《高等数学》、《线性代数》、《概率论与数理统计》3门课程，都是大学生重要的基础课程。

《高等数学》主要任务是学习函数、极限、连续；一元函数微积分学；向量代数和空间解析几何；多元函数微积分学；无穷级数（不包括傅里叶级数）；常微分方程等方面的基本概念、基本理论和基本运算方法，为学习后续课程和进一步获取数学知识奠定必要的数学基础。

《线性代数》课程的主要任务是学习线性代数理论的基础知识，内容主要包括行列式、矩阵、向量、线性方程组、矩阵的特征值与特征向量。通过该课程的学习使能掌握该课程的基本理论与方法，培养解决实际问题的能力，并为学习后续相关课程和进一步扩大数学知识面奠定必要的数学基础。

《概率论与数理统计》课程的主要任务是讨论随机事件的规律性，课程的目的是：培养学生对随机现象的理解及概率直觉，注重数学观念和概念的理解；提高学生的数学修养及严密的思维能力；培养学生解决实际问题的能力。

4. 物理相关课程

该专业主要学习《大学物理》，是大学生的一门重要的基础课程。物理学是研究物质的基本结构、相互作用和物质最基本、最普遍的运动形式（机械运动、热运动、电磁运动、微观粒子运动等）及其相互转化规律的学科。物理学的研究对象具有极大的普遍性，它的基本理论渗透于自然科学的一切领域，应用于生产技术的各个部门，它是自然科学的许多领域和工程技术的基础。以物理学基础知识为内容的大学物理学，包括的经典物理、近代物理和物理学在科学技术上应用的初步知识都是一个工程技术人员所必备的。通过该课程的学习，可使学生打下坚实的物理基础，学习物理学认识世界、研究问题的思想和方法，训练科学研究的思维和技能，提高学生的运算能力以及独立钻研能力和学生的科学素养，开阔思路及激发其探索和创新精神，增强学生自我更新知识的能力，以适应飞速发展科技时代的种种要求。课程的任务是使学生对物理学的基本概念、基本原理、基本方法能够有比较全面、系统的认识和正确的理解，系统地掌握必要的物理学知识，并具有应用所学知识解决一些物理问题的能力。

5. 化学相关课程

主要学习《工科化学》，是水利水电工程专业的一门基础课，是化学与工程技术间的桥梁，是培养全面发展的现代工程技术人员知识结构和能力的重要组成部分。《工科化学》课程简明地反映了化学学科的一般原理，学生通过学习，能提高对物质世界和人类社会及其相互关系的认识；能用化学观点，即从分子原子层次出发并深入到电子运动、扩展到聚集状态的观点，来理解宏观物质变化及其伴随能量变化的原因和规律；以化学在材料、能源、环境、信息和生命等领域中的应用为实例，学习化学原理、应用化学原理的方法，培养学生正确的科学观、科学的社会观，并突出科学思维方法和创新能力的培养，把化学的理论、方法与工程技术的观点结合起来。

6. 环境学相关课程

主要学习《环境学概论》，是水利水电工程专业的一门基础课，是介于自然科学、社会科学和技术科学之间的边缘学科，是由多学科到跨学科的庞大科学体系组成的新兴学科。它以人类生态系统的基本原理为基础，阐述环境的发生、发展；探讨人类活动所引起的各环境要素（大气、水、土壤、生物）的污染、污染物在环境中的迁移转化规律；介绍环境质量评价、城市环境、区域环境，以及人口、能源、资源与环境等问题。通过该课程教学，使学生了解并掌握全球范围内环境演化的规律、人类活动与自然环境之间的关系、环境变化对人类生存的影响、区域环境污染综合防治的技术措施和管理措施等内容。先修课程有高等数学、大学化学。

7. 哲学相关课程

主要课程包括《马克思主义哲学原理》、《毛泽东思想概论》、《邓小平理论概论》等，都是大学生重要的基础课程。

马克思主义哲学是以科学实践观为基础，以辩证法和唯物主义的统一、辩证唯物主义自然观和历史观的统一为内容的科学体系，是马克思主义学说的理论基础，是科学世界观和方法论的统一，马克思主义哲学的革命性集中体现了它的批判精神。通过《马克思主义哲学原理》课程的学习，帮助学生树立正确的世界观和人生观，形成科学的思维方式，提高认识事物和解决问题的能力，提高学生的人文素质。

《毛泽东思想概论》课程将通过系统讲授毛泽东思想科学体系的基本内容以及中国革命与建设的基本历程，使学生掌握中国近现代历史发展和革命运动的规律，了解毛泽东思想的形成、发展的历史过程，掌握毛泽东思想的主要内容和活的灵魂，掌握毛泽东思想的基本内容，理解毛泽东思想是马克思主义与中国实际相结合第一次历史性飞跃的成果，进行中国共产党领导的人民革命与建国实践和理论的教育，进行爱国主义和革命传统的教育。

通过《邓小平理论概论》课程的学习，使同学们真正理解邓小平理论是当代中国的马克思主义，是马克思主义与当代中国实际和时代特征相结合的产物，是党和人民实践经验和集体智慧的结晶，从而使当代大学生树立起建设中国特色社会主义的坚定信念，培养当代大学生初步具有运用马克思主义的立场、观点和方法分析和解决问题的能力，增强执行党的基本路线和基本纲领的自觉性和坚定性，为今后积极投身于为将来投身建设有中国特色社会主义的伟大事业奠定思想政治基础。

第三节 学科基础课程简介

学科基础课程主要指为专业服务的基础性课程，如该专业所需的理论力学、材料力学、结构力学、水力学、土力学、工程测量、工程制图、工程水文学、钢筋混凝土结构、钢结构等。

1. 理论力学

该课程是水利水电工程专业的重要基础课，通过学习旨在培养学生掌握物体的静力学、运动学、动力学的基本理论与分析方法，为进一步学习后继力学课程打下坚实的基础。该课程理论严谨，系统性强，可较好地培养学生抽象思维能力，还可密切联系工程实际，实用性强，培养学生理论联系实际的能力。先修课程有高等数学、大学物理。

2. 材料力学

该课程是水利水电工程专业的重要技术基础课，通过学习旨在培养学生掌握各种变形状态下分析杆件的内力、应力、变形的理论与方法，以及杆件的强度、刚度、稳定性计算的理论与方法，为学生进行后继结构课程和杆件结构的设计打下力学基础。先修课程为理论力学。

3. 结构力学

该课程是水利水电工程专业的重要技术基础课，通过学习旨在培养学生在学习理论力学和材料力学等课程的基础上进一步掌握杆系结构（包括静定和超静定）内力的计算原理和方法，了解各类结构受力性能，为学习有关结构专业课程以及进行结构设计和科学研究打下良好的力学基础，并培养学生从事结构分析与计算等方面的能力。先修课程为理论力学、材料力学。

4. 水力学

该课程是水利水电工程专业的重要技术基础课，以高等数学为工具，将物理学中牛顿和质量守恒定律、理论力学中质点系力学定律应用并扩展到水力学中。通过学习旨在使学生掌握液体运动的一般规律和有关的基本概念与基本理论，学会必要的分析计算方法和一定的实验技术，为专业课的学习、解决工程中水力学问题、获取新知识和进行科学研究打下必要的基础。先修课程有高等数学、大学物理、理论力学。

5. 土力学

该课程是水利水电工程专业的重要技术基础课，对一切建筑在地面上的结构物和构筑物，所涉及的土工问题和基础问题，都要求该课程的知识内容给予科学的计算、合理解决。通过学习旨在使学生掌握土的形成和分类方法，土的基本物理力学性质，土体渗流理论，土的压缩固结理论和强度理论；会进行土体渗流计算与分析，地基应力计算与沉降计算，地基承载力计算，土压力计算和土坡稳定分析；掌握常规的土工试验技能和确定计算参数的方法。达到能运用土力学的基本原理和方法解决实际工程中与土体有关的稳定、变形和渗流等工程问题，为以后从事专业工作和进行科学研究打下基础。先修课程有材料力学和水力学。

6. 工程测量

该课程是水利水电工程专业的需要技术基础课程，通过学习旨在使学生掌握测量学的基本理论、技术和方法，具有运用所学知识和技能分析、处理、解决工程中有关测绘问题的能力，了解测绘科学与技术的最新进展，为解决水利水电工程的勘测、规划设计、施工、运行等各阶段中有关工程测量的问题打下基础，促进学生工程素质和能力的提高。先修课程为高等数学。

7. 工程制图

该课程是水利水电工程专业的重要技术基础课，通过学习旨在培养学生掌握绘制和阅读工程图件以及解决空间几何问题的理论和方法，以及图示图解能力、空间想象能力和徒手、仪器及计算机绘图能力，为学生学习后继课程打下基础。该课程理论严谨，实践性强，与工程实践有紧密的联系，对培养学生的形象思维方法，增强工程和创新意识有重要作用。先修课程为计算机文化基础。

8. 工程水文学

该课程是水利水电工程专业的重要技术基础课。课程的主要任务是使学生认识水文现象的一般规律，培养学生初步掌握工程水文学的基本原理，初步具有不同资料条件下进行水文分析和计算的能力，为学习专业课、从事专业工作和进行科学研究打下基础。先修课程包括概率论与数理统计、水力学。

9. 钢筋混凝土结构

该课程是水利水电工程专业的重要技术基础课，通过该课程教学，使学生系统地掌握钢筋混凝土结构特点、基本设计原理和结构设计计算方法，为进一步掌握有关专业课程的学习和研究以及毕业后从事相关工作打下坚实的基础。先修课程包括工程材料、材料力学、结构力学。

10. 钢结构

该课程是水利水电工程专业的重要技术基础课。通过该课程教学，使学生系统地掌握钢结构的特点、基本设计原理方法以及相关基本技能，了解钢结构构造方法，具有选用结构钢材及设计基本构件和连接的能力，并通过水利水电工程中一典型金属结构（平面钢闸门）的设计，为今后进行钢结构的设计和研究等工作打下必要的基础。先修课程包括材料力学、工程材料、结构力学，弹性力学。

11. 工程地质（含水文地质）

该课程是水利水电工程专业的重要技术基础课。课程培养学生掌握和了解与水利水电工程建筑物设计及施工有关的工程地质及水文地质基础知识，为学习专业课及今后从事实际工作时分析应用工程地质资料打下基础。先修课程包括工程测量、材料力学、水力学。

12. 弹性力学及有限元法

该课程是水利水电工程专业的重要技术基础课。课程培养学生在掌握杆件及杆系结构分析计算的基础上进一步了解一般二维、三维结构分析计算的基本理论与基本方法，掌握弹性力学的几个重要解答，了解用有限元法解弹性力学问题的原理与方法，并学会使用平面有限元程序。该课程不仅使得学生的理论水平得到提高，同时为今后的学习与工作提供了一个有力的工具。先修课程包括高等数学、材料力学、结构力学、计算应用基础。

13. 工程材料

该课程是水利水电工程专业的重要技术基础课。课程的主要任务是使学生了解工程材料的性能及其影响因素，理解材料的组成、结构与技术性质之间的关系及其有关的基本理论，熟悉有关材料的产品规格与应用方面的基本知识，学会常用材料的质量鉴定及材料试验方面的基本技能，为专业课提供有关工程材料方面的基础知识，并为今后从事专业技术工作时能合理选择和使用工程材料打下良好基础。先修课程包括大学化学、材料力学。

14. 电工学

该课程是水利水电工程专业的重要技术基础课。课程的主要任务是使学生掌握电路的基本概念、基本定律及基本分析方法，熟悉交流电路、交流电动机、变压器等方面的基本知识，了解继电接触器控制系统，为专业课提供有关电工学方面的基础知识。先修课程包括大学物理。

15. 工程经济学

该课程是水利水电工程专业的重要基础课，通过本课程的学习，为后续专业课学习奠定工程经济分析基础，从而能顺利地进入到专业经济课程学习，为从事工程建设项目的经济分析打下基础。先修课程为高等数学。

第四节　专业课程简介

专业课程是指具有区别于其他专业方向的专业知识课程，包括水资源规划及利用、水工建筑物、水电站建筑物、工程施工、工程项目管理等。

1. 水资源规划及利用

该课程是水利水电工程专业的一门专业课。通过该课程的学习，使学生在掌握工程水文等专业基础知识的基础上，了解水资源规划及利用的基本理论和基本知识，初步掌握这方面的分析计算方法，以使学生毕业后经过一段生产实际的锻炼，能参加这方面的工作。先修课程包括水力学、工程水文学、工程经济学等。

2. 水工建筑物

该课程是水利水电工程专业的重要专业课。课程主要介绍重力坝、拱坝、支墩坝、土石坝、水闸、溢洪道及隧洞等建筑物的工作原理、适用条件、设计方法以及水工建筑物的地基处理、水工建筑物的布置与构造，水工建筑物的水力设计等，使学生掌握各种水工建筑物结构设计与计算的基本概念、基本规律、基本原理、基本方法。通过该课程的学习，配合有关课程的学习和实践，为从事研究和解决工程实际问题打下基础。先修课程包括材料力学、结构力学、弹性力学及有限元法、土力学、水力学、钢筋混凝土、工程材料、工程地质等。

3. 水电站

该课程是水利水电工程专业的重要专业课。主要向学生传授水轮机类型、结构组成、工作原理、特性和选型，水电站的典型布置、水电站进水口、渠道及隧洞、压力管道、调压室工作原理、适用条件，输水系统的水力计算和结构设计方法，引水式地面厂房和其他类型厂房的布置设计、类型选择、荷载的确定及其结构设计原理。通过该课程的学习，配合有关课程的学习和实践，为今后从事工程技术工作和科学研究工作打下基础。先修课程包括材料力学、结构力学、弹性力学及有限元法、土力学、水力学、钢筋混凝土、工程材料、工程地质等。

4. 水利水电工程施工

该课程是水利水电工程专业的重要专业课程，本课程理论和实践紧密结合，使学生对水利水电工程施工与管理的基本内容、基本原理、基本方法有一较全面的了解，为毕业后从事水利水电工程建设打下扎实基础。先修课程：材料力学、结构力学、钢筋混凝土结构、钢结构、土力学、工程水文学、水力学、工程材料、水工建筑物、水电站。

5. 工程项目管理

该课程是水利水电工程专业的重要专业课程，课程的主要任务是向学生介绍工程项目管理的基本知识、基本理论、基本方法，使学生初步具有工程项目管理的素质和能力。先修课程包括水利水电工程施工、工程经济学。

第三章　水库、水利枢纽及水工建筑物

人们提到水利工程时，大多与水库联系起来，特别是水库大坝。其实，水库大坝只是众多水工建筑物中的一类。水工建筑物就是为开发、利用和保护水资源、减免水害而修建的承受水作用的建筑物，按照挡水、泄水、取（引）水、输水、河道整治、水运、发电、渔业、给排水等功能可分为不同类型。为了综合利用水资源、除害兴利，常常需要在河川的某处把几种不同类型的水工建筑物修建在一起，它们各自担当不同的作用，但在运行中协同工作，形成一个有机的综合体。这些水工建筑物的综合体称为水利枢纽。本章主要介绍水库、水利枢纽和水工建筑物的相关知识，并对我国著名的水利枢纽工程做简要介绍。

第一节　水　　库

一、水库及其作用

凡是拦蓄一定水量，并能起径流调节作用的蓄水水域，就称为水库。一般指在河流上建筑物拦河坝（闸）造成的人工湖。湖泊、池、淀等有拦蓄水量作用的，有时亦称“天然水库”。

众所周知，天然情况下，河流来水在各年间都有较大的变化，在一年内也是分配不均匀的，它与人们用水在时间和水量分配上往往存在着矛盾，解决矛盾的主要措施是兴建水库。水库将来水较多时多余的水蓄起来，根据用水要求适时适量地供水，同时还可以在汛期起到削减洪峰、减除灾害的作用。这种把来水按用水要求在时间和数量上重新分配的作用，叫做水库的调节作用或者河川径流调节。根据调节周期的长短，水库可分为日调节水库、年调节水库和多年调节水库。

水库不仅可以使水量在季节重新分配，满足灌溉、防洪的要求，同时还可以利用大量的蓄水和抬高了的水头来满足发电、航运、旅游以及养殖等其他用水部门的需要。因此，兴建水库是综合利用水利资源的有效措施。

二、水库的特征水位及其库容

水库的水面高程称为库水位，库水位以下的蓄水容积称为库容。一定库水位相应一定的水面面积和库容。库水位越高，水库水面面积越大，库容也越大。水库在蓄、泄水过程中，它的水位是经常变化的，有几个特征水位具有特殊意义。水库的主要特征水位和相应库容如下所述（见图 3－1）。

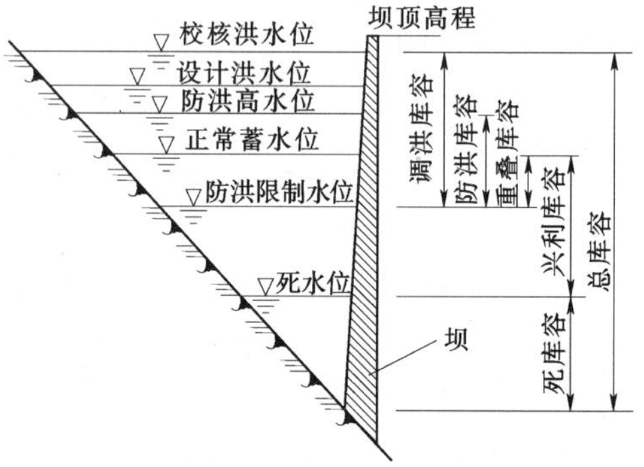

图 3－1　水库特征水位和特征库容划分示意图

1. 设计死水位和死库容

水库在正常运用情况下，允许消落到的最低水位，称为设计死水位，或称设计最低水位。该水位以下的库容为死库容或称垫底库容。除遇到特殊干旱年份以外，一般不动用死库容的蓄水。只有因特殊原因，如排沙、检修和备战等，才考虑泄放这部分水体。

2. 正常蓄水位和兴利库容

正常蓄水位是水库在正常运用情况下，为满足兴利要求在起始供水时的蓄水位，又称正常高水位、设计兴利水位或设计蓄水位。正常蓄水位与死水位之间的库容称为兴利库容（调节库容）。其间的深度称为水库的消落深度或称工作深度。

3. 防洪限制水位和重叠库容

水库在汛前和汛中允许蓄水的上限水位称为防洪限制水位。该水位是水库在汛期防洪运用时的起调水位。该水位以上的库容为滞蓄洪水的库容，在发生洪水时，库水位允许超过防洪限制水位。当洪水消退后，水库应尽快地泄洪，使其水位迅速回降到防洪限制水位，以迎接下一次洪水。防洪限制水位一般低于正常蓄水位。防洪限制水位与正常蓄水位之间的库容称为重叠库容（也称共用库容），防洪与兴利共用。

4. 防洪高水位和防洪库容

当洪水经水库调节后，达到下游防护对象的设计标准洪水时，坝前达到的最高库水位称为防洪高水位。该水位与防洪限制水位之间的库容称为防洪库容。防洪库容是衡量水库防洪能力的重要指标。

5. 设计洪水位和校核洪水位

设计洪水位和校核洪水位分别是挡水建筑物稳定计算和安全校核的主要依据，这两类水位分别对应于大坝的设计标准和校核标准。当发生大坝设计标准洪水时，坝前达到的最高库水位称为设计洪水位。因大坝设计洪水标准通常高于下游防护对象的防洪标准，故设计洪水位一般高于防洪高水位。当遇到比设计洪水更大的校核标准洪水时，受水库泄洪能力限制，水库水位将超过设计洪水位所达到的坝前最高水位，称为校核洪水位。该水位是水库在非常情况下允许临时达到的坝前水位。

6. 调洪库容和总库容

防洪限制水位以上至校核洪水位之间的库容，为水库总调洪库容。该库容用于拦蓄洪水，以在保证大坝安全的前提下满足水库下游的防洪要求。校核洪水位至库底的库容称为总库容，总库容是表示水库级别及其工程规模的重要指标，亦是确定其工程安全标准的重要依据。

水库的特征水位和库容的确定，称为水库规划。水库规划与河流的水情、国民经济各部门的要求和建设投资等条件有关，多采用方案比较的方法来确定。

第二节 水 利 枢 纽

一、水利枢纽分类

水利枢纽的类型很多。可以按其作用、水头、规模和拦河坝的型式等来进行分类。按其作用可分为防洪枢纽、发电枢纽、取水枢纽、灌溉枢纽、航运枢纽等；按其上下游水位差（即水头 H）可分为高水头枢纽（$H>70$m）、中水头枢纽（$30\text{m}<H<70\text{m}$）和低水头枢纽（$H<30$m）；按其规模可分为大型水利枢纽、中型水利枢纽和小型水利枢纽；按其拦河坝的型式可分为重力坝枢纽、拱坝枢纽、土石坝枢纽及水闸枢纽。

水利枢纽的规划、设计、施工和运行管理应尽量遵循综合利用水资源的原则。一个水利枢纽总体布置方案是否合理与工程效益、施工工期、运行管理、生态环境的关系很大，往往需要进行多方案比较，经过充分论证后才能确定。

二、著名水利枢纽实例

1. 三峡水利枢纽

三峡水利水电枢纽是具有防洪、发电、航运等巨大综合利用大型工程，主要由拦河大坝、水电站厂房、通航建筑物三大部分组成，见图 3－2。

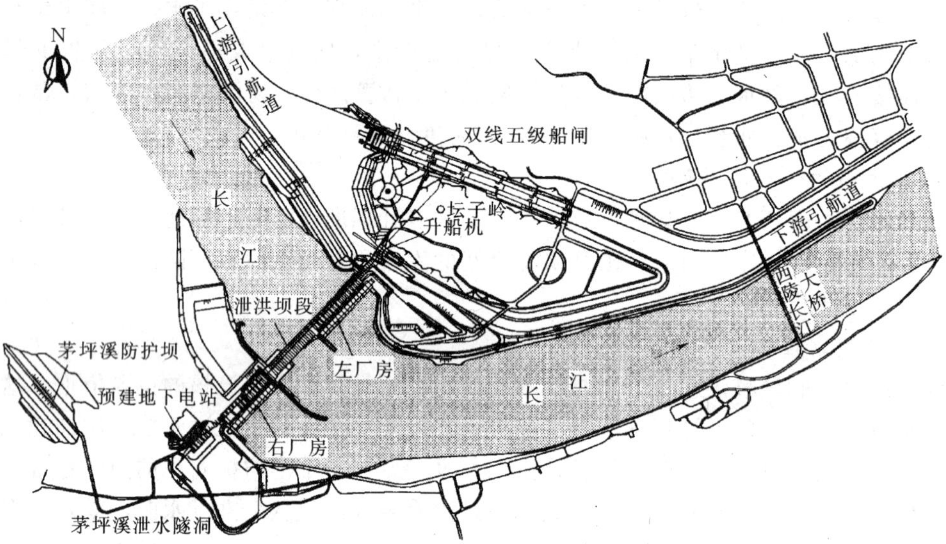

图 3－2　三峡水利枢纽平面布置图

水库正常蓄水位 175.00m，总库容 393 亿 m^3，防洪库容 221.5 亿 m^3，水库调洪可削减洪峰流量达 27000～33000m^3/s。建成后，可使荆江大堤防洪能力由 10 年一遇提高到 100 年一遇。

拦河大坝为混凝土实体重力坝。大坝轴线长度 2309.47m，坝顶高程 185.00m，最大坝高 181m。泄洪坝段居河床中部，两侧为厂房坝段和非溢流坝段。

泄水建筑物为 22 个表孔、23 个深孔、3 个泄洪排漂孔和 7 个排沙孔，最大泄流量 102500m^3/s。泄洪表孔和泄洪深孔相间布置，组成泄洪坝段，布置在河床中部偏右岸的位置。泄洪排漂孔布置在泄洪坝段的两侧。

水电站为坝后式厂房，分置于溢洪坝段两侧坝后。左侧厂房安装 14 台水轮发电机组，厂房全长 643.6m；右侧厂房安装 12 台机组，厂房全长 584.2m。26 台机组的单机容量均为 700MW，总装机容量 18200MW。年均发电 847 亿 kW·h，主要供电华中、华东地区，部分送到重庆市。续建的右岸地下厂房，总装机容量 4200MW（6×700MW）。

永久通航建筑物设于左岸，包括双线 5 级连续梯级船闸及单线单级垂直升船机。每级船闸闸室的有效尺寸为 280m×34m×5m，可通过万吨级船队。垂直升船机的乘船厢有效尺寸为 120m×18m×3.5m，一次可通过 3000t 级船舶。永久通航建筑物年单向通过能力 5000 万 t。工程建成后可改善航道约 660km。经水库调蓄后，宜昌下游枯水期最小流量从 $3000m^3/s$ 提高到 $5000m^3/s$。洪水期万吨级船队可由汉口直达重庆。

2. 小浪底水利枢纽

小浪底水利水电枢纽由大坝、泄洪排沙建筑物、引水发电建筑物组成，见图 3-3。

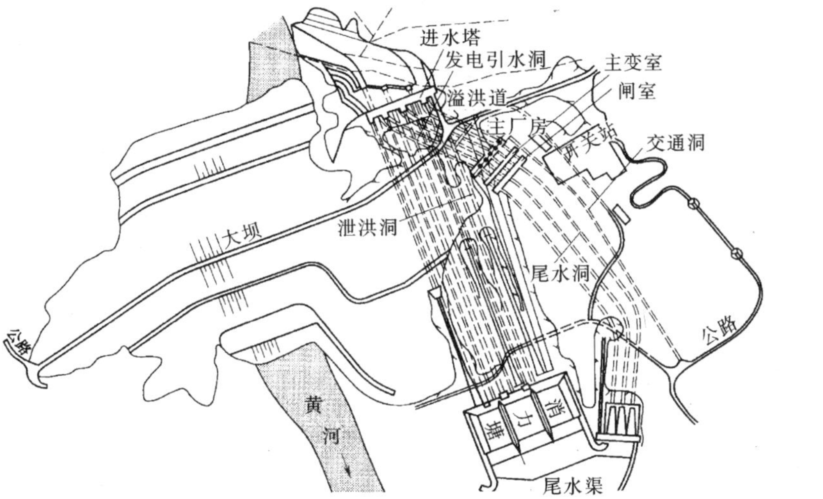

图 3-3 小浪底水利枢纽平面布置图

拦河坝采用带内铺盖的斜心墙堆石坝，垂直混凝土防渗墙。坝顶高程 281.00m。左岸垭口设壤土心墙副坝一座。最大坝高 160m，坝顶长 1667m。

泄水和消能建筑物包括：3 条直径 14.5m 的导流洞改建的三级孔板消能泄洪洞；3 条明流泄洪洞；3 条直径 6.5m 压力排沙洞；1 条直径 3.5m 压力灌溉洞；1 座正常溢洪道；1 座非常溢洪道（尚未建设）；10 座进水塔；1 个综合消力塘。

小浪底水电站装机 6 台，每台 300MW，总装机容量 1800MW，额定水头 112m。电站的任务是在河南省电网中主要承担调峰调频任务。引水发电系统由进水塔、压力引水隧洞、高压钢管、地下厂房、尾水闸洞、明流尾水洞、尾水明渠和出口防淤闸组成。引水方式采用一洞一机单元式布置。

3. 葛洲坝水利枢纽

葛洲坝水利水电工程枢纽布置见图 3-4。

坝址区河道宽 2200m，江中原有葛洲坝（施工期被挖除）、西坝两座小岛，自右至左将长江分割为大江、二江和三江。

枢纽建筑物自左岸至右岸为左岸土石坝、3 号船闸、三江冲沙闸、三江混凝土非溢流坝、2 号船闸、黄草坝混凝土挡水坝、二江电站厂房、二江泄水闸、大江电站厂房、1 号船闸、大江泄水冲沙闸、右岸混凝土挡水坝。坝顶全长 2595.1m。

混凝土重力坝坝顶高程 70.00m，最大坝高 53.8m。

在河床中部、长江的主河道（二江）上布设泄水闸，是枢纽中的主要泄洪建筑物。二

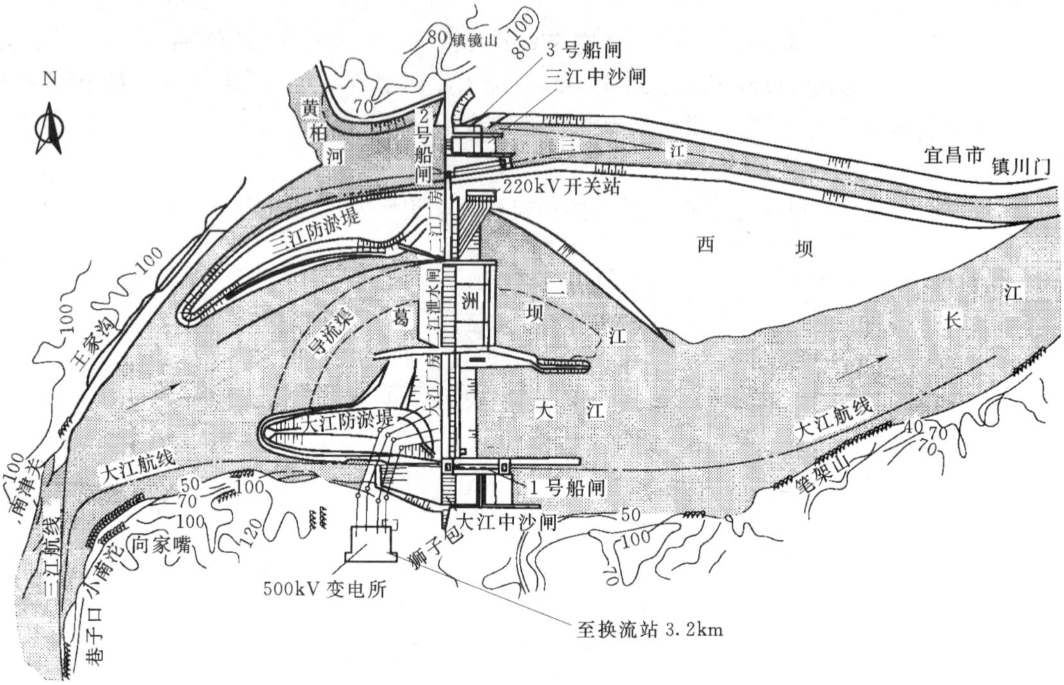

图 3-4　葛洲坝水利枢纽平面布置图

江泄水闸共 27 孔，挡水前沿总长 498m，最大泄量达 $83900m^3/s$。每个闸孔宽 12m、高 24m，设上下两扇闸门。上部为平板门，门高 12m；下部为弧形门，门高 12m。底流消能为一级消力池，池长 180m。护坦上设两道隔墙，将 27 孔泄水闸分隔成三个区，分别为 6 孔、9 孔、12 孔。可根据下泄流量需要的开启孔数来选择开启不同的区或其组合。

泄水闸左、右两侧的大江、二江上，各布设两座电站厂房，总装机容量达 2715MW。其中左侧二江电厂装机 7 台，共 965MW（2×170MW，5×125MW）；右侧大江电厂装机 14 台 125MW 机组，共 1750MW。泄水闸和左右侧两座电站厂房之间设纵向导墙分隔。而在纵向导墙的上游，在机组进水口的前缘各设拦漂设施，以利于库内的漂浮物由泄水闸泄出。

在河床中的西坝和大江右岸台地上布设 220kV 和 550kV 开关站。

坝址区河道改造后，左侧三江航道布设 2 号、3 号船闸，右侧大江布设 1 号船闸。1 号、2 号船闸可通过 1.2 万～1.6 万 t 的船队，3 号船闸可通过 3000t 级船队。船闸以上、下游引航道为隔流堤，与泄洪、发电主河道隔开。

枢纽布置中将泄洪、发电、航运三类建筑物作为主体，整体协调统筹规划，解决好排漂、冲沙、防淤等复杂的技术问题。为了防止航道淤积，在大江电厂和 1 号船闸右侧设 9 孔冲沙闸；在三江航道 2 号、3 号船闸设 6 孔冲沙闸，并在二江厂房及大江厂房与船闸之间建有防淤堤，利用三江航道“静水通航，动水冲沙”，为船闸和电厂的防淤、冲沙起积极作用。即平时冲沙闸关闭，引航道内为静水，以利于船只航行。在需要冲沙时，关闭船闸，开启冲沙闸，利用洪水期的多余洪水通过引航道，使引航道内淤积的泥沙在较大的流速作用下带向下游。

4. 二滩水利枢纽

二滩水电站位于金沙江最大的支流雅砻江下游，距交汇河口 23km，在四川省西部的攀枝花市境内。二滩水电站是雅砻江干流规划建设的 21 个梯级电站中的第一个工程，以发电为主，是 20 世纪我国建成发电的最大水电站。

二滩水电站的水库正常蓄水位为 1200.00m，发电最低运行水位为 1155.00m，总库容 58 亿 m^3，有效库容 33.7 亿 m^3，属季调节水库，控制流域面积 11.64 万 km^2。

二滩拱坝地处峡谷，两岸临江坡高 300～400m，左岸谷坡 25°～45°，处于川滇南北向构造带的中段西部相对稳定的共和断块上。断块内部不存在发震构造。坝区地震基本烈度为Ⅶ度。坝基由二叠玄武岩和后期侵入的正长岩以及侵入而形成的变质玄武岩发达地区等组成。岩体完整性好，坝区无大的断层分布。小断层、破碎带以中高垂直或斜交河床分布，一般延伸短小，连贯性差。

二滩主体工程包括混凝土双曲拱坝、地下厂房系统、泄水建筑物、过木道等。枢纽布置见图 3-5。

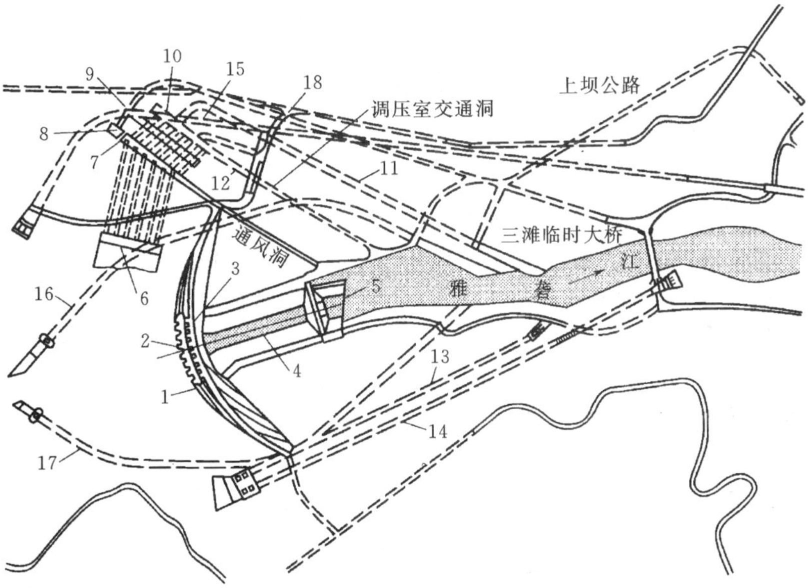

图 3-5 二滩水电站枢纽平面布置图

1—拱坝；2—表孔溢流道；3—中孔；4—水垫塘；5—二道坝；6—电站进水口；7—厂房；8—安装间；9—主变压器室；10—尾水调压室；11—1 号尾水洞；12—2 号尾水洞；13—1 号泄水洞；14—2 号泄水洞；15—过木机道；16—左岸导流隧洞；17—右岸导流隧洞；18—开关站

拱坝为抛物线双曲拱坝，坝顶高程 1205.00m，坝高 240m，是我国已建的最高拱坝枢纽。拱圈最大中心角 91.5°，拱冠处坝顶宽度 11m，底部宽度 55.74m，拱端最大宽度 58.51m，设计相对厚度 A 值 0.072。抛物线形双曲拱坝使接近岸坡的曲率减小而趋于扁平化，加大拱推力与岸坡的夹角，增加坝肩稳定，使应力分布均匀，减少拱坝断面。纵向采用高次曲线，加大纵向曲率，上游面倒悬度控制在 0.18。左右半拱采用不同曲率半径，以适应两岸的不对称地形。

泄水建筑物包括坝顶溢流表孔、中孔、放空底孔和右岸泄洪洞，最大泄洪流量 23.9 万 m^3/s。其中坝身泄流量 16300m^3/s，泄洪功率 26500MW。坝体分 3 层开孔，7 个溢流表孔，孔口高 11.5m，宽 11m。表孔设计及校核泄流量分别为 6260m^3/s、9500m^3/s。6 个泄洪中孔，孔口高 6m，宽 5m。中孔设计及校核泄流量分别为 6930m^3/s、6950m^3/s。4 个放空底孔，孔口高 5m，宽 3m。坝下为混凝土衬砌的水垫塘，水垫塘末端设一道高 35m 的二道坝。坝身表孔采用大差动加中间分流齿体型，自由跌流式泄流。中孔采用上翘式。当表孔和中孔同时泄洪时，上下两股水流在空中碰撞消能。两条右岸泄洪洞为短进水口龙抬头明流洞，13m×13.5m 圆拱直墙形断面，分别长 922.0m、1269.0m。设计和校核工况下，两洞总泄洪流量分别为 7400m^3/s、7600m^3/s。

过木道布置在大坝左岸。

地下厂房系统布置在雅砻江左岸，包括厂房进水口、压力管道、地下式厂房、主变室及交通洞、母线洞、通风洞、尾水调压室、尾水隧洞、500kV 开关站和第一副厂房等建筑物。电站安装 6 台单机容量为 550MW 的水轮发电机组，总装机容量为 3300MW。年发电量为 170 亿 kW·h，保证出力为 1000MW，年利用小时为 5162h。

二滩水电站的主体工程地上土石方开挖 800 万 m^3，地下土方开挖 370 万 m^3，混凝土及钢筋混凝土浇筑 650 万 m^3，金属结构安装 4.8 万 t。

整个工程的静态投资为 105 亿元人民币。1998 年核定的工程总概算为 285.54 亿元。

二滩工程于 1987 年 9 月开始筹建，1991 年 9 月 14 日正式开工，1993 年 11 月实现大江截流。主体工程从 1993 年 12 月施工至 1997 年 11 月导流洞下闸，实行二期导流。1998 年 5 月 1 日水库开始蓄水；同年 8 月 18 日第一台机组并网发电。1999 年 12 月 5 日二滩水电站最后一台机组并网成功并正式发电。2000 年工程建设全面完工。

5. 丹江口水利枢纽

位于中国湖北省丹江口市、汉江与丹江交汇口以下 800m 处，是汉水干流最大的水利枢纽。具有防洪、发电、灌溉、航运、养殖等综合效益。

枢纽分两期开发，第一期正常蓄水位高程 157.00m、设计洪水位高程 159.80m、校核洪水位高程 161.30m，坝顶高程 162.00m，总库容 209.7 亿 m^3，最大坝高 97m，两岸土石坝坝顶高程 165.20m。第二期正常蓄水位高程 170.00m，总库容 290.5 亿 m^3。丹江口水利枢纽不仅是治理和开发汉水的关键性工程，也是南水北调中线方案的水源工程。

坝址河谷宽 500～600m，混凝土坝全部建在坚硬的变质岩浆岩上，断裂构造发育，较大断裂带多与坝轴线斜交，工程地质条件复杂，地震烈度Ⅵ度，大坝按Ⅶ度地震烈度设防。坝址控制流域面积 95217km^2，多年平均径流量 378 亿 m^3，多年平均流量 1200m^3/s，1000 年一遇设计洪峰流量 64900m^3/s，10000 年一遇校核洪峰流量 82300m^3/s。

枢纽主要由挡水建筑物、泄洪建筑物、通航建筑物、发电建筑物等组成（见图 3-6），一期工程坝顶长度 2461m。挡水建筑物包括河床混凝土宽缝重力坝（一期工程最大坝高 97m）、两岸连接混凝土重力坝、两岸土石坝（左岸土石坝为黏土心墙及黏土斜墙、沙砾料坝壳土石混合坝，最大坝高 56m；右岸土石坝为黏土心墙风化石渣坝壳土石混合坝）。泄洪建筑物包括溢流坝段和泄洪深孔。溢流坝段位于河床中部，总长 264m，设有 20 个宽

8.5m、堰顶高程 138.00m 的开敞式溢流孔，最大泄流量 39900m³/s，采用鼻坎挑流消能。泄洪深孔位于河床右部，12 孔，每孔宽 5m、高 6m，孔底高程 113.00m（其中 1 孔已作为备用电源电厂的进水口），共长 144m，最大泄流量 8800m³/s。坝后厂房位于河床左部坝后，装有 6 台单机容量 15 万 kW 水轮发电机组，总装机容量 90 万 kW。通航建筑物位于右岸，由垂直升船机与斜面升船机组成，可通过 150t 驳船，年单向通过能力下水 82 万 t，上水 73 万 t。

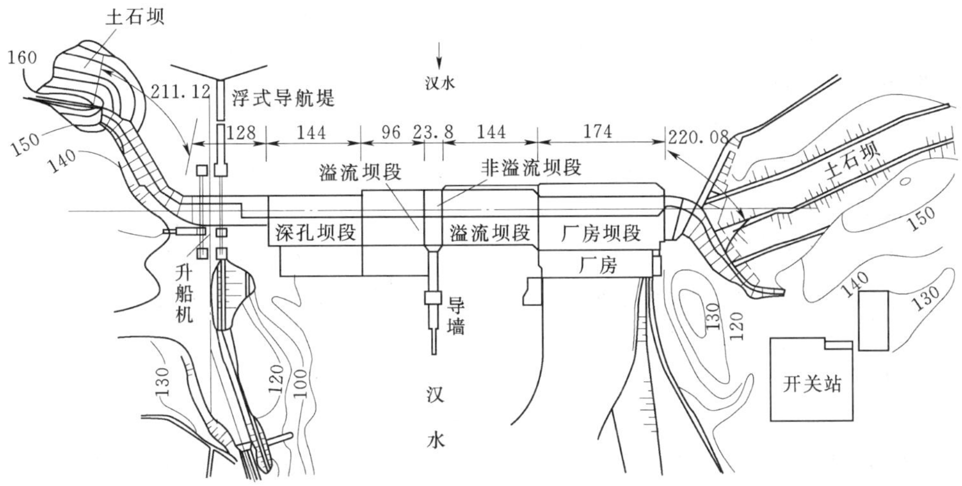

图 3-6　丹江口水利枢纽平面布置图

坝址上游左岸 30km 处支流丹江上建有 2 座灌溉取水渠首，一座为河南省灌溉用的陶岔引水闸，引水流量 500m³/s；另一座为湖北省灌溉用清泉沟引水闸，引水流量 100m³/s。

工程位于 1958 年 9 月开工，1959 年 12 月截流，1967 年 11 月下闸蓄水，至 1973 年初期工程完工。枢纽建成后，下游河道堤防的防洪标准可提高到 20 年一遇，配合分洪工程，可提高到 100 年一遇，灌溉引用流量每年约 15 亿 m³，灌溉面积 24 万 hm²，电站保证出力 24.7 万 kW，年发电量 38.3 亿 kW·h。水库蓄水后，库区 175km 和下游 650km 航道得到了改善。

第三节　水工建筑物

一、水工建筑物分类

在水利工程中，水工建筑物既对水起制导作用又承受水的作用。一般水利枢纽由多个水工建筑物组成，但水利工程并不总是以兴建于一处的若干建筑物组成的水利枢纽来体现的，有时仅有一个单项水工建筑物，有时又可包括一条河流很长范围或甚至很大面积区域内的许多水工建筑物。因水力、工程规模、目的、地质条件等不同，水工建筑物千差万别、各具特点。按其功用通常可分为一般性水工建筑物和专门性水工建筑物。

1. 一般性水工建筑物

(1) 挡水建筑物。用以拦截水流、抬高水位形成水库的建筑物。如各种闸、坝、沿河岸修建用以挡御洪水的堤防等。

(2) 泄水建筑物。用以宣泄水库（或渠道）在洪水期间或其他情况下的多余水量，以保证坝（或渠道）的安全的建筑物。如水库的溢洪道、泄洪洞，或引水枢纽的泄水闸等。

(3) 取（引）水建筑物。用以自水库或河流引出水流，供灌溉、发电、给水等需要的建筑物。如进水闸、抽水站等。

(4) 输水建筑物。用以将引水建筑物引出的流量输送到用水部门的建筑物。如隧洞、管道、渠道和渡槽等。

(5) 整治建筑物。用以整治河道、稳定河槽、维持航道、保护河岸的建筑物。如丁坝、顺坝和护岸工程等。

2. 专门性水工建筑物

是指为水利工程中某些特定的单项任务而设置的建筑物，主要包括有：

(1) 水电站建筑物。如水电站的压力管道、压力前池、调压井和电站厂房等。

(2) 灌溉、排水建筑物。如灌溉渠道上的节制闸、分水闸和渠道上的建筑物等。

(3) 水运建筑物。保证河流通航及浮运木材而修建的建筑物，如船闸、升船机、筏道和码头等。

(4) 给水、下水建筑物。如自来水厂的抽水电站、滤水池和水塔，以及排除污水的下水道等。

(5) 渔业建筑物。为了使河流中的鱼类通过闸坝而修建的鱼道、升鱼机等。

有些水工建筑物的功能并非单一，难以严格区分其类型，如各种溢流坝，既是挡水建筑物，又是泄水建筑物；闸门既能挡水和泄水，又是水力发电、灌溉、供水和航运等工程的重要组成部分。有时施工导流隧洞可以与泄水或引水隧洞等结合。

二、水工建筑物特点

水工建筑物，特别是河川水利枢纽的主要水工建筑物，往往是效益大、工程量大、造价大、对国民经济的影响也大。与一般土木工程建筑物不同，水工建筑物有如下显著特点。

1. 受自然条件约束

自然条件包括地形、地质、水文、气象、当地材料、对外交通等。一般而言，同样的坝高情况下，河道越窄，坝体方量越小，投资就越省。但是，在狭窄河道处，枢纽布置和工程施工相对困难。水工建筑物的基础地质情况对大坝安全至关重要。地质条件好、岩石坚硬的地方，适合建高坝，且投资省。反之，则需要大量的资金用于地基处理。坝址当地的材料情况，往往是决定拦河大坝坝型的重要因素。水文更是决定工程规模和工程效益的重要条件。没有任何两个水利水电枢纽的自然条件是完全一样的，所以，只能根据具体的自然条件区别对待。

2. 受水的影响大

水工建筑物挡水后，上下游产生水位差，不仅使建筑物要承受巨大的水平推力，还会在坝基，坝体内产生渗流，对建筑物的稳定和安全造成不利影响；库区水面宽阔、水深浪大，不仅对建筑物产生浪压力，对船只航行也不利；泄流时，高速水流对建筑物有冲蚀作用，甚至引起振动，下泄水流对下游河床具有较大的冲刷和破坏作用；地震时，库水对建筑物还会产生附加的地震动水压力。

3. 施工条件艰巨、难度大

修建在江河上的水工建筑物拦断河流，施工期必须采取合适的导流措施，选择适当的时机对大江截流。水工建筑物的施工场面大，对施工场地布置和施工道路都有一定要求。在有的河流上还要求施工期间不断航，更增加了施工难度。

水工建筑物的工程量巨大、工期长，一般需要几年甚至十几年，需要先进的施工技术、大型施工机械和严格的科学管理体制和规章制度。有的工程为了尽早获得投资收益，不等工程全部建成即将部分机组提前投入发电，使施工组织更加复杂。

4. 失事后果严重

大型蓄水工程失事后可能对下游产生严重影响。特别是挡水建筑物的破坏，可能造成下游毁灭性的损失。因此，水工建筑物必须严格遵守建设程序。特别是挡水建筑物、泄水建筑物等确保工程安全的水工建筑物，需要较高的设计安全系数，以确保其安全。

5. 对生态环境及社会经济影响大

修建水利工程必须结合区域社会、经济发展规划，注重生态环境保护，贯彻可持续发展思想，充分发挥有利作用，减少不利影响。

第四节　水利枢纽分等和水工建筑物分级

水利水电工程的建设对国计民生存在着重要影响，不仅关系到工程自身安全，而且关系到其下游人民生命财产、工矿企业和设施的安全，还直接影响工程效益的正常发挥、工程造价和建设速度，而不同规模的工程影响程度也不同。能否妥善地解决工程的安全可靠性与其造价的经济合理性问题，是工程建设的关键。为此，应对水利工程进行分等，对水工建筑物进行分级。

一、水利枢纽分等

水利水电工程的等别，应根据其工程规模、效益及在国民经济中的重要性进行划分。按照水利部2000年颁布的《水利水电枢纽工程等级划分及洪水标准》(SL 252—2000) 将不同的水利枢纽划分为五等，如表3－1、表3－2所示。在综合利用的工程中，综合比较各项规模指标，取其中达到的最高等别为整个枢纽的等别标准。特殊工程在论证的基础上，可以提高一等或降低一等。

表3－1　水利水电工程分等指标表

工程等别	工程规模	水库总库容 ($\times10^8m^3$)	防洪		治涝	灌溉	供水	发电
			保护城镇及工矿企业重要性	保护农田 ($\times10^4$亩)	治涝面积 ($\times10^4$亩)	灌溉面积 ($\times10^4$亩)	对象重要性	装机容量 ($\times10^4$kW)
Ⅰ	大(1)型	≥10	特别重要	≥500	≥200	≥150	特别重要	≥120
Ⅱ	大(2)型	10～1.0	重要	500～100	200～60	150～50	重要	120～30
Ⅲ	中型	1.0～0.10	中等	100～30	60～15	50～5	中等	30～5
Ⅳ	小(1)型	0.10～0.01	一般	30～5	15～3	5～0.5	一般	5～1
Ⅴ	小(2)型	0.01～0.001		<5	<3	<0.5		<1

表 3-2　拦河闸工程分等指标

工程等别	工程规模	过闸流量（m^3/s）
Ⅰ	大（1）型	≥5000
Ⅱ	大（2）型	5000～1000
Ⅲ	中型	1000～100
Ⅳ	小（1）型	100～20
Ⅴ	小（2）型	<20

二、水工建筑物分级

水利水电工程的永久性水工建筑物的级别，应根据其所在的工程等别和建筑物的重要性划分，共分为五级，见表 3-3。

表 3-3　水工建筑物级别的划分

工程等别	永久性建筑物级别		工程等别	永久性建筑物级别	
	主要建筑物	次要建筑物		主要建筑物	次要建筑物
Ⅰ	1	3	Ⅳ	4	5
Ⅱ	2	3	Ⅴ	5	5
Ⅲ	3	4			

失事后损失巨大或影响十分严重的水利水电工程的 2～5 级主要永久性水工建筑物，经过论证并报主管部门批准，可提高一级；失事后造成损失不大的水利水电工程的 1～4 级主要永久性水工建筑物，经过论证并报主管部门批准，可降低一级。

当永久性水工建筑物基础的工程地质条件复杂或采用新型结构时，对 2～5 级建筑物可提高一级设计，但洪水标准不予提高。

水利水电工程施工期使用的临时性挡水和泄水建筑物的级别，应根据保护对象的重要性、失事后果、使用年限和临时性建筑物规模，按表 3-4 确定。

表 3-4　临时性水工建筑物级别

级别	保护对象	失事后果	使用年限（年）	临时性水工建筑物规模	
				高度（m）	库容（$\times 10^8 m^3$）
3	有特殊要求的 1 级永久性水工建筑物	淹没重要城镇、工矿企业、交通干线或推迟总工期及第一台（批）机组发电，造成重大灾害和损失	>3	>50	>1.0
4	1、2 级永久性水工建筑物	淹没一般城镇、工矿企业、或影响工程总工期及第一台（批）机组发电而造成较大经济损失	3～1.5	50～15	1.0～0.1
5	3、4 级永久性水工建筑物	淹没基坑、但对总工期及第一台（批）机组发电影响不大，经济损失较小	<1.5	<15	<0.1

当临时性水工建筑物根据表 3-4 指标分属不同级别时，其级别应按其中最高级别确定。但对 3 级临时性水工建筑物，符合该级别规定的指标不得少于两项。

利用临时性水工建筑物挡水发电、通航时，经过技术经济论证，3 级以下临时性水工建筑物的级别可提高一级。

第四章　挡水泄水建筑物

所谓挡水建筑物是指为拦截水流、抬高水位、调蓄水量或为阻挡洪水泛滥和海水入侵而建的水工建筑物。如拦河闸、坝、堤防、海塘等。所谓泄水建筑物是指用于排放水、泥沙、冰凌等的水工建筑物。溢洪道、溢流坝、泄水孔、泄水隧洞等是泄水建筑物的主要形式。本章主要介绍的挡水建筑物包括重力坝、拱坝、土石坝和水闸，泄水建筑物主要介绍河岸溢洪道，通常也起泄水作用的水工隧洞在下一章介绍。

第一节　重　力　坝

重力坝是一种古老而又应用很广的坝型，因主要依靠自重维持稳定而得名。19 世纪以前，重力坝基本上都采用浆砌毛石修建，19 世纪后期才逐渐采用混凝土筑坝。进入 20 世纪，由于混凝土工艺和施工机械的迅速发展，逐渐形成了现代的混凝土重力坝。20 世纪 70 年代以来，由于碾压混凝土筑坝技术的发展，进一步降低重力坝的造价和缩短施工工期，从而提高重力坝在坝型选择中的竞争力，促进了重力坝的发展。

重力坝在我国坝工建设中占有很重要的地位，目前已建成如长江三峡混凝土重力坝（高 185m，见附图 3）、乌江渡拱形重力坝（高 165m）、刘家峡实体重力坝（高 147m）、潘家口宽缝重力坝（高 107.5m）以及牛路岭空腹重力坝（高 90.5m）等数十座高重力坝。

一、重力坝的工作原理及特点

重力坝是在水压力及其他外荷载作用下，主要依靠坝体自重在坝基面产生的摩阻力来维持稳定的坝。利用坝体自重在水平截面上产生的压应力来抵消由于水压力所引起的拉应力以满足强度的要求。因此，坝的剖面较大，一般做成上游面近于垂直的三角形剖面，且垂直坝轴线方向常设有永久伸缩缝，将坝体分成若干个独立坝段，如图 4-1 所示。

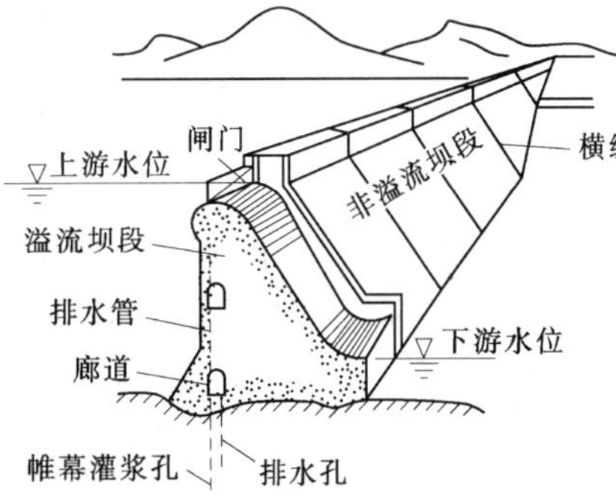

图 4-1　混凝土重力坝示意图

重力坝之所以得到广泛应用，是由于有以下优点：

（1）相对安全可靠，耐久性好，抵抗渗漏、洪水漫溢、地震和战争破坏能力均较强。

（2）设计、施工技术简单，易于机械化施工。

（3）对不同的地形和地质条件适应性强，任何形状河谷都能修建重力坝，对地基条件要求相对来说不太高。

（4）在坝体中可布置引水、泄水孔口，解决发电、泄洪和施工导流等问题。

与此同时，重力坝也存在以下一些缺点：

（1）坝体应力较低，材料强度不能充分发挥。

（2）坝体体积大，耗用水泥多。

（3）坝体与地基接触面积大，相应坝底扬压力大，对稳定不利。

（4）施工期混凝土温度应力和收缩应力大，对温度控制要求高。

二、重力坝的类型

按不同的分类原则，重力坝可分为如下一些类型。

（1）按坝的高度。可分为低坝（坝高＜30m）、中坝（坝高30～70m）和高坝（坝高＞70m）。

（2）按泄水条件。可分为溢流坝和非溢流坝。

（3）按筑坝材料。可分为混凝土重力坝和浆砌石重力坝。前者常用于重要的和较高的重力坝；后者可就地取材，节省水泥用量，且砌石技术易于掌握，在我国的中小型工程中仍然被广泛采用。

（4）按结构形式。可分为实体重力坝、宽缝重力坝、空腹重力坝和预应力重力坝等类型，如图4-2所示。

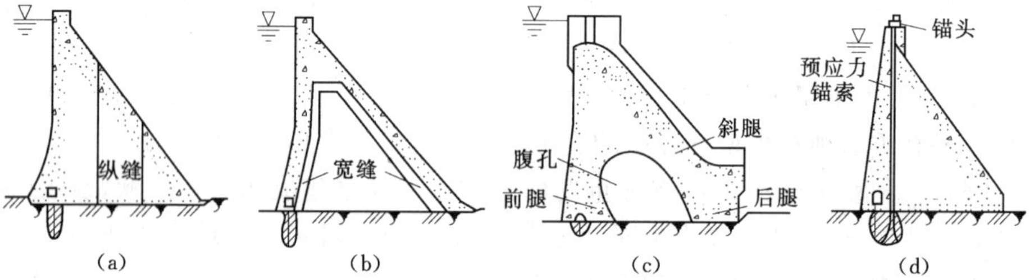

图4-2　重力坝的结构形式

(a) 实体重力坝；(b) 宽缝重力坝；(c) 空腹重力坝；(d) 预应力重力坝

1）实体重力坝：是最简单的形式，其优点是设计和施工均较方便，应力分布也较明确；缺点是扬压力大和材料的强度不能充分发挥，工程量较大。

2）宽缝重力坝：与实体坝相比，具有降低扬压力、较好利用材料强度、节省工程量和便于坝内检查及维护等优点；缺点是施工较为复杂，模板用量较多。

3）空腹重力坝：不但可以进一步降低扬压力，而且可以利用坝内空腔布置水电站厂房，坝顶溢流宣泄洪水，以便解决在狭窄河谷中布置发电厂房和泄水建筑物的困难；缺点是腹孔附近可能存在一定的拉应力，局部需要配置较多的钢筋，应力分析及施工方面也比较复杂。

4）预应力重力坝：是利用预加应力措施来增加坝体上游部分的压应力，提高抗滑稳定性，从而可以削减坝体剖面，但目前仅在小型工程和旧坝加固工程中使用。

三、重力坝的组成及布置

重力坝通常由溢流坝段、非溢流坝段和两者之间的连接边墩、导墙以及坝顶建筑物（如闸墩、坝顶桥）等组成。此外，坝内常设有各种泄水或取水管道、检查维修用的廊道，以及溢流坝、泄水管的闸门等。图4-3为一座典型重力坝的总体布置平面图和坝段横剖面图。它包括左、右岸非溢流的挡水坝段和河床中部的溢流坝段，左岸挡水坝段还布置有坝后式水电站及坝内输水管道。

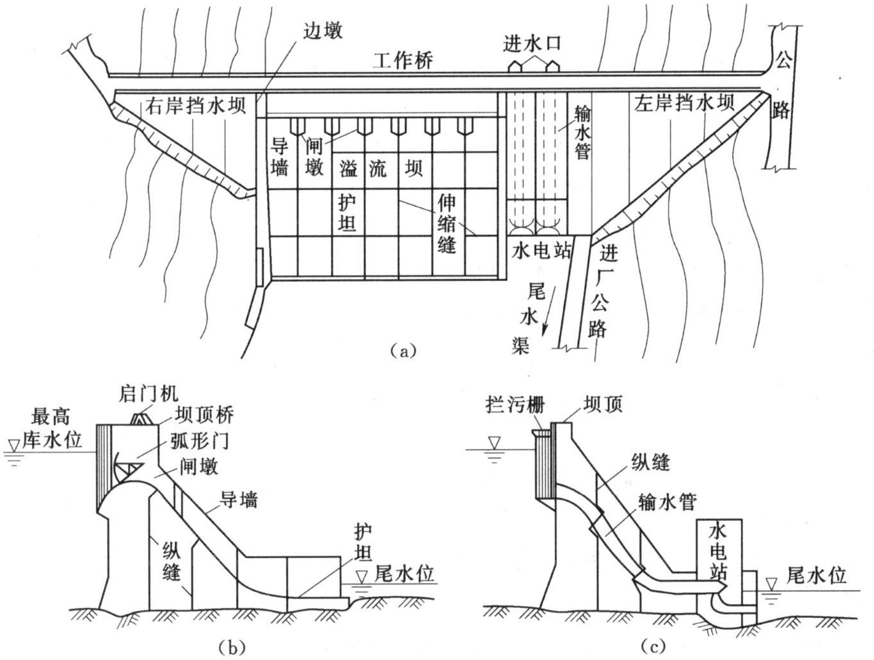

图 4-3 重力坝布置

(a) 平面布置；(b) 溢流坝剖面；(c) 非溢流坝剖面

重力坝的总体布置应根据地形地质条件，结合枢纽其他建筑物综合考虑。坝轴线一般布置成直线，必要时也可布置成折线或稍带拱形的曲线，后者称为拱形重力坝。在河谷较狭窄而洪水流量较大，且拦河坝前缘宽度不足以并列布置溢流坝段和厂房坝段时，常可采用重叠布置方式。例如，在泄洪坝段上同时设置溢流表孔及泄水中孔；将电站厂房设在溢流坝内，或采用坝后厂房顶溢流的布置。

第二节 拱 坝

早在 1000 年以前，人们就开始修建浆砌石拱坝，到 20 世纪初才开始建造混凝土拱坝。20 世纪 50 年代以来拱坝发展迅速，近 50 多年来，我国修建了 500 多座高 30m 以上的拱坝，如二滩水电站（双曲拱坝高 240m，见附图 6）、龙羊峡重力拱坝（高 178m）、东江双曲拱坝（高 162m）、隔河岩重力拱坝（高 151m）等。

一、拱坝的特点

拱坝是一个空间整体结构，在平面上呈拱形并向上游凸出，在铅直断面上，有时也是向上游凸出的弯曲形状（图 4-4），可以看成由拱梁系统所组成。上游坝面承

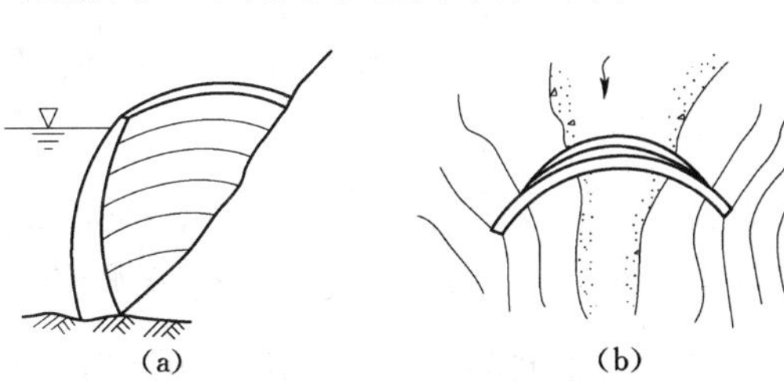

图 4-4 拱坝示意图

受的大部分或部分水压力，通过拱的作用传至两岸岩体，只有小部分或部分水压力通过悬臂梁的作用传至坝基。这种传力特点使拱坝断面较重力坝单薄，与同样客观条件（如坝高、河谷形状等）的重力坝相比，拱坝工程量可节省 1/3～1/2；也使拱坝坝体的稳定性主要依靠两岸拱座的反力作用，而依靠坝体自重来维持稳定的因素是次要的。

拱坝具有如下特点：

（1）稳定特点。坝体稳定主要依靠两岸拱端的反力作用，不像重力坝那样依靠自重来维持稳定。因此，拱坝对坝址的地形、地质条件要求较高，对地基处理的要求也较严格。

（2）结构特点。拱坝属于高次超静定结构，超载能力强，安全度高，当外荷载增大或坝的某一部位发生局部开裂时，坝体的拱和梁作用将会自行调整，使坝体应力重新分配。根据国内外拱坝结构模型试验成果表明，拱坝的超载能力可以达到设计荷载的 5～11 倍。迄今为止，拱坝几乎没有因坝身出现问题而失事的。

（3）荷载特点。拱坝坝身不设永久伸缩缝，温度变化和基岩变形对坝体应力的影响比较显著，设计时，必须考虑基岩变形，并将温度作用列为一项主要荷载。

由于拱坝剖面较薄，坝体几何形状复杂，因此，对于施工质量、筑坝材料强度和防渗要求等都较重力坝严格。

二、拱坝坝址对地形和地质条件的要求

1. 地形条件

拱坝的地形条件往往是决定坝体结构型式、工程布置和经济效益的主要因素。所谓地形条件是对开挖以后的基岩面而言，不能以覆盖层面（即原地面）作为依据（图 4-5）。

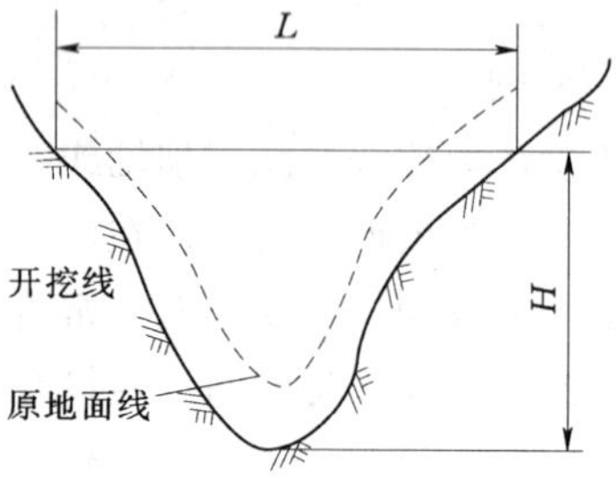

图 4-5　拱坝河谷示意图

河谷形状可分为 V 形、U 形和梯形三种典型断面。在 V 形河谷中修建拱坝，自坝顶向坝底随着水压力的增加，拱的跨度逐渐减小，在坝体底部，拱的跨度显著减小。该处虽然承压力最大，但是拱厚仍较薄［图 4-6（a）］；在 U 形河谷中，拱的跨度沿整个坝高相差较小，因而底部拱厚却增加较多［图 4-6（b）］；梯形河谷的情况则介于 V 形和 U 形之间。

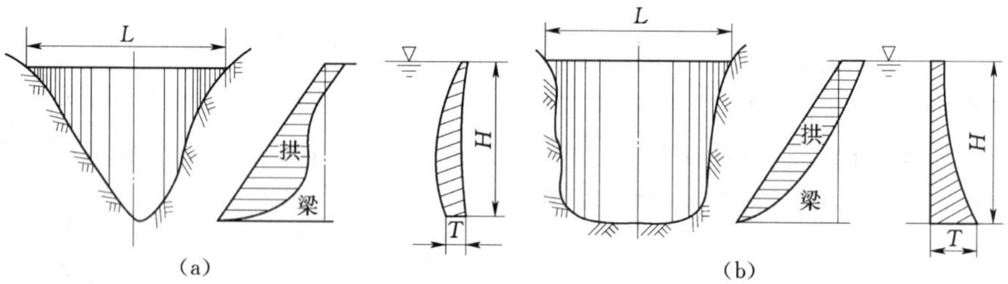

图 4-6　河谷断面形状

（a）V 形河谷；（b）U 形河谷

坝址河谷形状的特性，常用坝顶河谷宽度 L 与坝高 H（图 4-6）的比值 L/H 来表示，而坝体厚薄程度则常以坝底厚度 T 和坝高 H 的比值 T/H 来表示。一般认为，T/H

<0.20 时称为薄拱坝，T/H=0.20～0.40（浆砌石拱坝）或 T/H=0.20～0.35（混凝土拱坝）时称为中厚拱坝，T/H>0.40（浆砌石拱坝）或 T/H>0.35（混凝土拱坝）时称为厚拱坝（或称重力拱坝）。根据工程经验，当 L/H<1.5 时宜建薄拱坝；L/H=1.5～3.0 时宜建中厚拱坝；L/H=3.0～4.5 时宜建厚拱坝。

综上所述，优良的河谷断面应是 V 形、L/H 值小、两岸对称并无突变。

2. 地质条件

地质条件也是拱坝建设中的一个重要问题。拱坝对坝址地质条件的要求比重力坝和土石坝高，河谷两岸的基岩必须能承受由拱端传来的推力，要在任何情况下都能保持稳定，不致危害坝体的安全。理想的地质条件是：基岩比较均匀、坚固完整，有足够的强度、透水性小、能抵抗水的侵蚀、耐风化、岸坡稳定、没有大断裂等。实际上很难找到没有节理、裂隙、软弱夹层或局部断裂破碎带的天然坝址，但必须查明工程地质条件，必要时，应采取妥善的地基处理措施。

随着经验积累和地基处理技术水平的不断提高，即使在地质条件较差的地基上也建成了不少高拱坝，例如，我国的龙羊峡拱坝，高 178m，基岩被众多的断层和裂隙所切割，岩体破碎，且位于 9 度强震区。但若地质条件复杂到难以处理，或处理工作量太大，费用过高时，则应另选其他坝型。

三、拱坝的类型

按不同的分类原则，拱坝可分为如下一些类型：

（1）按建筑材料和施工方法。可分为常规混凝土拱坝、碾压混凝土拱坝和砌石拱坝。

（2）按坝的高度和体形，除前面章节已提及的按厚高比分类外，还可按坝高、拱圈线形、坝面曲率分类：

1）按坝高。可分为高坝（坝高>70m）、中坝（坝高 30～70m）和低坝（坝高<30m）。

2）按拱圈线形。可分为单心圆、双心圆、三心圆、抛物线、对数螺旋线、椭圆拱坝等。

3）按坝面曲率。可分为单曲拱坝（只有水平向曲率）和双曲拱坝（水平和竖直向都有曲率）。

第三节 土 石 坝

土石坝主要是利用当地土石料填筑而成的一种挡水坝，故又称当地材料坝。土石坝也是历史悠久而又应用很广的一种坝型。我国建造土石坝的历史可追溯到公元前 600 年。中华人民共和国成立以来兴建的 8 万多座坝中，土石坝占总数的 95%以上，如小浪底水库（坝高 154m，见附图 4）、天生桥一级水电站（坝高 178m）、水布垭水电站（坝高 233m）等。

一、土石坝的工作特点

由于土石坝是一种散粒体结构，因而具有与混凝土坝不同的工作特点，主要体现在以下几方面：

(1) 稳定方面。土石坝的横断面呈梯形，体积庞大，在水平水压力作用下，一般不会发生沿坝基面的整体滑动，其主要失稳形式是坝坡滑动或坝坡连同部分地基（土基）一起滑动。

(2) 渗流方面。由于散粒体结构的颗粒间存在着较大孔隙，坝体挡水后，在上下游水位差的作用下，库水将经过坝体及坝基（包括两岸）向下游渗透。当渗透坡降或渗透流速超过一定界限时，会引起坝体或坝基土的渗透变形破坏，严重的会导致土坝失事。

(3) 冲刷方面。土坝的抗冲能力很低，一部分降落在坝面上的雨水部分渗入坝内；另一部分将沿坝坡流动而冲刷坝面。水库的风浪对坝面也产生冲击和淘刷作用，使坝面容易遭受破坏。因此，土石坝的上下游坝坡均需采取有效保护措施。

(4) 沉降方面。在坝体自重和水荷载的作用下，坝体和坝基（土基）都会由于压缩变形而产生沉降。过大的沉降会使坝顶高程达不到设计要求而影响土石坝的正常工作；过大的不均匀沉降还会引起坝体开裂，甚至造成漏水通道而威胁大坝安全。

(5) 其他方面。在严寒地区，当气温很低时，库水面结冰形成冰盖层，与岸边及坝坡冻结在一起，冰盖层的膨胀，对坝坡产生的冰压力可能导致护坡的破坏。在干旱的夏季，由于库水位以上坝体的含水量损失，可能引起坝体干裂。

二、土石坝的优缺点

土石坝之所以被广泛采用，是因为这种坝型具有以下的优点：

(1) 就地取材，可以节省大量水泥、钢材和木材。

(2) 适应地基变形能力较强，对地基要求比混凝土坝低。

(3) 施工技术简单、工序少，便于组织机械化快速施工。

(4) 结构简单，工作可靠，便于管理、维修、加高和扩建。

土石坝也存在着一些缺点，如：

(1) 坝顶一般不能溢流（低土石坝采取特殊结构泄小流量者例外），需在河岸上另开溢洪道或其他泄水建筑物；

(2) 施工导流不如混凝土坝方便；

(3) 坝体工程量大，当采用黏性土料填筑时受气候条件的影响较大。

三、土石坝的类型

按不同的分类原则，土石坝可分为如下一些类型。

1. 土石坝按坝高分类

可分为高坝（坝高＞70m）、中坝（坝高 30～70m）和低坝（坝高＜30m）。

2. 按施工方法分类

可分为碾压式土石坝、充填式土石坝、水中填土坝和定向爆破堆石坝等。应用最为广泛的是碾压式土石坝。

(1) 碾压式土石坝。是将土石料分层填筑碾压而成的坝。这种筑坝方法在土石坝中用得最多。随着大型碾压施工机械的发展，近年来碾压堆石坝得到迅速发展。

(2) 充填式土石坝。是借助水力完成土料的开采、运输和填筑全部工序而建成的坝。典型的充填坝是用高压水枪在料场冲击土料使之成为泥浆，然后用泥浆泵将泥浆经输泥管输送上坝，分层淤填，经排水固结成为密实的坝体。这种筑坝方法不需运输机械和碾压机械、工效高、成本低；缺点是土料的干容重较小，抗剪强度较低，需要平缓的坝坡，坝体土方量较大。

(3) 水中填土坝。是用易于崩解的土料一层一层倒入，由许多小土堤分割围成的、静水中填筑而成的坝。这种施工方法无需机械压实，而是依靠土的重力进行压实和排水固结。该法施工受雨季影响小，工效较高，且不需要专门的重型碾压设备，但由于坝体填土的干容重较低，孔隙水压力较高，抗剪强度较小，故要求坝坡平缓，使得坝体工程量增大。

(4) 定向爆破堆石坝。利用定向爆破两岸山体岩石抛向预定地点而形成的堆石坝。当坝址两岸陡峻高耸、河谷狭窄及岩石新鲜致密时，用定向爆破法修筑斜墙堆石坝是可取的。这种筑坝方法是通过专门的设计，在两岸或一岸山体内开挖洞室、埋放巨量炸药，一次或数次爆破即可截断河流，形成堆石坝体，然后再进行加工填补，并修筑上游防渗斜墙。

3. 按坝体材料和防渗体布置分类

可分为以下几种坝型：

(1) 均质土坝。坝体基本上由一种透水性较弱的土料（如壤土、砂壤土等）填筑而成。坝体的整个剖面用以防渗并保持稳定，如图 4－7（a）所示。

(2) 心墙土坝。以透水性小的防渗体布置在坝身中央，称为心墙；而两侧以透水性较大的砂或沙砾料做坝壳，用以支撑心墙保持坝体稳定。心墙常用黏性土构成，称为塑性心墙，如图 4－7（b）所示。也可用沥青混凝土或钢筋混凝土构成，后者称为刚性心墙，见图 4－7（c）。

(3) 斜墙土坝。防渗体位于坝的上游面，称为斜墙；砂砾等透水性大的土料位于斜墙

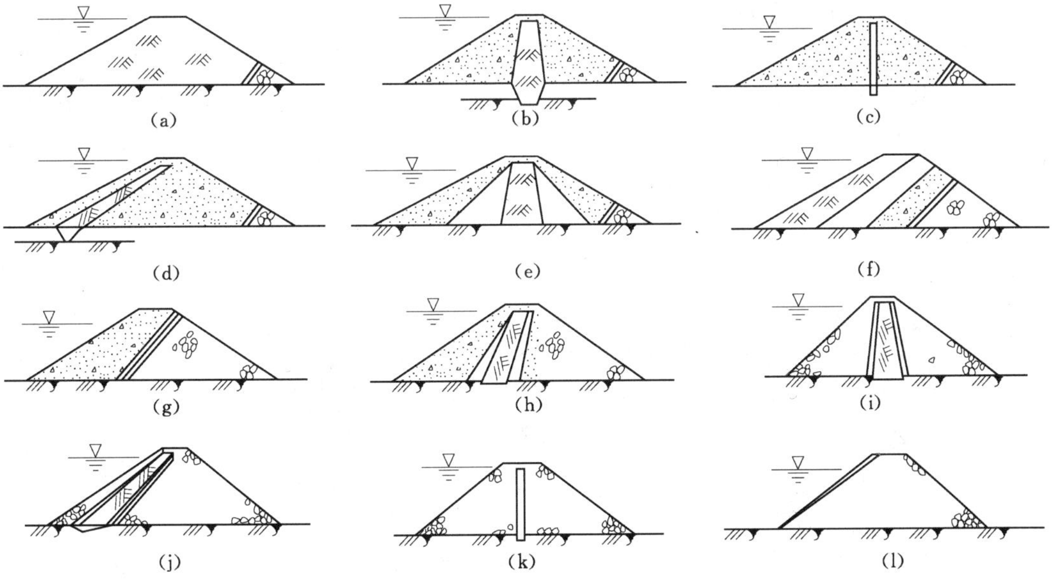

图 4－7　碾压式土石坝类型

(a) 均质坝；(b) 黏土心墙土坝；(c) 刚性心墙土坝；(d) 黏土斜墙土坝；(e)、(f) 多种土质坝；(g) 土石混合坝；(h) 黏土斜心墙土石混合坝；(i) 黏土心墙堆石坝；(j) 黏土斜墙堆石坝；(k) 沥青混凝土心墙堆石坝；(l) 钢筋混凝土面板堆石坝

下游作支承体。斜墙常用黏性土料构成，称为塑性斜墙，如图 4－7（d）所示。也有用沥青混凝土或钢筋混凝土构成的斜墙。

（4）多种土质坝。坝体是由透水性不同的多种土料分区组成的坝。一般有两种布置方式，一种是土料透水性由中间向两侧逐渐加大，如图 4－7（e）所示；另一种是透水性自上游向下游逐渐增大，见图 4－7（f）。

（5）土石混合坝。当坝体中土料和石料各占相当的比例时，便构成土石混合坝。主要有两种形式，一种是上游部分用土料，下游部分为堆石，如图 4－7（g）所示；另一种是中央部分用黏性土料作防渗体，上下游部分为堆石体。当坝址附近有合宜的土石料时，选用土石混合坝是经济的。为改善坝体应力状态，避免黏性土防渗体裂缝，近代修建的高土石坝常建成如图 4－7（h）所示的斜心墙土石混合坝。

（6）心墙、斜墙堆石坝。以堆石料作为坝壳，以透水性小的土料或沥青混凝土、钢筋混凝土作为防渗体。防渗体位于坝体中央的称为心墙堆石坝；防渗体设在上游面的称为斜墙堆石坝。近些年来上游坝面以钢筋混凝土防渗的也称为钢筋混凝土面板堆石坝（见图 4－7（l），这是发展很快的一种坝型。

上述几种坝型，除均质坝外，都是将弱透水材料布置在坝体的上游或中央，以达到防渗目的。而将透水性较强且抗剪强度较高的材料布置在下游或两侧，以维持稳定，也利于排水。虽然土石坝的形式在不断发展和变化，但其材料布置总是离不开该原则。

第四节　水　　闸

一、水闸的作用和类型

水闸是低水头水工建筑物，既能挡水、抬高水位，又能泄水、用以调节水位、控制泄水流量，同时也可作为取水建筑物。水闸多修建于河道、渠系及水库、湖泊岸边，在水利工程中应用很广。

水闸按其所承担的任务不同，可分为以下六类，如图 4－8 所示。

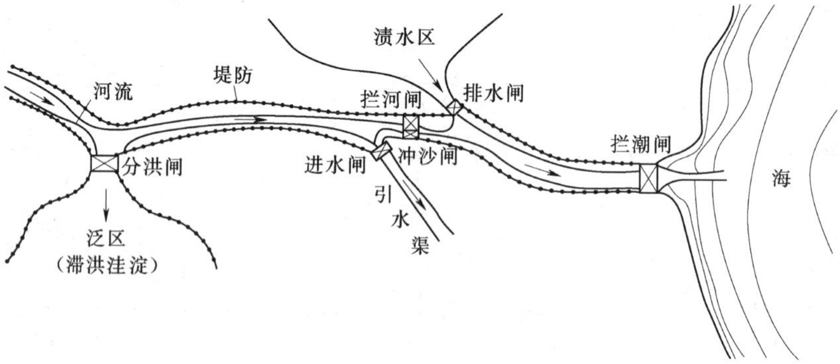

图 4－8　水闸分类示意图

（1）节制闸。拦河或在渠道上建造，用于拦洪、调节水位以满足上游引水或航运的需要，控制下泄流量，保证下游河道安全或根据下游用水需要调节放水流量。位于河道上的节制闸也称为拦河闸。附图 7 中的淮河临淮岗洪水控制工程深孔闸即为节制闸。

(2) 进水闸。建在河道、水库或湖泊的岸边，用来控制引水流量，以满足灌溉、发电或供水的需要。进水闸又称为取水闸或渠首闸。

(3) 分洪闸。常建于河道的一侧，用来将超过下游河道安全泄量的洪水泄入分洪区(蓄洪区或滞洪区) 或分洪道。

(4) 排水闸。常建于江河沿岸，用来排除内河或低洼地区对农作物有害的渍水。当外河水位上涨时，可以关闸，防止外水倒灌。当洼地有蓄水、灌溉要求时，可以关门蓄水或从江河引水，具有双向挡水，有时还有双向过流的特点。

(5) 挡潮闸。建在入海河口附近，涨潮时关闸，防止海水倒灌；退潮时开闸泄水具有双向挡水的特点。

(6) 冲沙闸 (排沙闸) 建在多泥沙河流上，用于排除进水闸、节制闸前或渠系中沉积的泥沙，减少引水水流的含沙量，防止渠道和闸前河道淤积。冲沙闸常建在进水闸一侧的河道上，与节制闸并排布置或设在引水渠内的进水闸旁。

按闸室结构分类，水闸可分为开敞式和涵洞式两种。

(1) 开敞式水闸的闸室是露天的 (见图 4-9)，可以大量引水，迅速泄水，又能通畅地排走冰块或其他漂浮物。

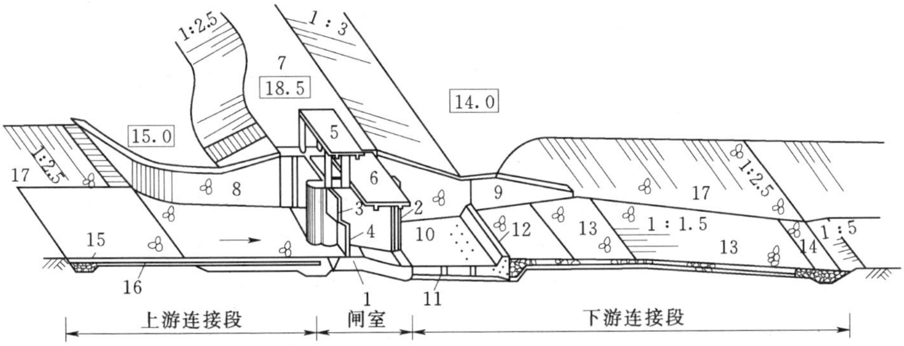

图 4-9　开敞式水闸

1—闸室底板；2—闸墩；3—胸墙；4—闸门；5—工作桥；6—交通桥；7—堤顶；8—上游翼墙；9—下游翼墙；10—护坦；11—排水孔；12—消力坎；13—海漫；14—防冲槽；15—上游铺盖；16—上游护底；17—上、下游护坡

(2) 涵洞式水闸 (见图 4-10) 与开敞式水闸的主要区别在于闸室后面有洞身段，洞顶有填土覆盖，以利于洞身的稳定，也便于交通。这类水闸常修建在挖方较深的渠道中及填土较高的河堤下。

二、水闸的组成

水闸由上游连接段、闸室、下游连接段三个部分组成，如图 4-9 所示，现分述如下。

(1) 上游连接段。上游连接段包括上游翼墙、铺盖、护底、上游防冲槽及上游护坡等五个部分。上游翼墙能使水流平顺地进入闸孔，保护闸前河岸不受冲刷，还有侧向防渗作用。铺盖主要起防渗作用，但其表面应满足防冲要求。护底设在铺盖上游，起着保护河床的作用。上游防冲槽可防止河床冲刷，保护上游连接段起点处不致遭受损坏。

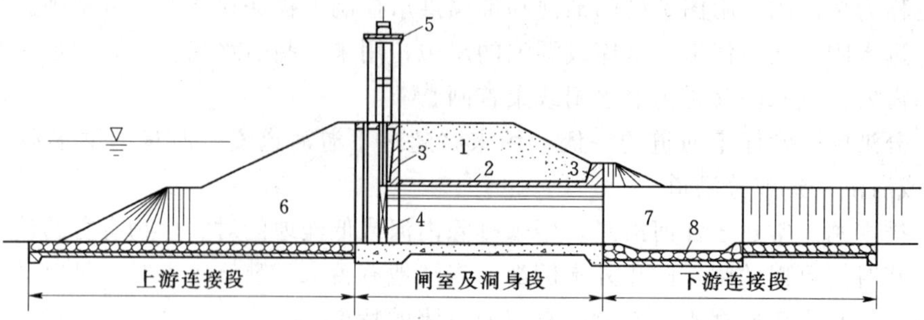

图 4-10　涵洞式水闸

1—大堤；2—洞身；3—挡土墙；4—闸门；5—工作桥；6—上游翼墙；7—下游翼墙；8—消力池

(2) 闸室。闸室是水闸的主体部分，起着挡水和调节水流的作用，包括底板、闸墩、边墩（或岸墙）、闸门、工作桥及交通桥等。底板是闸室的基础，承受闸室全部荷载并较均匀地传给地基，还可利用底板与地基之间的摩阻力来维持水闸稳定；同时底板又具有防冲和防渗等作用。闸墩主要是分隔闸孔，支承闸门、工作桥及交通桥。边孔靠岸一侧的闸墩，称为边墩。在一般情况下，边墩除具有闸墩作用外，还具有挡土及侧向防渗作用。

(3) 下游连接段。下游连接段通常包括下游翼墙、消力池、海漫、下游防冲槽及下游护坡等五个部分。下游翼墙能使闸室水流均匀扩散，还有防冲和防渗作用。消力池是消除过闸水流动能的主要设施，并具有防冲等作用。海漫能继续消除剩余能量，并保护河床不受冲刷。下游防冲槽则是设在海漫末端的防冲措施。

三、水闸的工作特点

水闸在抗滑稳定、防渗、消能防冲及沉陷等方面都有其自身的工作特点：

(1) 土基的抗滑稳定性差。当水闸挡水时，上、下游水位差造成较大的水平水压力，使水闸有可能产生向下游一侧滑动。同时，在上下游水位差的作用下，闸基及两岸均产生渗流。渗流将对水闸底部施加向上的渗透压力，减小了水闸的有效重量，从而降低了水闸的抗滑稳定性。因此，水闸必须具有足够的重量以维持自身的稳定。

(2) 渗流易使闸下产生渗透变形。土基渗流除产生渗透压力不利闸室稳定外，还可能将地基及两岸土壤的细颗粒带走形成管涌或流土等渗透变形，严重时闸基和两岸的土壤会被淘空，危及水闸安全。因此，应妥善设计防渗设施，并在渗流逸出处设反滤层等设施以保证不发生渗透变形。

(3) 过闸水流具有较大动能，易于冲刷破坏下游河床及两岸。开闸泄水时，在上、下游水位差作用下，过闸水流往往具有很大流速，而河床和两岸土壤的抗冲能力通常较低，可能引起冲刷，严重时会扩大到闸室地基，致使水闸失事。因此，设计水闸时必须采取有效的消能防冲措施。

(4) 土基的沉陷问题。软土地基上建闸，由于地基的抗剪强度低，压缩性比较大，在水闸的重力和外荷载作用下，可能产生较大沉陷，尤其是不均匀沉陷会导致水闸倾斜，甚至断裂，影响水闸正常使用。因此，设计时必须合理选择闸型和构造，排好施工程序及采取必要的地基处理措施等，以减小地基沉陷。

第五节　河 岸 溢 洪 道

在水利枢纽中，必须设置泄水建筑物。溢洪道是一种最常见的泄水建筑物，用于宣泄规划库容所不能容纳的洪水，防止洪水漫溢坝顶，保证大坝安全。

溢洪道可以与坝体结合在一起，也可以设在坝体以外。混凝土坝一般适于经坝体溢洪或泄洪，如各种溢流坝。此时，坝体既是挡水建筑物又是泄水建筑物，枢纽布置紧凑、管理集中，这种布置一般是经济合理的。但对于土石坝、堆石坝以及某些轻型坝，一般不容许从坝身溢流或大量泄流；或当河谷狭窄而泄洪量大时，需要在坝体以外的岸边或天然垭口处建造溢洪道（通常称为岸边溢洪道）或开挖泄水隧洞。

一、河岸溢洪道的一般工作方式

河岸溢洪道是布置在拦河坝坝肩河岸或距坝稍远的水库库岸的一条泄洪通道，水库的多余洪水经此泄往下游河床。一般以堰流方式泄水，泄流量与堰顶溢流净宽以及堰顶水头的 3/2 次方成正比，有较大的超泄能力。堰上常设有表孔闸门控制，闭门时水库蓄水位可达门顶高程，启门时，水库水位可泄降至堰顶高程，便于调洪。由于某种原因（例如受下游泄量限制或为了降低闸门高度），也有在堰顶闸孔上加设胸墙的，水库水位超过胸墙底缘一定高度时，泄流方式将由堰流转变为大孔口出流。中小型工程也可考虑不设闸门，这时水库最高蓄水位只能与堰顶齐平，水位超过堰顶即自动泄洪。

二、河岸溢洪道的类型

河岸溢洪道的类型很多，按结构形式分为开敞式溢洪道和封闭式溢洪道，按使用几率分为正常溢洪道和非常溢洪道。开敞式溢洪道包括正槽式溢洪道和侧槽式溢洪道，封闭式溢洪道包括井式溢洪道和虹吸式溢洪道。

（1）正槽溢洪道。过堰水流方向与堰下泄槽纵轴线方向一致，是应用最普遍的形式，见图 4－11。

（2）侧槽溢洪道。水流过堰后急转约 90°，再经泄槽或斜井、隧洞下泄的一种形式，见图 4－12。

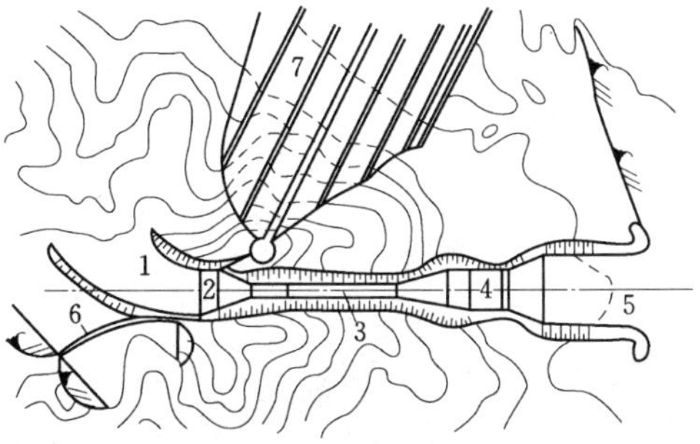

图 4－11　正槽溢洪道布置图

1—进水段；2—控制段；3—泄槽；4—消能段；5—尾水渠；6—非常溢洪道；7—土坝

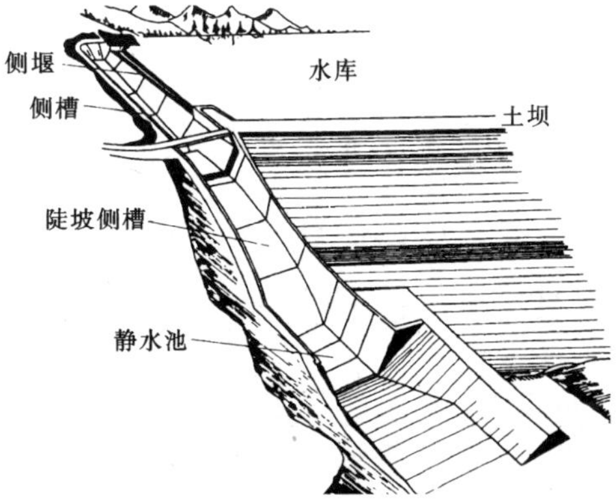

图 4－12　侧槽溢洪道示意图

（3）井式溢洪道。水流从平面上呈环形的溢流堰四周向中心汇入，再经竖井、隧洞泄往下游的一种形式，见图 4-13。

（4）虹吸式溢洪道。利用虹吸作用，使水流翻越堰顶的虹吸管，再经泄槽下泄的一种形式，较小的堰顶水头可得较大的泄流能力，见图 4-14。

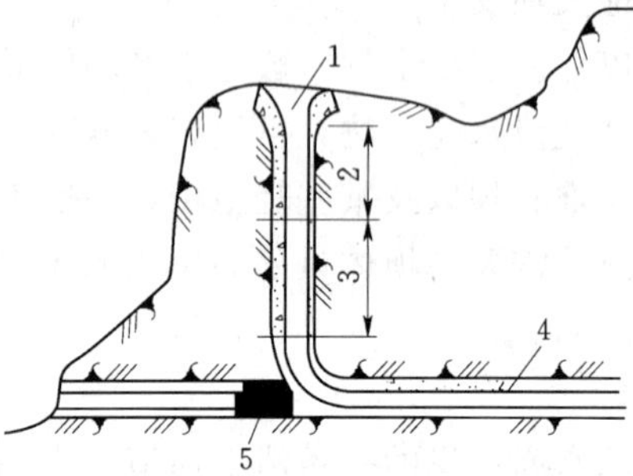

图 4-13　井式溢洪道

1—溢流喇叭口；2—渐变段；3—竖井；4—泄水隧洞；5—导流洞（后期封堵）

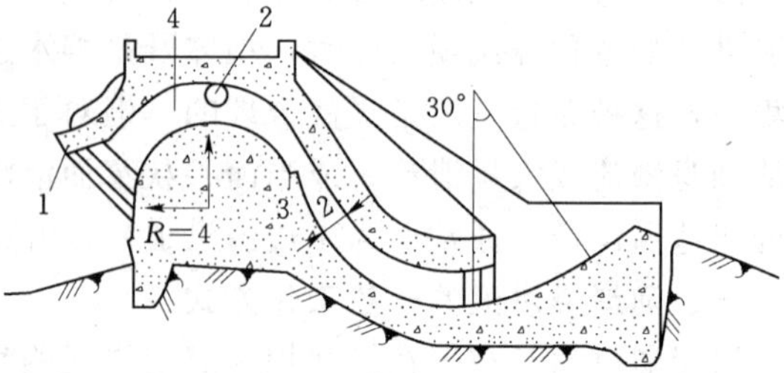

图 4-14　虹吸式溢洪道（单位：m）

1—遮檐；2—通气孔；3—挑流坎；4—弯曲段

三、河岸溢洪道的适用场合

河岸溢洪道广泛用于拦河坝为土石坝的大、中、小型水利枢纽，因土石坝一般是不能坝顶过水。

坝型采用薄拱坝或轻型支墩坝的水利枢纽，当泄洪水头较高或流量较大时，一般也要考虑布置坝外河岸溢洪道，或兼有坝身及坝外溢洪道，以策安全。

坝型虽适于布置坝身溢洪道，但由于其他条件的限制，仍不得不用河岸溢洪道的情况是：坝身适于布置溢流段的长度尚难满足泄洪要求；为布置水电站厂房于坝后，不适于同时布置坝身溢洪；坝外布置溢洪道技术经济条件更为有利。最后，这种情况的典型条件如河岸在地形上有高程恰当的适于修建溢洪道的天然垭口，地质上又为抗冲性能好的岩基。

第五章　取水输水建筑物

要充分利用水利枢纽工程拦截下来的自然来水，除了建挡水的坝、闸和保证枢纽安全的泄水建筑物以外，还需一个能够按要求将水库或河道的水保质、保量、并及时输送到用水目的地去的建筑物，这就是取水和输水建筑物。取水建筑物位于整个输水结构的首部，相当于“嘴巴”的功能，用来控制和调节水流，对输送的水体起到保质、保量的作用，形式主要有隧洞的进口段，渠道的进水闸、扬水站等。输水建筑物的作用就是将水源和用水目的地连接起来，有引水隧洞、引水涵管、渠道、渡槽、倒虹吸等。本章主要介绍取水枢纽、输水隧洞以及渠系中的输水建筑物。

第一节　取　水　枢　组

一、取水枢纽的作用和类型

取水枢纽是从河流、湖泊、水库等地表水源引水而修建在取水地段的水工建筑物综合体，又称引水枢纽或渠首工程。若引水期间取水枢纽处的河水位高于引水要求的水位，可在天然条件下自流引水；否则，需拦河筑坝或修建水闸，壅高水位，创造自流引水的条件，也可不建坝，在天然水位情况下用水泵提水。取水枢纽一般是指自流引水的情况，用水泵提水时则需建泵站。

自河流引水的取水枢纽，根据是否修建拦河建筑物（坝或闸）而分为无坝取水和有坝取水两种类型。有坝取水需建壅水坝（或拦河闸）、进水闸、防沙及冲沙设施等。在综合利用的有坝取水枢纽中，还可能建有船闸、电站、筏道、鱼道等专门建筑物。

1. 无坝取水

我国著名的水利工程都江堰，就是一个典型的无坝取水工程（见图 1－1）。无坝取水是当引水比（引水流量与天然河道流量之比）不大、防沙要求不高、取水期间河道的水位和流量能够满足或基本满足要求时，只需在河道岸边的适宜地点选定取水口，即可从河道侧面引水，而无需修建拦河闸（坝）的取水方式。这是一种最简单的取水方式，其特点是工程简单、投资少、工期短、易于施工，对天然河道的影响较小，与其他国民经济部门（航运、渔业、漂木等）要求之间的矛盾小，在水利建设中得到广泛应用；但由于不能控制河道的水位和流量，易受河道水流和泥沙运动影响，取水保证率相对较低。

2. 有坝取水

河道水量总体虽然丰沛，但季节性丰枯明显，引水期间出现河流水位较低或来水量偏小，采用无坝取水不能满足取水要求时，应建拦河闸或溢流坝，以抬高水位，保证引取水量，这种取水方式称为有坝取水。此外，当水位能满足要求，为保证较大的引水比及减少入渠泥沙、缩短干渠长度、壅高上游水位以改善航运条件、形成上下游水头差以利发电或冲沙，或为两岸取水创造有利条件等目的，也可采用有坝取水。有坝取水枢纽通常由壅水坝（或拦河闸）、进水闸、冲沙闸等拦水、取水以及各种防沙设施组成。

二、取水枢纽的布置

1. 取水口位置的选择

选择取水口（特别是无坝取水）位置时，首先要掌握河岸的地形、地质资料，研究河流水文泥沙特性及河床演变规律，并遵循下述原则：①根据弯道水流特性（参见弯道环流），取水口选在河岸坚固、河流弯道顶点以下的凹岸处，以引取表层清水；②在河流直段设置取水口时，选择河床稳定、水位较高、流速较大且主流靠近引水岸的河段；③取水口不宜设在分叉河段上，如必须设置，则选在比较稳定的主叉道上，并对引水河段加以整治；④选择较短的输水干渠路线，并尽量避开陡坡、深谷及塌方地段，以减少工程量。

2. 无坝取水枢纽的布置

按取水口的数目可分为一首制取水及多首制取水两种。多首制取水一般设 2～3 条引渠取水，各引渠在下游一定距离处汇合成一条干渠。进水闸设在每条引渠进口或设在引渠汇合处。一首制取水设一条引渠取水，是工程中普遍采用的一种形式。

无坝取水枢纽主要包括引水渠、进水闸、防沙设施及上下游整治建筑物等，取水口一般布置在河流弯道凹岸的顶点以下水深最大、环流作用最强的位置。引水角采用 30°～50°。适用于河岸稳定、引水流量小于天然河道流量的 25%～35%的渠道。见图 5-1。

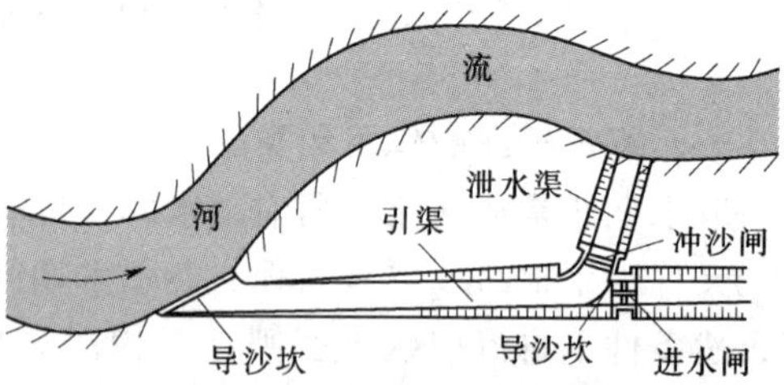

图 5-1　引渠式无坝取水示意图

3. 有坝取水枢纽的布置

有坝取水是横贯河床设置壅水坝或拦河闸控制河道水流，抬高水位，保证渠首引水的取水枢纽。有坝取水枢纽通常由壅水坝（拦河闸）、进水闸及防沙设施组成。在有通航、发电、过木、过鱼等综合利用要求的枢纽中，还应根据要求设置船闸、电站、筏道、鱼道等专门建筑物。在多泥沙河流上，为了排除泥沙，可以采用不同的渠首布置形式，常用引渠式、沉沙槽式、人工弯道式、底拦栅式等取水。

（1）引渠式取水。进水闸前设引渠用以引水、沉沙的取水方式。在多沙河流上，当河道狭窄、河岸陡峻、无适宜地点布置进水闸及冲沙闸，或河岸地质条件复杂，易受水流冲刷而变形，需将进水闸远离河岸布置时，常用引渠取水。枢纽常由引水渠、引水涵洞、壅水坝、进水闸、冲沙闸等组成。见图 5-2。

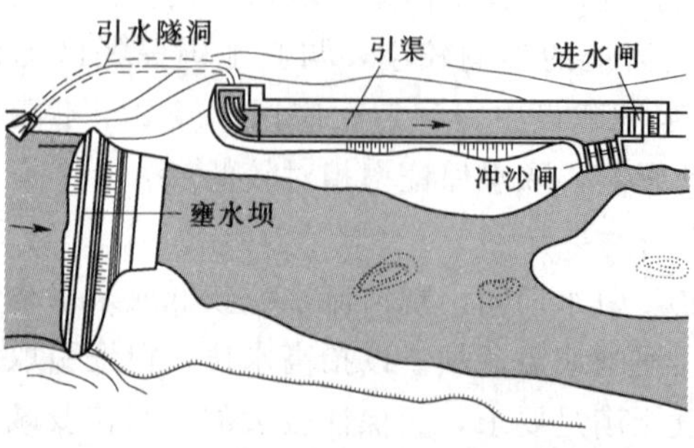

图 5-2　引渠式有坝取水工程布置

（2）沉沙槽式取水。按侧面引水、正面排沙的原则进行布置，利用进水闸前的沉沙槽使水流中的粗沙下沉，并由冲沙闸排走，以减少入渠泥沙的一种有坝取水。沉沙槽式取水枢纽主要由壅水坝、进水闸、沉沙槽、冲沙闸等组成。由于其布置简单且有一定的防沙能力，在国内外得到了广泛应用。如图 5-3 所示。

(3) 人工弯道式取水。是将弯曲河段整治为有规则的人工弯道，利用弯道环流原理，在弯道末端按正面引水、侧面排沙的原则布置进水闸和冲沙闸，以引取表层清水，排走底层泥沙。该枢纽由人工弯道、进水闸、冲沙闸、泄洪闸以及下游排沙道等组成，如图 5-4 所示。

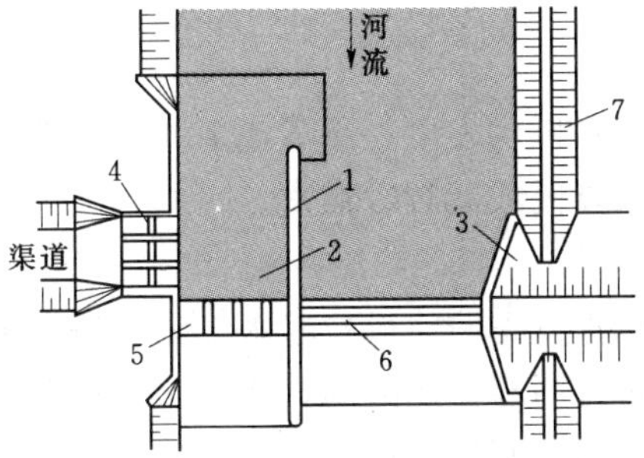

图 5-3　沉沙槽式取水枢纽示意图

1—导流墙；2—沉沙槽；3—土坝；4—进水闸；
5—冲沙闸；6—壅水闸；7—导流堤

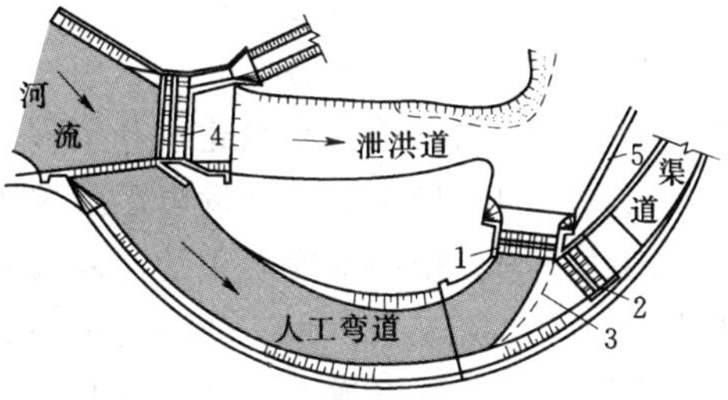

图 5-4　人工弯道式取水枢纽示意图

1—冲沙闸；2—进水闸；3—导沙坎；
4—泄洪闸；5—小路

(4) 底栏栅式取水。山区河流的特点是坡陡流急，水流中常挟带大量卵石、砾石及粗沙，为防止泥沙入渠，常采用底拦栅式取水枢纽。这种渠首的主要建筑物有底拦栅坝、溢流坝、泄洪冲沙闸、拦沙坎及上下游导流堤（见图 5-5）。底拦栅式渠首构造简单，造价低廉，施工管理方便，适用于大粒径砂石较多而小粒径推移质较少的山区河道的中小型工程。

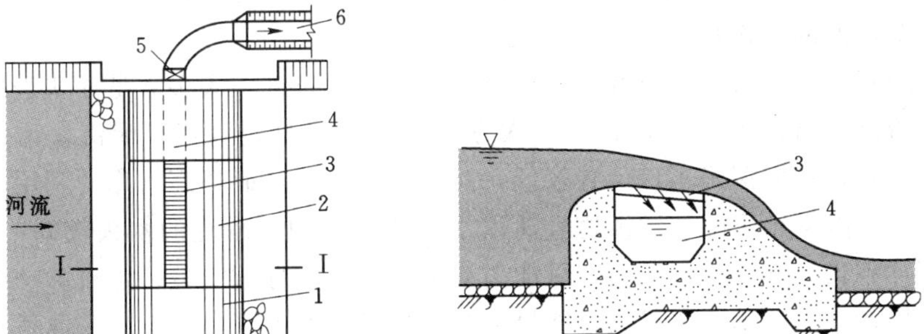

图 5-5　不设冲沙闸的底栏栅式取水枢纽示意图

(a) 平面图；(b) Ⅰ—Ⅰ剖面

1—壅水坝；2—底栏栅坝；3—金属栏栅；4—输水廊道；5—进水闸；6—渠道

第二节　水　工　隧　洞

一、水工隧洞的类型

为满足水利水电工程各项任务的需要，在地面以下开凿的各种隧洞，称为水工隧洞。其功用是：

(1) 配合溢洪道宣泄洪水，有时也可作为主要泄洪建筑物之用。

(2) 取（引）水发电，或为灌溉、供水、航运和生态输水。

(3) 排放水库泥沙，延长水库使用年限，有利于水电站等的正常运行。

(4) 放空水库，用于人防或检修建筑物。

(5) 在水利枢纽施工期用来导流。

水工隧洞按其功用，可分为：

(1) 取（引）水、输水隧洞。取（引）水或输水以供发电、灌溉或工业和生活之用。

(2) 导流、泄洪隧洞。在兴建水利工程时用以导流或运行时泄洪。

(3) 尾水隧洞。排走水电站发电后的尾水。

(4) 排沙隧洞。排冲水库淤积的泥沙或放空库水以备防空或检修水工建筑物之用。

按隧洞内的水流流态，水工隧洞又可分为有压隧洞和无压隧洞。从水库引水发电的隧洞一般是有压的；灌溉渠道上的输水隧洞常是无压的，有的干渠及干渠上的隧洞还可兼用于通航；其余各类隧洞根据需要可以是有压的，也可以是无压的。在同一条隧洞中可以设计成前段是有压的而后段是无压的。但在同一洞段内，除了流速较低的临时性导流隧洞外，应避免出现时而有压、时而无压的明满流交替流态，以防引起振动、空蚀和对泄流能力的不利影响。

设计水工隧洞时，应该根据枢纽的规划任务，按照一洞多用的原则，尽量设计为多用途的隧洞，以降低工程造价。有压隧洞和无压隧洞在工程布置、水力计算、受力情况及运行条件等方面差别较大，对于一项具体工程，究竟采用有压隧洞还是无压隧洞，应根据工程的任务、地质、地形及水头大小等条件提出不同的方案，通过技术经济比较后选定。

二、水工隧洞的工作特点

(1) 水力特点。枢纽中的泄水隧洞，除少数表孔进口外，大多数是深式进口。深式泄水隧洞的泄流能力与作用水头 H 的 1/2 次方成正比，当 H 增大时，泄流量增加较慢，超泄能力不如表孔强；但深式进口位置较低，能提前泄水，从而提高水库的利用率，减轻下游的防洪负担，故常用来配合溢洪道宣泄洪水。泄水隧洞所承受的水头较高，流速较大，如果体形设计不当或施工存在缺陷，可能引起空化水流而导致空蚀；水流脉动会引起闸门等建筑物的振动；出口单宽流量大，能量集中会造成下游冲刷。为此应采取适宜的防止空蚀和消能措施。

(2) 结构特点。隧洞为地下结构，开挖后破坏了原来岩体内的应力平衡，引起应力重分布，导致围岩产生变形甚至崩塌。为此，常需设置临时支护和永久性衬砌，以承受围岩压力。但围岩本身也具有承载力，可与衬砌共同承受内水压力等荷载。承受较大内水压力的隧洞，要求围岩具有足够的厚度和进行必要的衬砌，否则一旦衬砌破坏，内水外渗，将危害岩坡稳定及附近建筑物的正常运行。过大的外水压力也可使埋藏式压力隧洞失稳。故应做好勘探工作，使隧洞尽量避开不利的工程地质、水文地质地段。

(3) 施工特点。隧洞一般是断面小，洞线长，从开挖、衬砌到灌浆工序多、干扰大，施工条件较差，工期一般较长。施工导流隧洞或兼有导流任务的隧洞，其施工进度往往控制整个工程的工期。因此，采用新的施工方法，改善施工条件，加快施工进度和提高施工质量是隧洞工程建设中值得研究的重要课题。

三、水工隧洞的组成

水工隧洞一般包括进口建筑物、洞身和出口建筑物三个主要部分（如图 5－6 所示）。

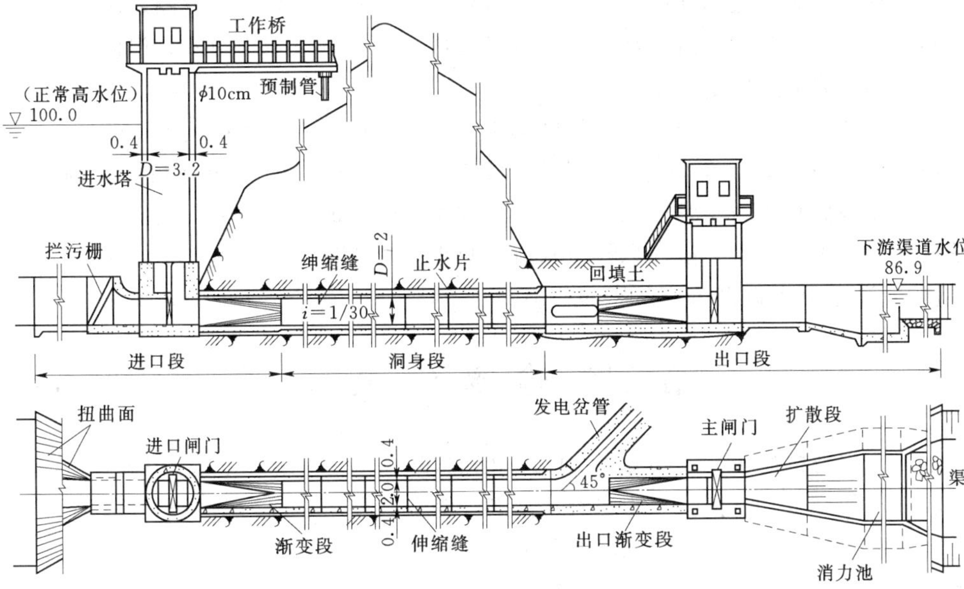

图 5－6　水工隧洞布置图

（1）进口建筑物。包括进水喇叭口、闸门及其控制建筑物、通气孔道、进口渐变段（从安装闸门地段的矩形断面过渡到洞身断面）。该部分主要作用是进水和控制水流；保证水流平顺，避免空蚀现象；尽量减少局部阻力，保证过水能力。

（2）洞身。隧洞的主体，其断面形式和尺寸取决于水流条件、施工技术情况和运用要

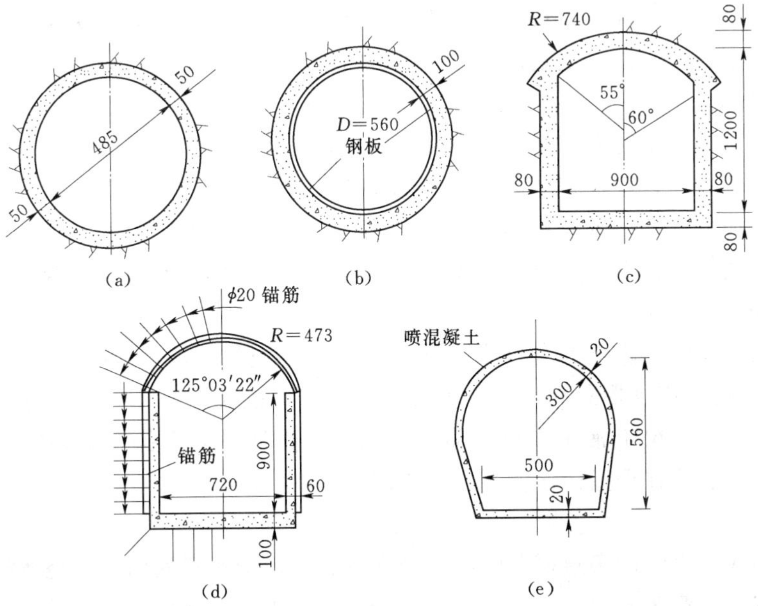

图 5－7　水工隧洞断面形式图

求等。有压隧洞一般采用圆形断面［图 5-7（a）、（b）］，而无压隧洞则采用圆拱直墙［图 5-7（c）、（d）］或马蹄形［图 5-7（e）］。隧洞断面尺寸必须满足设计流量的要求。洞身一般要修建衬砌，用以防护岩面并减小洞壁糙度，防止渗漏，承受围岩压力、内水压力及其他荷载。地质条件较好的隧洞，特别是无压隧洞，可以不作衬砌，但要采用光面爆破开挖，以达到岩面平整的要求。

（3）出口建筑物。其组成和功用按隧洞类型而定。用于引水发电的有压隧洞，其末端连接水电站的压力水管，在该部位通常还设置有调压室（井），当电站负荷急剧变化时，用以减轻有压隧洞和压力水管中的水击现象，改善水轮机的工作条件。泄水洞口一般设有消能建筑物，如出口设置扩散段以扩散水流，减小单宽流量（从洞内流出的最大流量除以水面宽度），防止对出口渠道或河床的冲刷。

第三节 输水建筑物

输水建筑物是指将水从一处输引到另一处的建筑物，可分为无压（渠道、渡槽、跌水、陡坡等）和有压（隧洞、压力水管、倒虹吸等）两种。下面简要介绍水利工程中常见的渠道、渡槽、倒虹吸、涵洞、跌水和陡坡。

一、渠道

为输送水流而在地面上开挖、填筑或埋设的人工水道工程称为渠道。渠道按功能可分为灌溉、排水、航运、引水发电、城乡工农业供水等几大类型。渠道按布置形式可分为明渠与暗渠两类。明渠修建在地面上，有自由表面；暗渠是埋设在地面以下的封闭式管道，可以是有压或无压的，多用于灌溉和排水等。

灌溉渠道是最常见渠道的一种类型，一般可分为干、支、斗、农四级固定渠道。干、支渠主要起输水作用，称为输水渠道；斗、农渠主要起配水作用，称为配水渠道。

渠道设计主要内容：选定渠道线路、确定断面形状和尺寸、拟定渠道的防渗设施等。

1. 渠道线路的选择

平原地区，渠道路线最好是直线；在山坡地区，渠道路线应尽量沿等高线方向布置，以免过大的挖填方量。除此以外，在渠道线路的选择上，还应该尽量避开渗漏严重、流沙、泥泽、滑坡以及开挖困难的岩层地带；考虑在施工过程中的交通运输、水和动力供应、机械施工场地、取土和弃土的具体位置，以及建成后的日常管理和维护等条件。

2. 渠道断面形状

渠道横断面尺寸，应根据水力计算确定。通常渠道横断面的形状为梯形或矩形（见图 5-8）。土坡渠道常用梯形断面，边坡较易保持稳定，也便于施工。在较好的岩石中开挖渠道或混凝土浇筑的渠道常用矩形断面。渠道纵断面是根据水位要求确定的渠道空间位置，渠道坡度要满足在渠道内水流不冲、不淤流速的要求。

二、渡槽

渡槽是当输送水流的渠道需要跨越河渠、溪谷、洼地和道路时的架空水槽，也可称为过水桥。普遍用于灌溉输水，也用于排洪、排沙等，大型渡槽还可以通航。渡槽主要用砌石、混凝土及钢筋混凝土等材料建成。

(a)

(b)

图 5-8　渠道断面形状

(a) 梯形断面；(b) 矩形断面

渡槽由进口段、出口段、槽身和支承结构等部分组成（见图 5-9）。渡槽的进出口段主要作用是与渠道平顺衔接，并起平顺水流的作用，需要设置渐变段。槽身横断面常用矩形和 U 形（见图 5-10）。矩形槽身可用浆砌石或钢筋混凝土建造。对无通航要求的渡槽，为增强侧墙稳定性和改善槽身的横向受力条件，可沿槽身在槽顶每隔 1～2m 设置拉杆［图 5-10（a)］。如有通航要求，则可适当增加侧墙厚度或沿槽长每隔一定距离加肋［图 5-10（b)］，槽身跨度采用 5～12m。U 形槽身是在半圆形的上方加一直段构成，常用钢筋混凝土或预应力钢筋混凝土建造。为改善槽身的受力条件，可将底部弧形段加厚。一般可在槽顶加设横向拉杆。

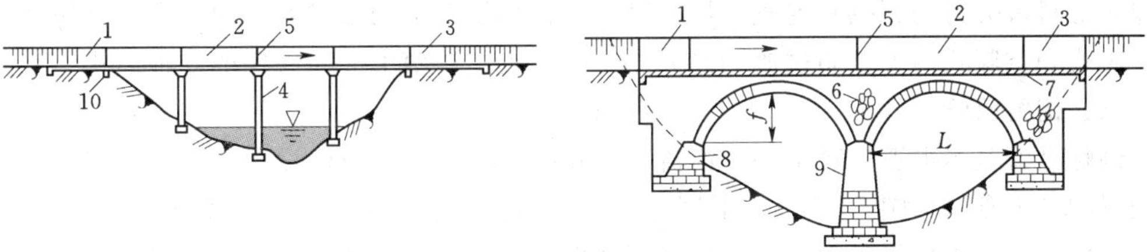

(a)　(b)

图 5-9　渡槽剖视示意图

(a) 梁式渡槽；(b) 拱式渡槽

1—进口段；2—槽身；3—出口段；4—排架；5—伸缩缝；6—块石填料；7—槽底；8—边槽墩；9—槽墩；10—小支墩；L—跨度；f—矢高

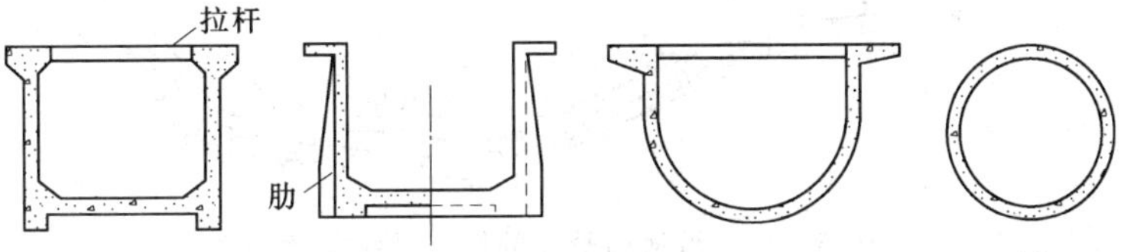

(a)　(b)　(c)　(d)

图 5-10　渡槽槽身横截面形式示意图

(a) 设拉杆的矩形槽；(b) 设肋的矩形槽；(c) U 形槽；(d) 圆管形槽

渡槽按槽身材料，可分为木渡槽，砖、石砌渡槽，混凝土、钢筋混凝土渡槽，预应力混凝土及钢丝网水泥渡槽。按支撑结构型式，可分为梁式、拱式、桁架拱式、桁架梁式及斜拉式渡槽等，常用的是梁式与拱式渡槽。渡槽设计内容包括总体布置、槽身断面形式与尺寸确定、支撑结构及其基础类型选择、水力计算及结构计算等。在设计中要求总体布置和各部分结构型式尺寸选择合理，满足强度与稳定要求；能通过设计流量，且水头损失满足灌区规划要求；达到经济、安全、美观的目的。

1. 梁式渡槽

梁式渡槽的槽身直接撑在槽墩或槽架上，既可用以输水又起纵向梁作用。为了防止温度变化引起槽身变形过大，结构破坏，在渡槽槽身上需设伸缩缝，以保证槽身热胀冷缩的变化，缝内设止水。梁式渡槽根据槽身分缝与支承位置，可分为简支梁式、双悬臂梁式、单悬臂梁式和连续梁式几种，前两种为常用形式。简支梁式渡槽的经济跨度一般等于或略小于墩架高度，约为 8～15m。双悬臂梁式渡槽每节槽身长度一般可增大到 30～40m。

梁式渡槽的支承结构型式有重力墩、排架等多种型式。其中，重力墩可分为实体墩和空心墩两种型式；排架可分为单排架、双排架及 A 字形排架等型式。梁式渡槽的基础型式与上部荷载、地质条件、洪水冲刷及施工条件等因素有关，其中地质条件是主要因素。

2. 拱式渡槽

当渠道跨越地质条件较好的窄深山谷时，选用拱式渡槽较为有利。拱式渡槽由槽墩、主拱圈、拱上结构和槽身组成。拱式渡槽与梁式渡槽相比，主要区别在于支撑结构。主拱圈是拱式渡槽的主要承重结构，按照主拱圈的结构型式可分为板拱、肋拱和双曲拱，附图 8 为长达 875m 的淠史杭灌区将军山渡槽。按主拱圈设铰情况可分为无铰拱、双铰拱等。按建筑材料可分为砌石拱和混凝土拱等型式。根据拱上结构型式的不同，拱式渡槽又可分为实腹式和空腹式两类。肋拱渡槽是大、中跨度拱式渡槽中广为采用的一种形式。

三、倒虹吸管

倒虹吸管是当渠道横跨山谷、河流、道路时，为连接渠道而设置的压力管道，其形状如倒置的虹吸管（见图 5 - 11）。渠道与山谷、河流等相交，既可以用渡槽，也可用倒虹吸管。倒虹吸管水头损失大，维修管理不如渡槽方便，在小型工程应用较多。一般来说，当所穿越的山谷深而宽时，采用渡槽不经济；当交叉高差不大，或高差虽大，但允许有较大的水头损失时，采用倒虹吸管比渡槽工程量小，且造价低，施工方便。

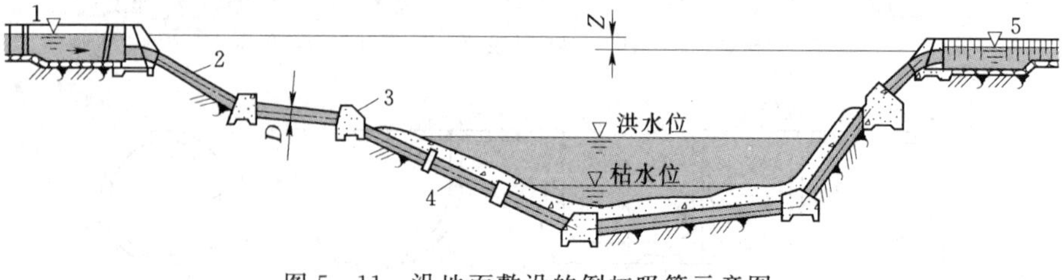

图 5 - 11　沿地面敷设的倒虹吸管示意图

1—进口段；2—露天管；3—镇墩；4—上埋式管；5—出口段

倒虹吸管由进口段、管身和出口段三部分组成。其中，进口段一般包括渐变段、进水口、拦污栅、闸门及沉沙池等。管身断面有圆形、箱形等形状。圆形管具有水流条件好、受力条件好的优点，在工程实际中应用较广，主要用于高水头、小流量情况。箱形管分矩形和正方形两种，可做成单孔或多孔，适用于低水头、大流量情况。根据流量大小、运用要求及经济效益等，可采用单管、双管或多管方案。倒虹吸管的材料有木质、砌石、陶瓷、钢筋混凝土、铸铁和钢材等。

四、涵洞

当渠道与道路相交而又低于路面时可设置输水用的涵洞，让水从公路路基的下面流过，不妨碍交通，称为输水涵洞［图 5－12（a）］；当渠道穿过山沟或小溪，而沟溪流量又不大时，可用一段填方渠道，下面埋设用于排泄沟、溪水流的涵洞，称为排水涵洞［图 5－12（b）］。

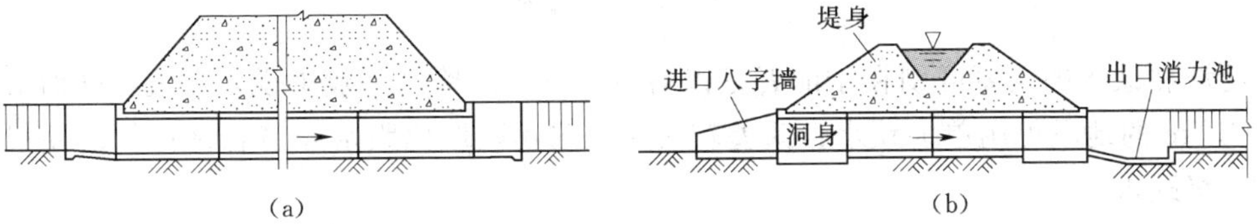

图 5－12　涵洞剖面示意图

（a）输水涵洞；（b）排水涵洞

涵洞由进口段、洞身和出口段三部分组成。按洞身断面形状，涵洞可以做成圆管涵、盖板涵、拱涵和箱涵（见图 5－13）。圆管涵因水力条件和受力条件较好，且有压、无压均可，是普遍采用的一种形式，管材多用混凝土或钢筋混凝土。拱涵由拱圈、侧墙及底板组成，可用浆砌石或混凝土建造，适用于填土高度大、跨度较大的无压涵洞。盖板涵的断面呈矩形，其底板、侧墙可用浆砌石或混凝土，盖板多为钢筋混凝土结构，当跨度小时，也可用条石，适用于洞顶铅直、荷载较小、跨度较小的无压涵洞。箱涵为四周封闭的钢筋混凝土结构，适用于填土高度大、跨度大和地基较差的无压涵洞和低压涵洞。当洞身较长，为适应地基不均匀沉降，应设沉降缝，间距应不大于 10m，也不小于 2～3 倍洞高，缝内设止水。涵洞的洞底高程、纵坡、孔径及出口消能防冲设施的形式和尺寸，根据过涵设计流量、上下游水位和沟、渠、溪、谷的底部高程，在满足选定的过涵水流形态条件下、通过水力计算确定。涵洞进出口，可根据需要设置防冲护砌或消能设施。

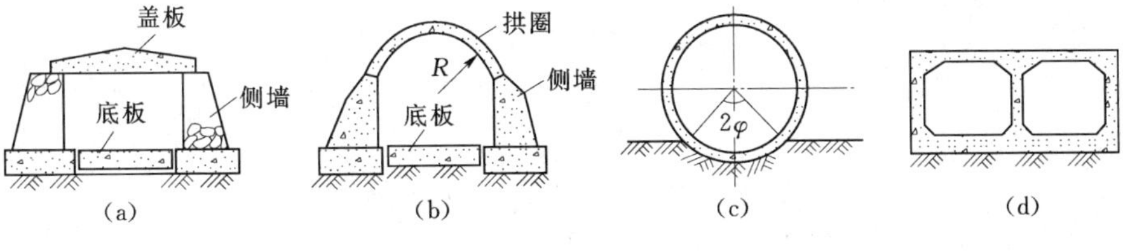

图 5－13　涵洞断面形式示意图

（a）盖板涵；（b）拱涵；（c）管涵；（d）箱涵

五、跌水与陡坡

当渠道通过地面坡度较陡的地段或天然跌坎，在落差集中处可建跌水或陡坡（见图 5－14）。跌水根据落差大小，可做成单级或多级。跌水多用浆砌石或混凝土建造。单级跌水的落差较小，一般不超过 5m。如跌差较大，可采用多级跌水。

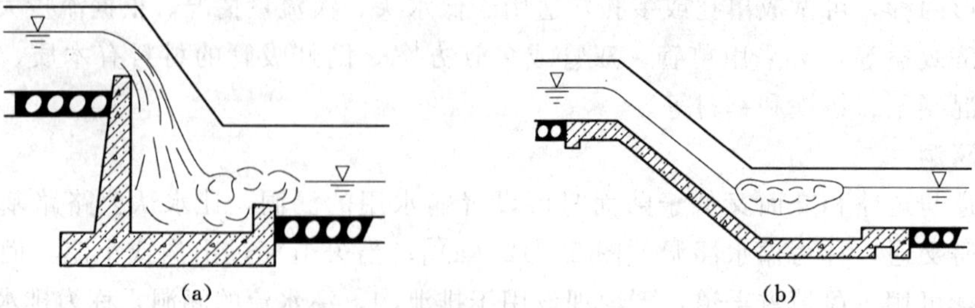

图 5－14　单级跌水和陡坡剖面图

(a) 跌水；(b) 陡坡

陡坡和跌水的主要区别在于前者是以斜坡代替跌水墙。一般来说，在坡度陡而落差不超过 1.5m 的地段可用单极跌水；落差较大时以采用陡坡比跌水经济合理；如落差很大则可建多级跌水。

第六章　水　　电　　站

流动的水体是具有能量的，可利用一系列的水工建筑物，引导水流通过水轮机，将水能转化为旋转的机械能，接着由水轮机带动发电机转动从而发出电能，再经过配电和变电设备升压后送往电力系统供给广大用户。实现以上功能的水工建筑物的总体称为水电站。本章将简要介绍水电站的发展概况、水力发电原理、水电站在电力系统中的作用、水电站类型、水电站引水系统、水电站厂房等内容。

第一节　概　　述

一、水电站的发展概况

早在 3000 多年前劳动人民就利用水力磨面、舂米、提水灌溉。随着商业资本及小型手工业的发展，水力逐渐用于打铁、锯木、造纸及纺织等工业方面。当时的水力装置只能建造在急滩、瀑布处，这种地点的限制不能适应工业迅速发展的要求，所以 18 世纪下半叶蒸汽机一出现立即得到广泛使用。当时为了扩大水力的利用，必须简化水力设备，提高效率，降低成本，并解决建站地点与工业基地不在一处的矛盾。随着流体力学及水力学的发展和机械工业的发达，由 18 世纪末开始，相继发明了各种近代水轮机，利用水头大为提高，功率及效率也大为增大。19 世纪下半叶又相继发明了直流电机、交流同步电机、变压器、输电线路。直到 19 世纪末，在筑坝技术、结构理论与施工技术发展到一定水平以后，才出现了近代的水电站。此后，在 100 年左右的时间里，许多国家都大量建造水电站。水坝建设风起云涌，到 20 世纪 70 年代达到顶峰时，全世界几乎每天都有 2～3 座新建的水坝交付使用，水电站建设也同时达到顶峰。根据有关组织的统计，至 20 世纪末，世界上有 24 个国家 90％的电力来自水电，有 1/3 的国家的水电比重超过 1/2。

水电事业的发展主要受自然条件、社会条件及技术条件的制约。中华人民共和国成立前，我国丰富的水能资源基本上未得到开发利用，1910 年开工建设的昆明石龙坝电站是我国大陆第一座水电站。我国的水力发电就从石龙坝电站最初的两台 240kW 机组起步，直到 1949 年底，全国水电装机仅 36 万 kW，年发电量 18 亿 kW·h。中华人民共和国成立后，为中国水电发展开辟了新的天地。1982 年开工的鲁布革水电站拉开了中国水电建设制度创新的大幕，业主制、招投标制、监理制等引入水电开发，一批水电站由此脱颖而出。至 1995 年，装机突破 5000 万 kW，到 2000 年，中国水电装机容量达 7700 万 kW，超过加拿大，位居世界第二位。2004 年 9 月，中国水电装机容量突破 1 亿 kW，超过美国成为世界水电第一大国。近几年溪洛渡、向家坝、小湾等一大批巨型水电站相继开工建设。2010 年 5 月，华能小湾水电站 4 号机组投产，标志着我国水电装机容量站上了 2 亿 kW 这个新的历史起点。我国截至 2015 年水电装机容量计划将达到 3 亿 kW。

自1910年云南修建第一座水电站至今，我国水电经历了从无到有、由弱至强的百年发展历程。2010年10月26日，三峡工程首次达到175.00m最高蓄水位，三峡工程作为全国4万多座水电站中的“旗舰”，历经18年艰苦建设，攻克了数不清的世界级难关，可谓我国水电发展史上“最伟大的工程”。三峡工程建设施工中，涉及大量施工技术、机电设备的开发和改造，每年都有新技术、新工艺问世，并获得国家专利。三峡工程的专利技术和建设经验，广泛应用于国内在建的水电站，不仅加快了施工进度，而且确保了工程质量。可以说，三峡工程就是推动我国水电事业发展的一个巨大“发动机”。

在开发技术方面，我国水电开发逐步走出了技术、资金和环保的约束困境，坝工技术不断提升。截至目前，包括200m级特高碾压混凝土重力坝筑坝技术、200m级特高混凝土面板堆石坝技术、300m级特高拱坝及100m级特高碾压混凝土拱坝技术、坝工基础工程技术、高速水流的消能工技术创新在内的重大关键技术得到全面突破。我国的坝工建设水平在数量规模、技术难度和技术创新等方面都已进入世界先进行列。同时，水电机电装备有了显著的进步，前后经历了刘家峡、龙羊峡、岩滩、广蓄等一批单机容量30万kW级型机组投入运行后，单机容量40万kW的李家峡，单机容量55万kW的二滩，特别是30多台单机容量70万kW的三峡、龙滩机组顺利投产；溪洛渡、向家坝、拉西瓦、白鹤滩、乌东德等电站单机容量从70万kW向着100万kW机组发展。我国大型水电机组的制造能力和水平正逐步达到世界先进水平。三峡工程左右岸26台发电机组中有8台是拥有自主知识产权的全国产化机组。

水电装机实现2亿kW，不仅是数字上的简单增加，更是水电发展质的飞跃，反映了中国水电建设水平的全面提升。经过长期工程建设的实践锻炼，我国水电建设技术水平不断提高，已形成完整的水电设计、施工、设备制造和运行管理体系，具备了独立设计、施工和管理各类水电站的能力。以小湾水电站高混凝土双曲拱坝为代表，标志着我国水电建设技术已进入世界先进和领先行列。水电事业的不断发展为国民经济和社会又好又快发展作出了积极贡献。

二、水力发电原理

在天然河道的急流险滩地段，往往浪花翻滚，沙石被冲走，河床被冲刷。这种现象说明水流从高处向低处落下时具有很大的能量。从力学知道，具有一定重量的物体自高处落下时做功，其功的大小取决于物体的重量和它的下降高度。水能就是天然河流中的水从高处向低处流动时所具有的能量。同样，河段水能数值的大小，取决于水的下落高度和水量的大小，也就是水头（工程上常称为“落差”）和流量两个要素。

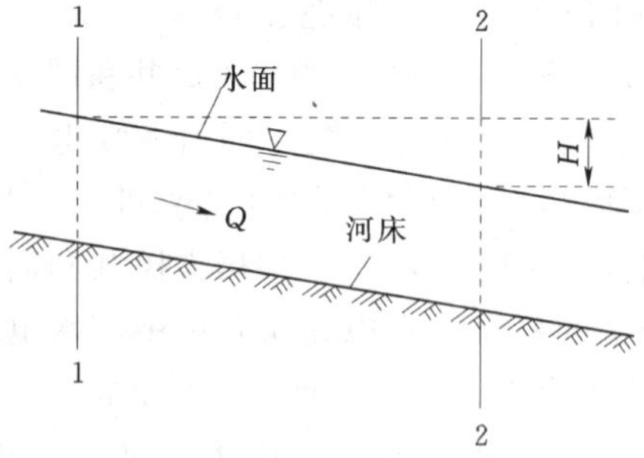

图6-1　水能蕴藏计算图

在河流上取一个河段1—2（见图6-1），若在t时段内有水量$W=Qt$流过该河段时，则水量流道1—1断面和2—2断面之间的水能蕴藏量为

$$E=\gamma QHt=\gamma WH \qquad (6-1)$$

其单位时间内的功率

$$P=\gamma QH \quad (6-2)$$

式中：W 为水体体积；γ 为水的容重；Q 为河道流量；H 为两过水断面之间的落差。

由式（6－2）可知，该河段所具有的能量体现为位能。在自然状态下，河段中所蕴藏的能量（水能），一般消耗于冲刷河床与河水流动中的内部摩擦等，如果不加以利用，就白白浪费掉了。要利用水能，就必须将天然河流中的落差集中起来。若一次集中的落差太大，所需要建的大坝就越高，水库可能淹没的面积越大，所以在河源至河口之间的落差，在水能集中利用的过程中，通常通过河段的梯级开发来实现，例如图 6－2 所示。

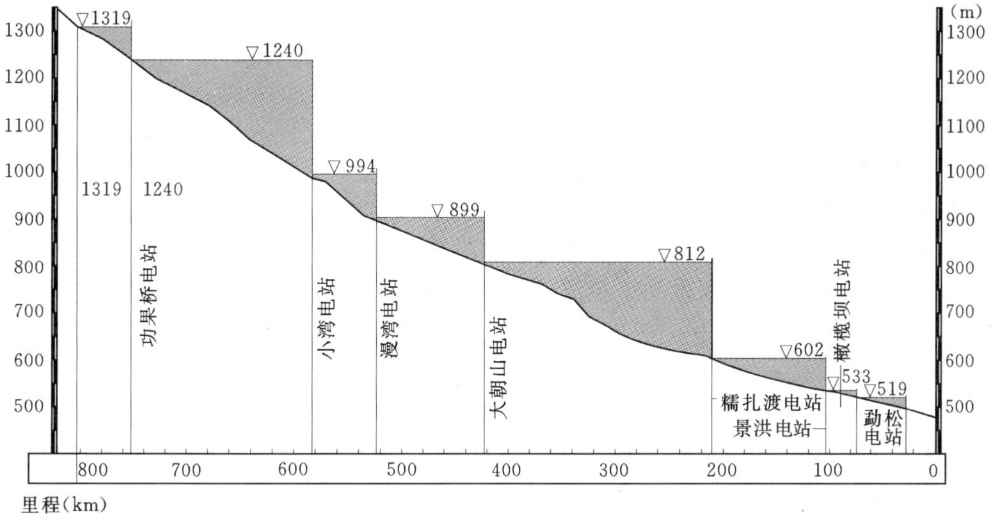

图 6－2 澜沧江中下游河流水力梯级开发

由上可见，采取人工措施来控制水流，集中落差 H，取得流量 Q，并尽可能减少天然水流的各种损耗，将集中的水能转变为机械能再转变为电能，这就是水力发电的基本原理。

近代利用水能的方法很多，用坝抬高上游水位，使河流中分散的落差形成集中的水头 H，并在上游形成水库，水能即蕴蓄其中。用压力管道将水流引向水轮发电机组，使机组旋转，将水能转变为机械能并转变为电能，然后通过母线将电能送至变压器升高电压后，经开关站用高压输电线送往工厂、矿山、城镇和农村供人们使用。

概括起来，水力发电的过程可分为三阶段：

第一阶段：集中水能——汇集水量，集中水头；

第二阶段：传递水能——把具有一定水头和流量的水流输送到水轮发电机组；

第三阶段：转化水能——水能转化为机械能再转化为电能，输配电能至用户。

以上水力发电的过程可用图 6－3 表示。

为了实现这种能量转化过程，需要一系列水工建筑物和设备。水轮机、发电机和其他附属机电设备，一般都布置在一个建筑物里，这就是水电站厂房，连同变电站及挡水、输水等建筑物，总称水电站。水电站是一个生产电能的工厂，水能是它的“原料”，水轮发电机组是它的主要生产机器，而电能则是它的“产品”。供给的水能越多，发电能力就可

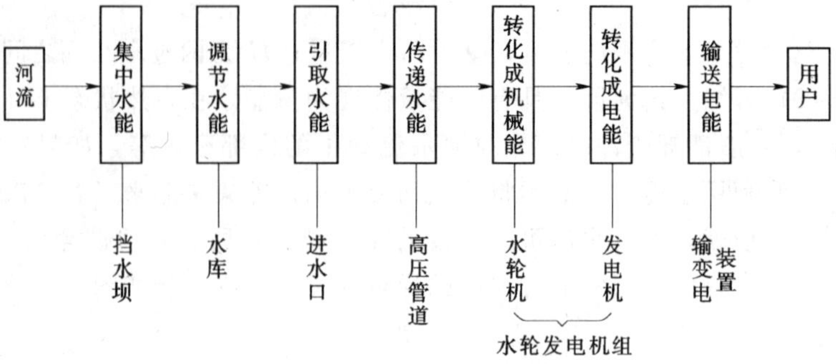

图 6-3 水电站生产过程示意图

能越大。

三、水能开发方式

水能开发方式按调节流量的方式，可分为蓄水式和径流式。蓄水式水电站用较高的拦河坝形成水库，在短距离内抬高水头集中落差发电，适用于山区水流落差大能够形成较大水库的情况，如长江三峡水电站。径流式水电站没有水库，或水库库容相对很小，落差较小，主要利用天然径流发电，适用于河道较平缓、流量较大的情况，如长江葛洲坝水电站。

水能开发方式按集中落差的方式，可分为坝式、引水式和混合式。坝式水电站是在河道上修筑大坝，截断水流，抬高水位，在靠坝下游建造水电站厂房，甚至用厂房直接挡水，如长江葛洲坝水电站。引水式水电站一般仅修筑很低的坝，通过取水口将水引取到较远的、能够集中落差的地方修建水电站厂房，引水道，可以是无压的（如明渠）和有压的（如压力钢管），为许多中小型水电站采用。混合式水电站同时采用坝和有压引水道共同集中落差形成水头，具有坝式和引水式开发的优点。此外，还有开发利用海洋潮汐水能的潮汐开发方式（潮汐电站），以及将水能和电能相互转化的抽水蓄能开发方式（抽水蓄能电站）。

四、水电站在电力系统中的作用

电力系统，是指一定范围内的各用户（工业、农业、市政用电等）与各电厂（各水电站、火电站、热电站等）用输电线路连接成一个统一的整体，由各发电厂统一地向各用户供电，称为电力系统。电力系统大小由系统供电范围及用户的用电量大小而定。用电量大小通常用电力（单位为 kW）与电能（单位为 kW·h）两个指标来衡量。电力通常称为负荷。电力系统供电范围将随工业不断发展而扩大，有些国家已扩大到全国性的电力系统，甚至跨国电力系统。

电力系统形成以后，将充分发挥各种电站的优点，相互取长补短，使系统在总装机容量较少、总费用最小的前提下，合理利用动力资源，以满足系统中各类用户的用电需要，并不断提高供电质量和可靠性。

水电站在电力系统中的作用与水电站本身调节性能、水库综合利用程度、水电站开发方式、距离用电中心远近等因素有关。一般说来，因水电站具有单位千瓦投资低、出力调整迅速、灵活等特性，除无调节水电站外，一般均可起调频、调峰作用。

（1）具有日调节、年调节或多年调节性能的坝式水电站，以及大多数混合式水电站，枯水期适宜担任电力系统峰荷，并起调频作用。在洪水期，日调节、年调节水电站，随来水流量的增加，机组逐步由峰荷而全部转到基荷，多年调节水电站一般仍在峰荷或腰荷工作。

(2) 无调节水电站出力取决于当时河流的天然径流，除洪水期外，一般说来天然径流流量变化不大，为了充分利用水能生产电能，一般宜于担任电力系统基荷。

(3) 具有较长无压引水道的水电站（一般在 3～5km 以上），如要它进行日调节，就要求有断面较大的引水渠或日调节池，这样可能需要很高的造价，往往是不经济的，在此情况下，不宜担任系统峰荷和调频。

(4) 当水电站离用电中心较远时（一般约 500km 以上），如果水电站担任的负荷经常变动。就会引起输电线上大量的电能损失，亦不宜担任系统峰荷与调频任务。

(5) 当水库有较高综合利用要求时，往往要限制水电站运行方式。如下游有航运用水要求，为保证下游河道有一定的航深，必须有相应的容量全天运行，即有一部分容量要在基荷运行，减少了电站的调峰能力。

第二节 水电站类型

水电站类型与水能开发方式密切相关，按集中落差的方式，可分为坝式、引水式和混合式。此外，还有潮汐开发方式和抽水蓄能开发方式。坝式开发方式有坝后式、河床式、旁引式等；引水式分为无压引水式和有压引水式。从建筑物的组成和形式来说，旁引式、混合式和有压引水式是基本相同的，作为水电站基本布置形式可以统称为有压引水式。本节简介水电站的主要几种类型及布置形式。

一、坝后式水电站

坝后式水电站的特点是水电站主厂房布置在大坝后（下游）（见图 6-4），坝与厂房一般用沉陷缝分开，建有相对较高的拦河坝形成水库，利用大坝集中落差形成库容，并进行水量调节。水电站建筑物集中布置在非溢流坝段，坝上游侧设有进水口，进水口设有拦污栅、闸门及启闭设备等，压力钢管一般穿过坝身向机组供水，如我国的三峡水电站（见附图 3）。若河床狭窄、洪水量大时，水电站厂房也可设在溢流坝段后，如新安江水电站（见附图 9），或者将水电站厂房设在溢流坝体内，如凤滩水电站。如选用拱坝，坝身不宜布置引水管道，也可将水电站从河床部位移至河岸，形成旁引式水电站，如隔河岩水电站。坝后式水电站由于筑坝壅水，会造成上游一定的淹没损失，允许淹没一定高程而不致造成太大损失。一般修建在河流的中游、上游。

二、河床式水电站

河床式水电站多修建在河流水面较宽且河道比降较小的中、下游河段上（图 6-5），如葛洲坝水电站（见附图 5）。由于地形平坦，不允许淹没更多的土地，只能修建较低的闸坝来适当抬高水头。这种水电站其厂房尺寸和重量均较大，可以直接承受水压力，作为挡水建筑物的一部分与闸坝并肩位于河床中。实践经验表明，其适用水头范围，对大中型水电站可达 25～35m，对小型水电站一般在 8～10m 以下。

河床式水电站没有专门的引水管道，水流直接由厂房上游侧的进水口进入水轮机。

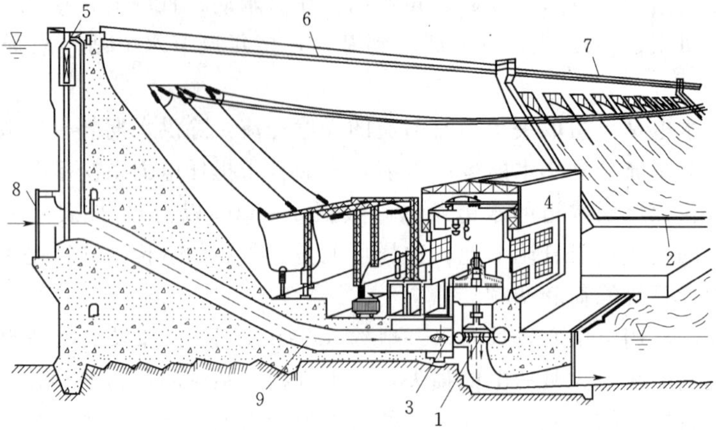

图 6-4 典型坝后式水电站示意图

1—水轮机；2—导流墙；3—阀门；4—厂房；5—闸门；
6—大坝；7—溢流坝；8—拦污栅；9—压力管道

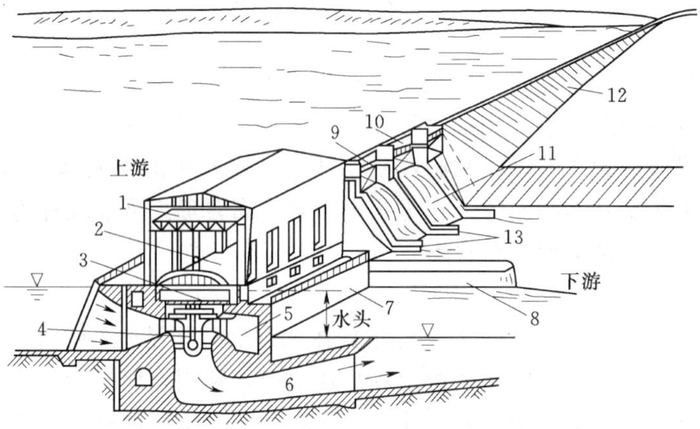

图 6-5 典型河床式水电站示意图

1—桥式吊车；2—主厂房；3—发电机；4—水轮机；5—蜗壳；6—尾水管；
7—水电站厂房；8—导流墙；9—闸门；10—工作桥；11—溢流坝；
12—拦河坝；13—闸墩

三、无压引水式水电站

无压引水式水电站的主要特点是具有较长的无压引水道。它多修建在河道比降较陡或有较大河湾的河段上，利用比降较缓的引水道来集中落差，如图 6-6 所示。这种水电站建筑物一般由首部枢纽，引水建筑物和厂区枢纽三部分组成。首部枢纽包括拦河闸坝、冲沙闸、进水口、沉沙池等。拦河闸坝一般较低，进水口多采用进水闸形式，冲沙闸建在进水闸上游附近以保证有害泥沙不致进入引水道。引水建筑物主要为明渠或无压隧洞，其前端直接与首部枢纽的进水口相接，其尾部与压力前池相连。厂区枢纽主要包括压力前池、泄水道、压力管道、电站厂房、尾水渠及变电配电建筑物等。压力前池的作用主要是将引来的水通过压力管道分配给水轮机，另外，它还有清除污物、宣泄多余水量与平衡渠末水位等作用。

图 6-6 无压引水式水电站示意图

1—坝；2—溢流坝；3—进水闸；4—引水渠；5—压力前池；6—调节池；
7—压力水管；8—厂房；9—泄水道；10—开关站；11—尾水渠

无压引水式水电站的优点是淹没损失小，工程简易，造价较低。但因库容很小，河流水量利用率低，其综合利用效益很小。

四、有压引水式水电站

有压引水式水电站的主要特点是有较长的有压引水道（如有压隧洞或压力管道），图 6-7 为有压引水式水电站建筑物组成和布置示意图。

一般进水口为水下深式进水口。在有压引水道很长时，为减小因负荷突然变化在压力管道中产生的水锤压力和改善水电站运行条件，常常需要在有压引水道和压力管道的连接处设置调压室。若水电站厂房为地下厂房时，一般均为有压引水式水电站，如广州抽水蓄能电站、泰安抽水蓄能电站等。

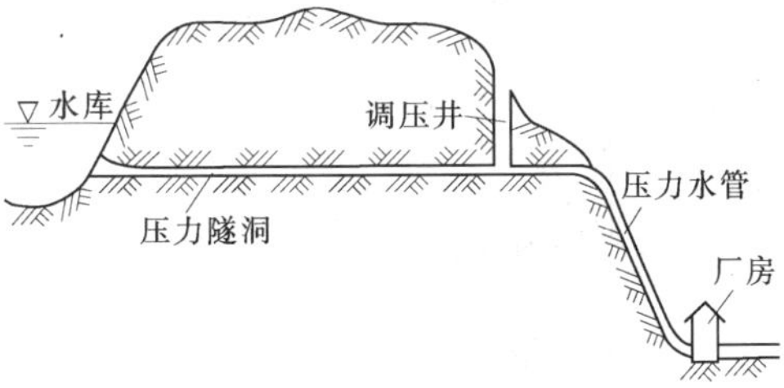

图 6-7 有压引水式水电站示意图

五、混合式水电站

如果自然河流的上游具有优良的坝址适宜建造水库，而紧接水库以下的河段坡度突然变陡，或是有较大的河湾，则往往可较经济地建坝集中部分水头，另设引水建筑物，由水库引水再次集中水头，从而使开发利用具有坝式和引水式两方面的特点，即是混合式开发，建立混合式水电站，如图 6-8 所示。

六、潮汐式水电站

利用海洋涨、落潮所形成的水位差来引海水发电，称为潮汐发电。有单库单向、单库双向和双库等开发方式。图 6-9 为常见的单库双向式潮汐水电站示意图。可见，潮汐发电时，需在海湾或有潮汐的河口建一拦水坝，将海湾或河口与海洋隔开构成水库，再在坝内安装水轮发电机组，然后利用潮汐涨落时海洋与水库内外水位的升降，使海水通过水轮机时带动水轮发电机组发电。

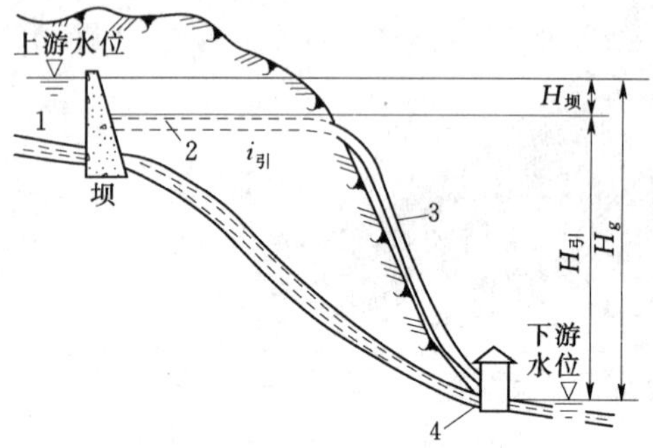

图 6-8　混合式水电站示意图

1—水库；2—水平引水管道；3—压力管道；4—电站厂房

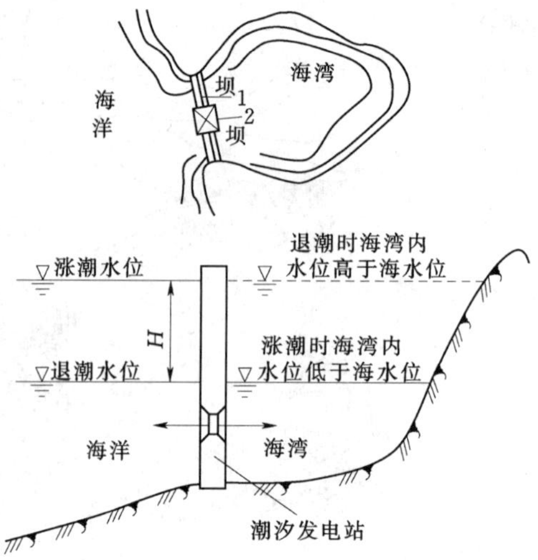

图 6-9　潮汐式水电站示意图

1—拦水坝；2—电站厂房

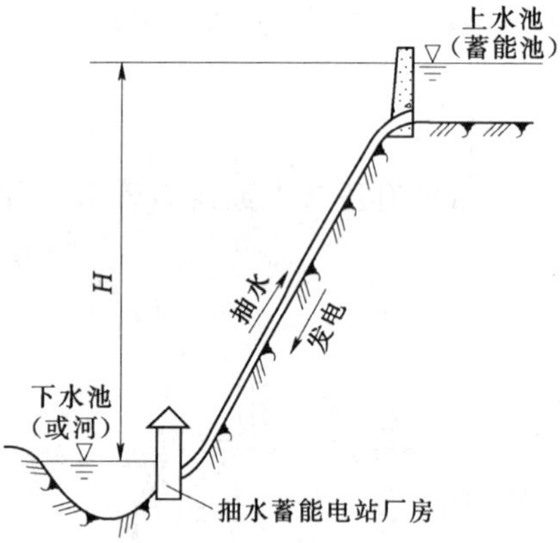

图 6-10　抽水蓄能电站示意图

世界海洋潮汐能蕴藏量约为 27 亿 kW，是一种值得开发的能源。一般海洋潮差较稳定，且不存在丰水年、枯水年的差别，因此潮汐能的年发电量稳定。但潮汐发电由于技术原因和开发成本较高，所以发展缓慢。目前，最大的潮汐电站为法国的朗斯电站（见附图 10），大汛潮差 10.85m，最大潮差 13.5m，工程于 1959 年开工，1966 年投产，装机 24 万 kW。

七、抽水蓄能水电站

随着经济社会的发展，电力系统负荷的峰谷差越来越大。在电力系统中，核电站和火电站适应电力系统负荷的急剧变化能力差，若要随峰谷负荷变化发电量以达到调峰目的，其运行维护费用较高。而水电站因其启动与停机迅速、运行灵活，故适宜担任调峰作用。

抽水蓄能电站是以水体为储能介质，利用电力系统低负荷时其他电站多生产的电能，通过水泵将下水库的水抽蓄到上水库，待到电力系统高峰负荷时，将这部分存蓄的水通过水轮机放到下水库，发出电能以满足电力系统负荷需要。图 6-10 是抽水蓄能电站示意图。我国水力资源比较丰富，但分布很不均匀，同时工业发展东西区域不均，故电力系统需要调峰填谷。为此，我国抽水蓄能电站的发展前途巨大。

第三节　水电站引水系统

水电站的引水系统主要是指将水电站的发电用水从水库引向厂房机组的一系列工程结

构。由于水电站类型的不同，引水系统的具体组成略有不同，总体来说，主要有四部分：进水口（取水结构）、渠道或隧洞（输水结构）、压力前池或调压室（平水结构）、压力钢管将水输入水电站厂房。

对于引水式水电站而言，这四部分结构都有，对于坝后式或河床式水电站而言，由于进水口与水电站厂房距离非常短，一般不需要较长的渠道或隧洞输水，而仅设压力钢管即可连接进水口和水电站厂房。以下将以引水式水电站为主，介绍引水系统各部分的特点。

一、进水口

进水口是引水建筑物必不可少的一项重要建筑物，位于输水系统首部，其功用是按电力系统负荷要求引进发电用水。

水电站的进水口分为有压和无压两种。有压进水口的特征是进水口后接有压隧洞或管道，进水口深埋在水库水面之下，以引进深层水为主。无压进水口的特征是进水口后一般接无压引水建筑物，以引取表层水为主。

1. 无压进水口

也称为开敞式进水口，一般适用于无压引水式电站，分为有坝进水口和无坝进水口两种。由于无坝进水口只能引用河道流量的一部分，不能充分利用河流资源，故较少采用。有坝无压进水口的组成建筑物一般有拦河低坝（或闸）、进水闸、冲沙闸及沉沙池等，如图 6－11 所示。

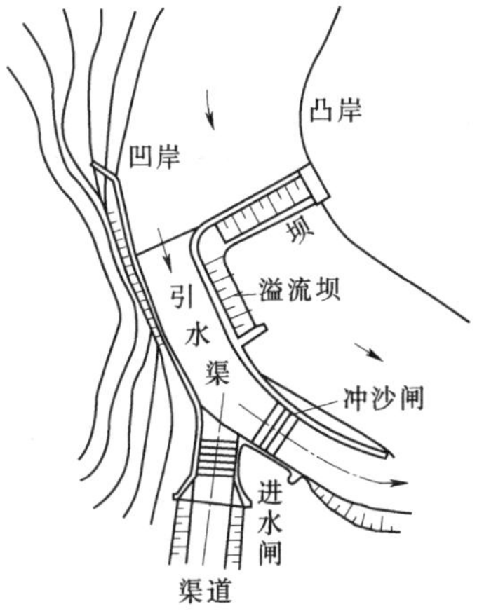

图 6－11 某水电站有坝无压进水口

无压进水口多为低坝引水。考虑洪水期的大流量、水流挟带大量泥沙以及各种漂浮物等因素，其进水口位置应选择在比较稳定的河段，并布置在河道的凹岸。当无合适稳定河段可以利用时，可采用工程措施造成人工弯道。

2. 有压进水口

有压进水口通常在一定的压力水头下工作，可单独设置，也可和挡水建筑物结合在一起，适用于从水位变幅较大的水库中取水。有压进水口设计时应满足水量、水质、水头损失小、可节制流量及水工建筑物的一般要求。进水口的高程应低于水电站运行中可能出现的最低水位（死水位），且引水道顶部应有一定的淹没深度，以保证不产生漏斗状的吸气漩涡。同时，进水口的底缘（底坎）应高于泥沙淤积高程 1.00m 以上。

有压进水口的类型主要取决于水电站的开发方式、坝型、地形地质等因素，一般有隧洞式、压力墙式、塔式和坝式四种，如图 6－12～图 6－15 所示。

（1）隧洞式进水口。隧洞式进水口的进口段、闸门段和渐变段三部分系从山体中开挖而成。进水口闸门安置在山岩开挖出的竖井（闸门井）中，因此又称为竖井式进水口。该类型进水口适用于水库岸边地质条件较好、开挖竖井和进口断面均不致引起塌方的情况。由于比较充分地利用了岩石的作用，隧洞式进水口的钢筋混凝土工程量较少。

（2）压力墙式进水口。当隧洞进口处的地质条件较差或地形陡峻，不宜扩大断面和开挖竖井时，可采用压力墙式进水口。该情况下，可将进门段与闸门段均布置在山体之外。

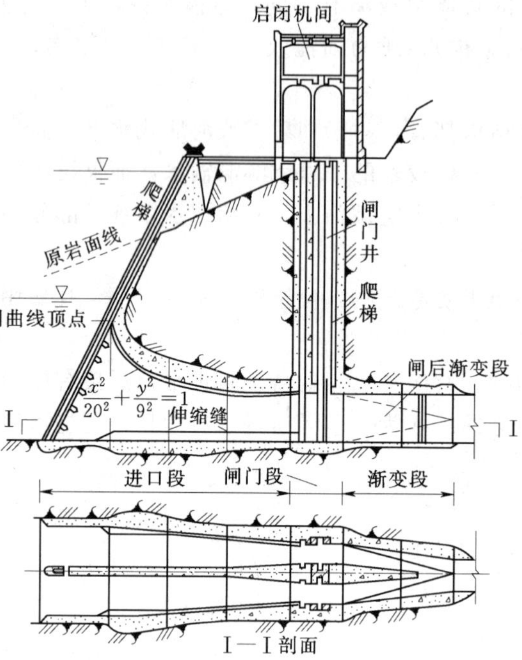

图 6-12 隧洞式进水口

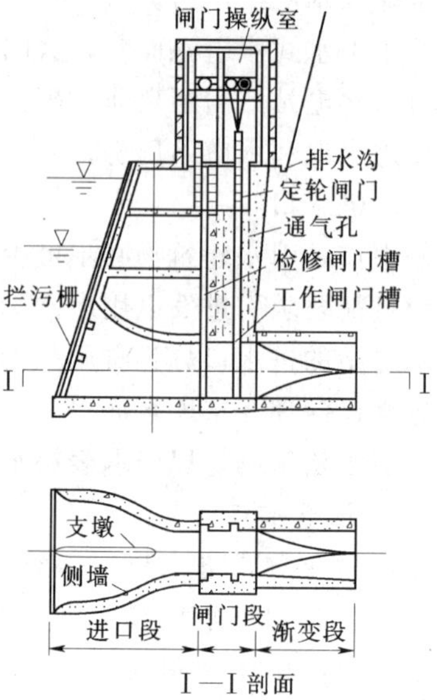

图 6-13 压力墙式进水口

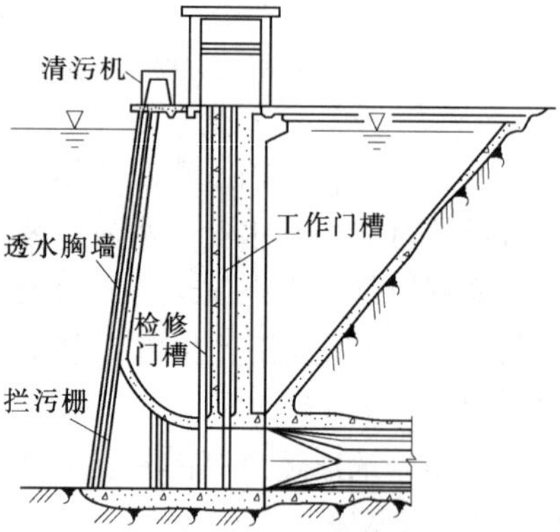

图 6-14 塔式进水口

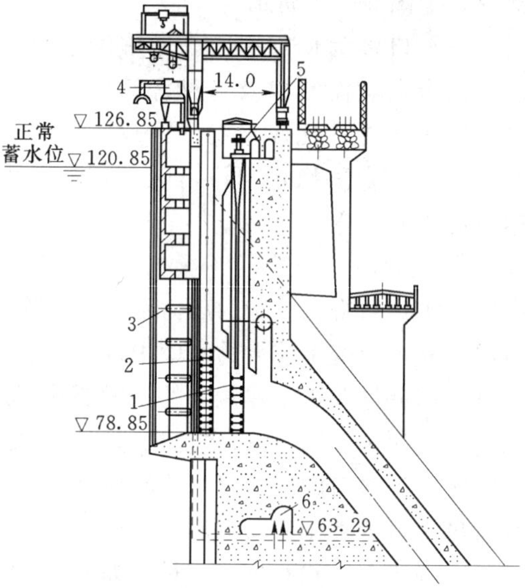

图 6-15 坝式进水口（单位：m）

1—事故闸门；2—检修闸门；3—拦污栅；4—清污机；
5—液压启闭机；6—旁通阀操作室

（3）塔式进水口。当山坡平缓、地质条件较差且采用隧洞式或压力墙式进水口会引起过大的挖方时，可采用塔式进水口。对于土石坝相应的水电站，也常采用塔式进水口。塔式进水口分圆形进水口和矩形进水口两种。塔式进水口以工作桥与岸边连接。

（4）坝式进水口。当水电站压力管道埋设于混凝土坝内、厂房布置于坝后或坝内时，采用与坝体形成整体的坝式进水口。该类进水口的结构布置与坝型直接相关。

二、输水结构

在水电站进水口下游侧到电站厂房段引水系统中，输水建筑物类型较多，下面主要介绍渠道和隧洞。

1. 明渠

水电站引水建筑物的明渠、箱涵、渡槽、无压隧洞、虹吸管等都是在进水口下游侧到电站厂房这一区域内，随地形条件的变化而设置的长距离、多种类的引水建筑物，有时是上述几个或全部类型组成。这些建筑物最末端是压力前池，从压力前池出口设置压力管道将水输入厂房。

水电站的输水渠道为动力渠道，主要为水电站集中水头并输送发电所需要的流量，位于无压进水口或沉沙池之后，水电站渠道的经济流速约为1.5～2.0m/s。渠道也可作为水电站的尾水渠。

水电站引水渠道按照水力特性，可分为自动调节渠道和非自动调节渠道两种类型。

自动调节渠道的主要特点是：渠顶高程沿渠道全长不变，且高出渠道内可能的最高水位；渠底按一定坡度逐渐降低，断面也逐渐加大；在渠末压力前池处不设泄水建筑物。自动调节渠道无溢流水量损失，渠道最低水位与最高水位之间的容积可用做调节水量，当电站引用流量发生变化时，可由渠内水深和水面比降的相应变化来自动调节，不必运用渠首闸门的开度来控制，故称为自动调节渠道。只有在渠线较短、地面纵坡较小时，采用此种类型的渠道才可能是经济合理的。

非自动调节渠道的主要特点是：渠顶沿渠道长度有一定的坡度，其坡度一般与渠底坡度相同。在渠末压力前池处（或压力前池附近）设有泄水建筑物，用来控制渠道水位的升高。对于渠道线路较长的电站或电站停止运行后仍需向下游供水时，适宜采用非自动调节渠道。

2. 隧洞

水电站隧洞包括引水隧洞和尾水隧洞，它是水电站最常见的输水建筑物之一。由于其在岩体中开挖而成，与渠道相比，较少受地形地质条件制约，相对无压引水式结构而言，其输水沿线结构形式较为单一，无太多交叉建筑物。

与渠道相比，隧洞具有以下优点：

（1）可以采用较短的路线，避开沿线不利的地形、地质条件。

（2）有压隧洞能适应水库水位的大幅度升降及水电站引用流量的迅速变化。

（3）不受冰冻影响，沿程无水质污染。

（4）运行安全可靠。

隧洞的主要缺点是：对地质条件、施工技术及机械化的要求较高，单价较贵，工期较长。隧洞路线直接影响造价大小、施工难易、安全可靠程度以及工程效益。原则上，洞线应尽可能布置成进口与厂房或厂房与尾水出口间的最短直线，但实际上常由于种种原因而弯曲。

隧洞选线中需考虑的主要因素有地质条件、地形条件、施工条件和水力条件。隧洞可以是无压的或有压的。但是要避免在隧洞中出现时而无压时而有压的不稳定工作状态。隧洞结构可参见5.2节。

三、平水建筑物

平水建筑物用以平稳由于水电站负荷变化或者尾水系统中引起的流量及压力的变化，保证水电站调节稳定的建筑物，如无压引水式水电站渠道末端的压力前池、有压引水式水电站的调压室。

1. 压力前池

压力前池是引水渠道和压力管道（或称压力水管）之间的连接结构，主要由池身及渐变段；压力水管进水口；泄水建筑物（侧堰）；排污、排沙、排冰建筑物等结构组成，如图6－16所示。

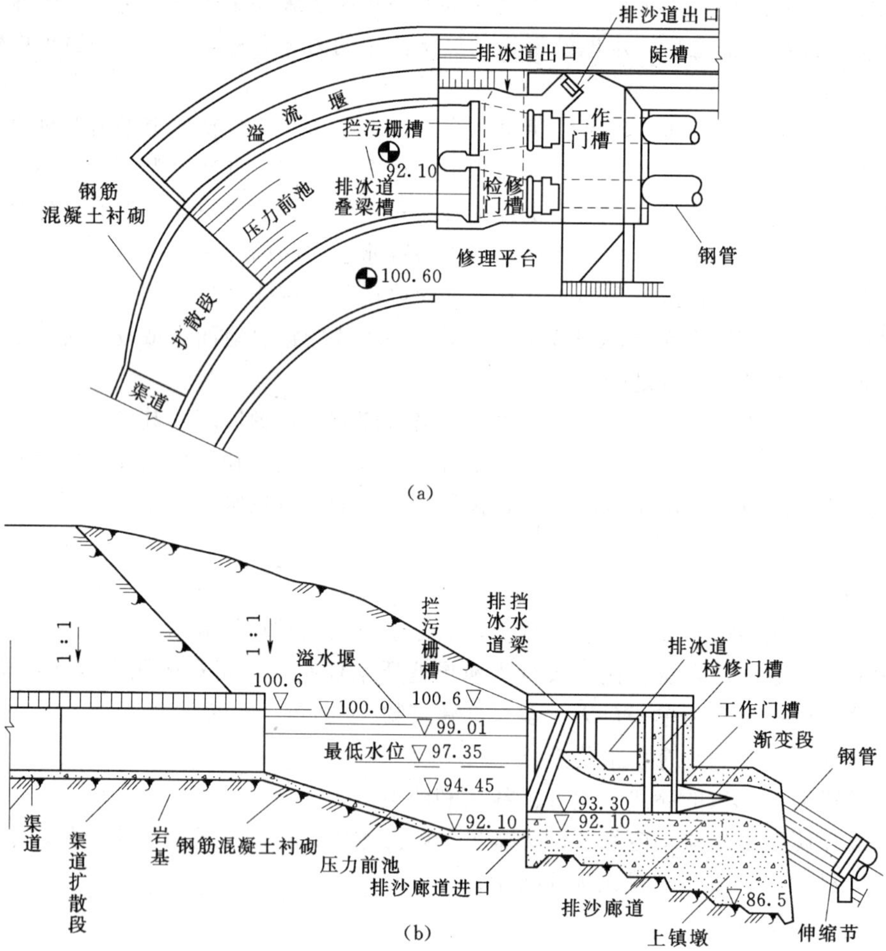

图6－16　压力前池布置图

(a) 平面图；(b) 剖面图

压力前池是无压引水道与压力管道之间的平水建筑物。它具有一定容积和高程，满足机组发电流量和水头的要求。遇到含沙量比较大的河流，在压力前池附近考虑设置冲沙池和闸室。

压力前池的作用包括：

（1）加宽、加深渠道以满足压力管道进水口的布置要求。

（2）向各压力管道均匀分配流量并加以必要的控制。

（3）清除水中污物、泥沙及浮冰。

（4）宣泄多余水量。

（5）引用流量迅速改变时，反射压力水管中的水锤波，抑制渠道内水位的过大波动。

2. 调压室

有压管道内水体流速（流量）的突然变化，使得水流动量发生改变，根据动量定理将产生对水流的冲量，导致内水压强急剧升高或降低，该现象称为水击（水锤）。水击所产生的压强升高（正水击）或降低（负水击），都会对水电站运行带来不利影响。若发生正水击，可能导致压力水管的爆裂；尾水管中压降过大，会造成水轮机和尾水管的严重空蚀，使水轮机运转时产生巨大振动。压强的上下波动，也会影响机组的稳定运行。为了改善水锤现象，常在有压引水隧洞（或水管）与压力管道衔接处建造调压室，如图 6－17 所示。

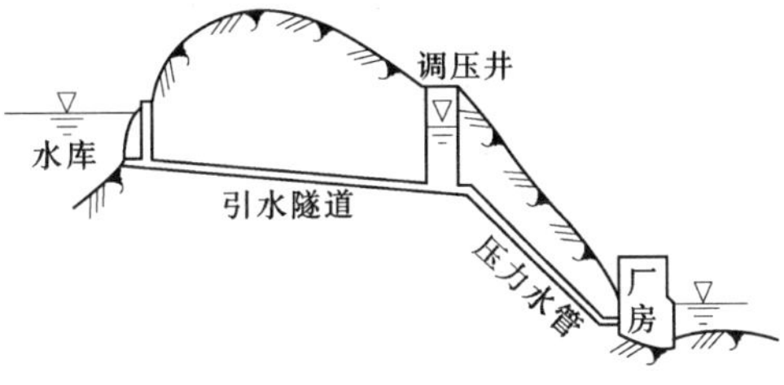

图 6－17　调压室布置示意图

调压室利用扩大的断面和自由水面反射水锤波，将有压引水系统分成两段：上游段为有压引水隧洞，调压室使隧洞基本上避免了水锤压力的影响；下游段为压力管道，由于长度缩短了，从而降低了压力管道中的水锤值，改善了机组的运行条件。

调压室的大部分或全部设置在地面以上的称为调压塔，调压室大部分埋在地面之下者则称为调压井。根据水电站不同的条件和要求，调压室可以布置在厂房的上游或下游，在有些情况下，在厂房的上下游都需要设置调压室而成双调压室系统。

四、压力管道

压力管道的作用是将水库、压力前池或调压室中的水引入厂房中的水轮机，并将流量在机组间分配。它是水电站枢纽的重要组成部分，其特点是坡度陡，内水压力大。因此，在设计和施工方面都必须重视其安全可靠性，压力管道一旦失事将直接危及厂房的安全。

1. 压力管道的类型

（1）按制作材料分类。压力管道可分为钢管、钢筋混凝土管以及其他类型。钢管具有强度高、抗渗性能好等优点，故多用于高水头电站和坝后式电站，其适用水头范围可由 10～1000m 以上。钢筋混凝土管具有耐久、低廉、节约钢材等优点，普通钢筋混凝土管一般适用静水头 H 和管直径 D 的乘积 $HD<60m^2$ 且静水头不宜超过 50m 的中、小型水电站，预应力和自应力钢筋混凝土管可适用范围可达 $HD<300m^2$，静水头可达 150m。其他还有聚酯材料管、木管、钢衬钢筋混凝土管等。

（2）按结构型式分类。压力管道可分为明管、地下埋管和坝内埋管。敷设于地表、暴露在空气中的压力管道称为明管，又称为露天式压力管道。一般敷设在一系列支墩上，管底高出地面 0.6m 以上。在钢管转弯处或过长的直管段设镇墩。无压引水式电站多采用此种结构型式；埋入地下岩体中的压力管道称为地下埋管，又称为隧洞式压力管道。有压引水式电站多采用此种结构型式；埋设于坝体内的压力管道叫做坝内埋管，混凝土重力坝或重力拱坝等坝后式厂房一般均采用此种结构型式。

2. 压力管道的路线选择

正确选择压力管道的路线是设计压力管道的首要任务，路线选择的合理与否，对于工程造价及运行的安全可靠性影响极大。在进行路线选择时，应与水电站总体布置统一安排，并考虑地形、地质条件，经技术经济比较后确定。主要需遵守的原则为：宜选取短而直的路线；应避开可能发生滑坡、石崩和覆盖层很深的地段；压力管道转弯半径不宜小于3倍管径，转弯分为平面转弯、竖直转弯和立体转弯三种，位置相近的平面转弯和竖直转弯宜合并成立体转弯，位置相近的弯管和渐缩管宜合并成渐缩弯管；在明钢管下的地面上应设置横向排水沟；对于地下埋管，在地下水压较高的地区宜设置排水设施。

3. 压力管道供水方式

压力管道的根数应根据机组台数、管线长短、机组安装分期、运输条件、制造安装水平、地形条件、地质条件、电站运行方式及其在电力系统中的地位等因素，通过技术经济比较后确定。压力管道向水轮机的供水方式可分为单独供水、联合供水和分组供水三种，如图6-18所示。

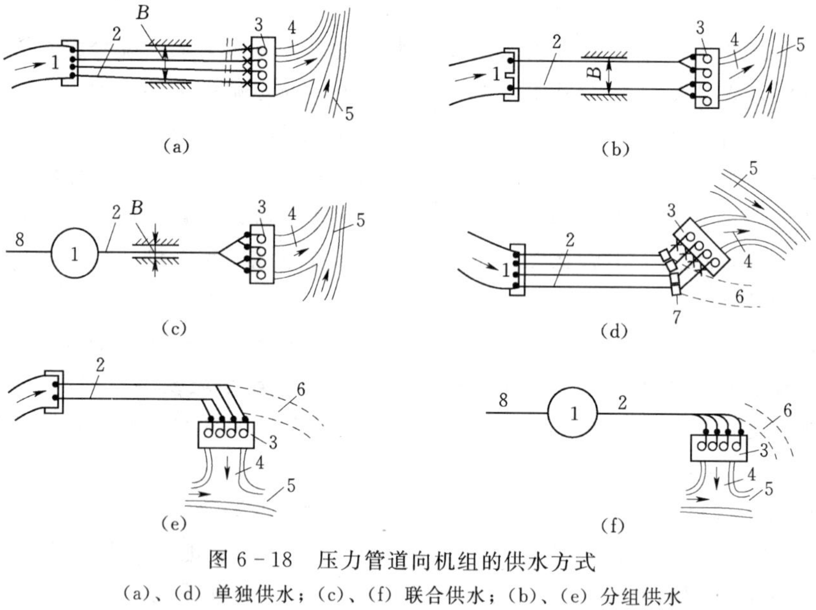

图6-18 压力管道向机组的供水方式

(a)、(d) 单独供水；(c)、(f) 联合供水；(b)、(e) 分组供水

1—压力前池或调压室；2—压力管道；3—机组；4—尾水渠；5—河道；6—排水渠；7—镇墩；8—压力隧洞

(1) 单独供水。单独供水是指每台机组各由一条管道自压力前池或调压室向水轮机供水，如图6-18 (a)、(d) 所示。这种供水方式结构简单，运行灵活可靠，当其中一根钢管或一台机组发生故障需要检修时，其他机组仍可照常运行，但管材用量较多，造价较高。这种供水方式多用于压力管道较短的电站。

（2）联合供水。联合供水是指由一根总管在末端分岔后向电站所有机组供水，如图6-18（c）、（f）所示。这种供水方式的显著优点是在高水头小流量的水电站中采用可以节省管材，降低造价；其缺点是运行的灵活性和可靠性较单独供水方式差，当总管发生故障或检修时，将使电站全部机组停止运行。

（3）分组供水。分组供水是指每根主管在末端分岔后向两台或两台以上机组供水，如图6-18（b）、（e）所示。这种供水方式的优、缺点同联合供水方式相似，区别只是当一根主管发生故障或检修时，不致造成电站所有机组停止运行。分组供水方式一般适用于管线较长、机组台数较多的电站。

无论采用联合供水或者分组供水，与每根管道相连的机组台数一般不宜超过四台。压力管道的轴线与厂房的相对方向可采用正向［如图6-18（a）、（b）、（c）所示］、侧向［如图6-18（e）、（f）所示］或斜向［如图6-18（d）所示］的布置。正向布置的优点是管线较短，水头损失也较小；缺点是当水管失事破裂时，水流直冲而下危及厂房安全。正向布置方式一般适用水头较低、水管较短的水电站。侧向或斜向在布置时，当水管破裂后，泄流可从排水渠排走，不致直冲厂房，但管材用量增加，水头损失也较大。

在确定上述布置方式时，除考虑各种布置的优、缺点外，还应综合考虑厂区布置要求以及地形、地质条件等因素。

4. 分岔管

采用联合供水或分组供水时需设置分岔管。分岔管主要用于分配压力管道中的水流，位于厂房上游侧，由薄壳和刚度较大的加强梁组成，是一个空间结构。

在压力管道分岔处，管壁因相互切割为不完整圆形，在内水压力作用下，管壁所承担的环向压力不再平衡，个别情况下还有管壁轴向力，需要另设加强构件来承担这个不平衡力。根据体形和加固方式，岔管可分为：贴边式岔管、三梁岔管、月牙肋岔管、球形岔管、无梁岔管等，见图6-19。我国已经建成的水电站岔管大多数属于地下岔管，从安全角度考虑，大多按明管设计，即不考虑周围岩体对荷载的分担。

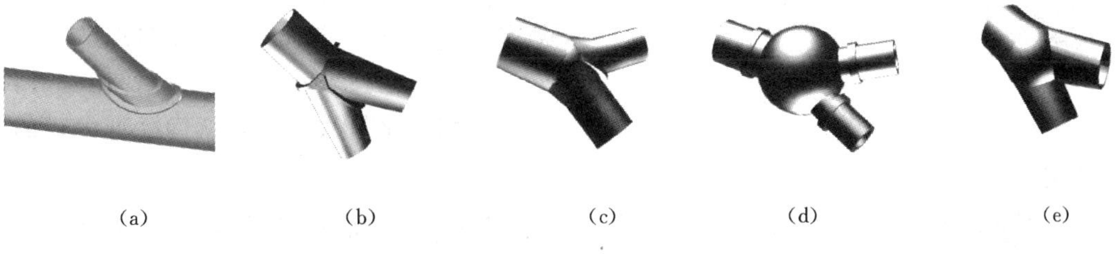

图6-19　压力管道向机组的供水方式

（a）贴边式岔管；（b）三梁岔管；（c）月牙肋岔管；（d）球形岔管；（e）无梁岔管

岔管的布置形式与厂房的引水方式有关，纵向引进和斜向引进的厂房常采用卜形（或Y形）布置方式；正向引水的厂房常采用对称Y形布置；岔管还可布置为三岔形，该结构形式较少使用。

5. 压力管道上的闸、阀门和附件

压力管道的进口处常设置平面钢闸门，以便在压力管道发生事故或检修时用以切断水流；在压力管道的末端，即蜗壳进口处，还需根据具体情况设置阀门。阀门主要有平板阀、蝴蝶阀、球阀、圆筒阀、针阀和锥阀等，最常用的有蝴蝶阀（见图 6-20）和球阀（见图 6-21）。

图 6-20 蝴蝶阀

图 6-21 球阀

明钢管上的附件有伸缩节、通气阀、进人孔和排水管等（见图 6-22）。伸缩节主要是在温度发生变化或地基出现不均匀变形时，管道能够沿轴向自由变形或转动；通气阀通常布置在阀门之后，其功能和通气孔相似，当阀门紧急关闭时，管道中的负压使通气孔打开进气，管道充水时，从通气阀排出管道内的空气，并利用水压将通气阀关闭；进人孔是工作人员进入管内进行观察和检修的通道；管道的最低点应设排水管，以便在检修管道时排除其中的积水和闸（阀）门漏水。

图 6-22 明钢管上的部分附件

五、日调节池

对于无压引水式水电站，当引水渠道较长，且水电站担任峰荷时，常在靠近压力前池处设置日调节池（见图 6-6）。这是因为，为满足峰荷要求，引水渠道应按最大流量设计；而在地形条件适合时，在引水渠道末端设置日调节池，可以使日调节池上游的渠道按较小的流量进行设计，而非水电站最大流量，从而降低渠道的建设费用。

当引水渠道较长、水电站负荷变幅较大时，增设日调节池有可能降低整个输水系统的造价并改善其运行条件。日调节池越靠近压力前池，其作用越大。

第四节 水 电 站 厂 房

一、水电站厂房功用、组成及厂房类型

1. 水电站厂房的功用

水电站厂房是将水能转换为机械能进而转换为电能的场所，它通过一系列工程措施，将水流平顺地引入及引出水轮机，将各种必需的机电设备安置在恰当的位置，为这些设备的安装、检修和运行提供方便有效的条件，也为运行人员创造良好的工作环境。

2. 水电站厂区的组成

布置水电站的发电、变电和配电建筑物的区域称为水电站的厂区，主要由水电站主厂房、副厂房、主变压器场和高压开关站四部分组成。厂区又称为厂房枢纽（见图 6－23）。

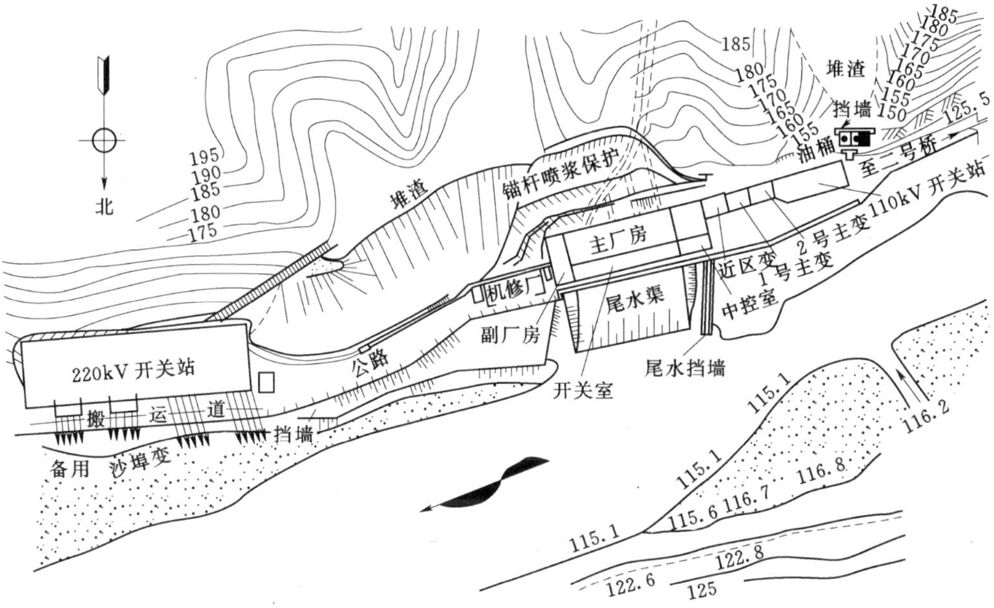

图 6－23 某引水式水电站厂房总体布置图

安装水轮发电机组的房间称为主厂房，是直接将水能转变为电能的车间，是厂房的主体。为安装和检修主厂房内的机电设备需要设置安装间或称装配场，通常位于主厂房的一端，是主厂房的一部分。布置各种机电控制设备和辅助设备的房间，以及运行管理人员的工作和生活用房，统称副厂房，一般围绕主厂房布置。安装升压变压器的场所称为主变压器场，安装高压配电装置的场所称为开关站，两者通常布置在副厂房附近的露天场地上。当变压器场和开关站两者布置在一起时，称为变电站，其作用是将发电机出线端电压升高至远距离送电所要求的电压，并经调度分配后送向电网。

3. 水电站厂房的基本类型

由于水电站的开发方式、枢纽布置方案、装机容量、机组形式等条件的不同，厂房的形式也是多种多样的。根据厂房在水电站枢纽中的位置及其结构特征，水电站厂房可分为坝后式、河床式和引水式厂房三种基本类型，其中坝后式厂房还可根据厂房所处位置分为挑越式、溢流式和坝内式厂房。按厂房的结构及布置上的特点，也可分为地面式（包括河床式、坝后式、岸边式）、地下式（包括地下式、半地下式、窑洞式）、坝内式、厂顶溢流式及厂前挑流式等，其中最常见的是坝后式厂房（见图 6－24）和岸边式厂房（见图 6－25）。

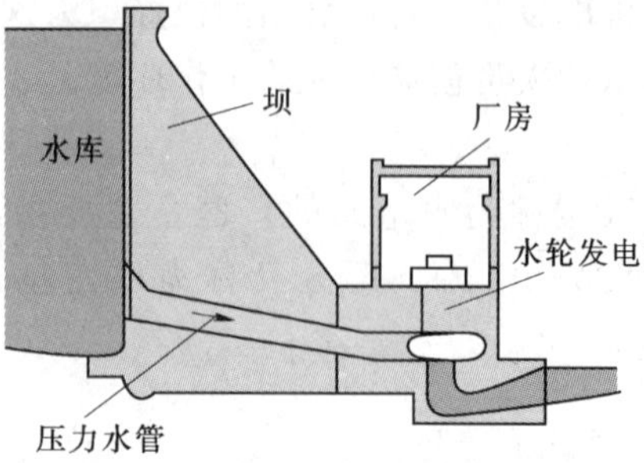

图 6-24　坝后式厂房示意图

图 6-25　岸边式厂房示意图

水电站厂房还可按机组类型分为竖轴和横轴机组厂房；按厂房上部结构的特点分为露天式、半露天式和封闭式厂房；按水电站资源的性质分为河川电站（常规水电站）厂房、潮汐电站厂房以及抽水蓄能电站厂房等。

二、水电站的主要机电设备

水电站的主要机电设备主要包括主机组、电气设备和机械设备。

（一）主机组

厂房中最重要的动力设备是主机组，也称水轮发电机组，是连接在同一轴上的水轮机和水轮发电机的综合体。水轮机是一种将水能转换成旋转机械能的机器。水轮机通过主轴带动发电机又将旋转机械能转换成电能。

1. 水轮机

通常按水流能量的转换特征将水轮机分成反击式和冲击式两类。

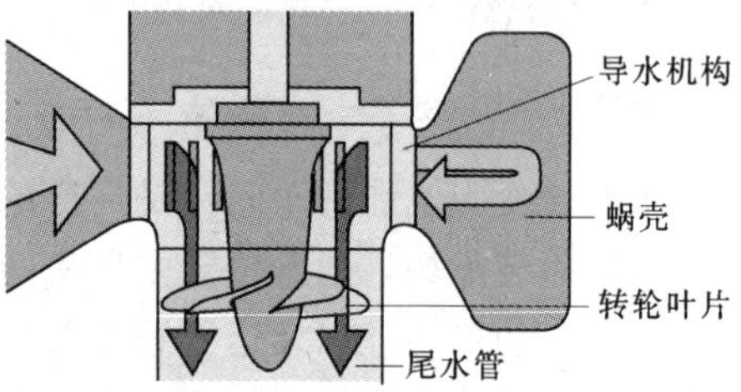

图 6-26　反击式水轮机

（1）反击式水轮机。反击式水轮机（见图 6-26）转轮区内的水流在通过转轮叶片流道时，始终是连续的充满整个转轮的有压流动，在转轮叶片的约束下，对转轮叶片产生一个反作用力，驱动转轮旋转。由水流进入转轮和流出转轮的方向不同可分为混流式、轴流式、斜流式、贯流式等类型。反击式水轮机主要由引水部件、导水机构、转轮、泄水部件组成。

蜗壳是反击式水轮机的重要引水部件，水流沿蜗壳均匀环向地进入水轮机导叶；座环和导叶是导水机构，主要起支撑水轮机重量和控制进入转轮的水量；泄水部位主要是尾水管，其作用是排水、回收能量。

（2）冲击式水轮机。冲击式水轮机的转轮始终处于大气中，来自压力钢管的高压水流在进入水轮机之前已转变为高速自由射流，该射流冲击转轮的部分轮叶，并在轮叶的约束下发生流速大小和方向的改变，从而将其动能大部分传递给轮叶。驱动转轮旋转，根据射流冲击转轮的方式不同可以分为水斗式、斜击式和双击式。以水斗式为例（见图 6-27），水斗式水轮机的组成包括喷管、折流板、转轮、机壳、尾水槽等。

2. 水轮机发电机

水轮发电机按其轴的装置方式可分为卧式和立式两种。卧式水轮发电机常用于中小型

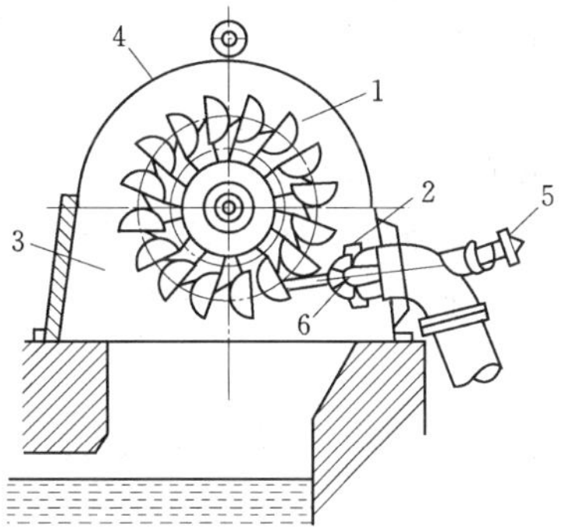

图6-27 水斗式水轮机
1—轮叶；2—喷嘴；3—转轮室；4—机壳；5—手轮；6—针阀

水电站，立式水轮发电机多用于大中型水电站。立式水轮发电机主要部件一般有转子、定子、励磁机、永磁机、制动闸等。

立式水轮发电机按其推力轴承的位置又可分为悬吊式和伞式。

悬吊式水轮发电机（见图6-28）的推力轴承位于转子上方。机组转动部分重量和作用在水轮机上的水压力通过推力轴承、上支架、定子外壳，传到机架上。悬吊式水轮发电机由于转子重心在推力轴承下面，机组运转的稳定性较好，安装维护较方便；但上机架和定子机座消耗较多的钢材，机轴较长也增加了厂房高度。适用于高转速水轮发电机。

伞式水轮发电机的推力轴承位于转子的下方。机组转动部分的重量和水轮机上水压力通过推力轴承、下支架传给机架。伞式缩短了机轴，消耗钢材少，发电机可以单独吊出来检修；但水轮发电机机组的重心在轴承之上，容易发生摆动，运行稳定性较差。适用于大容量、低转速机组。

（二）电气设备

水电站的主要电气设备有变压器、开关设备、互感器、二次回路和保护设备。

（三）机械设备

水电站的主要机械设备包括起重设备、进水阀、尾水闸门、伸缩节等。

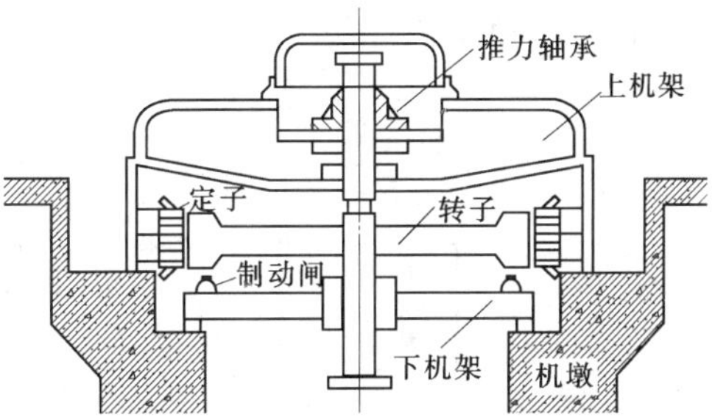

图6-28 悬吊式水轮发电机

三、水电站的水机辅助设备

水机辅助设备主要包括油、压缩空气、供水和排水等系统设备。

1. 油系统

水电站中用油分为两大类：润滑油和绝缘油。润滑油用于水轮机、发电机、各种电动机和油压操作系统，作用是润滑、散热和传递热量。绝缘油用于变压器、油开关等电气设备，作用是绝缘、散热和消弧。在水电站厂房中，一般红管为进油管，黄管为出油管。

2. 气系统

水电站的压缩空气用于空气开关灭弧、机组制动、各种风动工具的动力。压缩空气系统包括空气压缩机、储气罐、输气管、各种阀门等。压缩空气系统可分为高压和低压两个系统，分别用于不同要求。在水电站厂房中，白管为气管。

3. 水系统

水电站的水系统分为供水系统和排水系统。

供水系统供给生活用水、消防用水和技术用水。供水方式有上游坝前自流取水、厂区引水钢管取水、下游水泵取水和地下水源取水。在水电站厂房中，蓝管为供水管。

厂区内要排除的水有生活用水、技术用水、渗透水。需要排除到下游的水尽量使其自流到下游。下游水位以下部分的水先流到集水井内，再用水泵排往下游。

四、水电站厂房的布置

水电站厂房必须有合适的形式、足够的空间和合理的构造，以保证水电站能安全可靠地按电力系统的需要生产电能。水电站主厂房是水电站的厂区布置的核心，需合理安排主厂房、副厂房、变压器场、高压开关站、引水道、尾水道、交通线等的相互位置。

1. 水电站厂区布置原则

由于自然条件、水电站类型和厂房形式不同，厂区布置是多种多样的（见图 6-29），但一般应遵循以下主要原则：

（1）综合考虑自然条件、枢纽布置、厂房形式、对外交通、厂房进水方式等因素，使厂区各部分与枢纽其他建筑物相互协调，避免或减少干扰。

（2）要照顾厂区各组成部分的不同作用和要求，也要考虑它们的联系与配合，要统筹兼顾，共同发挥作用。主厂房、副厂房、变压器场等建筑物应距离短、高差小，满足电站出线方便、电能损失小，并便于设备的运输、安装、运行和检修。

（3）应充分考虑施工条件、施工程序、施工导流方式的影响，并尽量为施工期间利用已有铁路、公路、水运及建筑物等创造条件。还应考虑电站要分期施工和提前发电，宜尽量将本期工程的建筑物布置适当集中，以利分期建设、分期安装，为后期工程或边发电边施工创造有利的施工和运行条件。

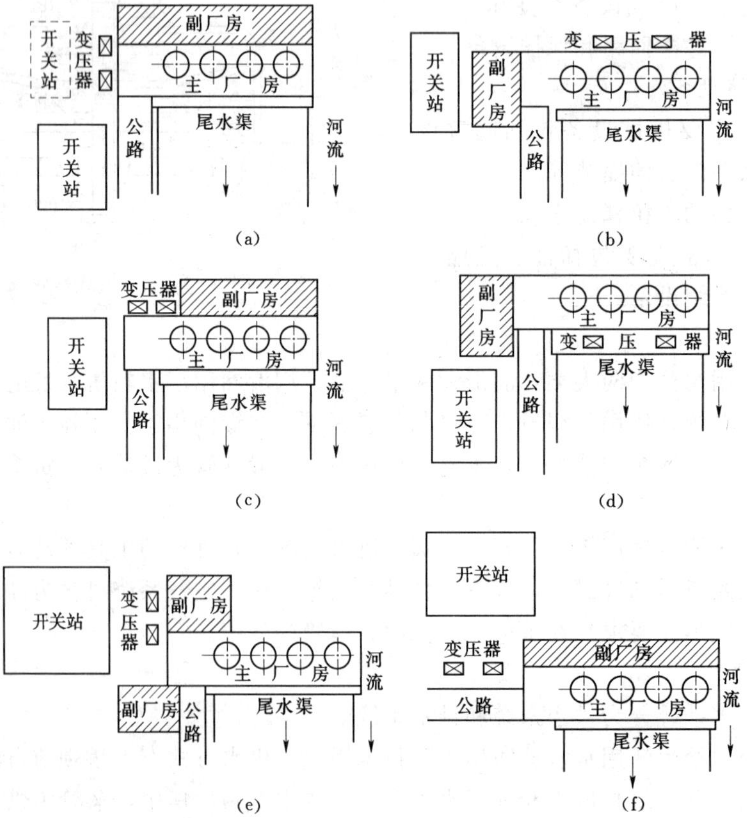

图 6-29　水电站厂区布置方案示意图

(4) 应保证厂区所有设备和建筑物都是安全可靠的。必须避免在危岩、滑坡及构造破碎地带布置建筑物。对于陡坡则应采取必要的加固措施，并做好排水，以确保施工期和投产后都能安全可靠。

(5) 应尽量减少破坏天然绿化。在满足运行管理的前提下，应积极利用、改造荒坡地，尽量少占农田。

2. 主厂房

主厂房是安装水轮发电机组及其控制设备的房间，其中布置有机组主要部件组装和检修的场所，是厂区的核心建筑物。水电站必须按其生产电能的主要设备和辅助设备的形状、尺寸特点以及在生产过程中的作用和要求，将其安装在相应的场所。

主厂房由机组段、装配场组成。机组段中布置水轮发电机组和辅助设备。装配场是设备到货、拆装和机组检修的场所。

主厂房的平面尺寸是由机组段和装配场的尺寸决定的，厂房的宽度应从厂房上部和下部结构的不同因素来考虑，装配场的位置一般设在主厂房的一端。主厂房立面主要部分是发电机层和水轮机层。

3. 副厂房

副厂房是由布置控制设备、电气设备、辅助设备的房间以及必要的工作和生活用房所组成，它主要为主厂房服务，因而一般都紧靠主厂房。副厂房可以在主厂房的上游侧、下游侧或一端，见图 6-9。

4. 主变压器场和高压开关站

主变压器场（见附图 11）和高压开关站（见附图 12）是分别安放主变压器和高压配电装置的场所，它们的作用是将发电机出线端电压升高至远距离送电所要求的电压，并经调度分配后送向电网，一般均布置在露天并靠近厂房，以便于与系统电网连接。

(1) 主变压器场。主变压器场应经济安全并尽可能便于交通、安装和检修。主变压器场具体位置应视电站的不同情况选定。坝后式水电站，往往可利用厂坝之间布置主变，高压引出线可以从埋设在坝坡上的锚筋架线引到开关站。河床式水电站上游侧有进水口及其设备占用，因此只能把主变布置在尾水平台上。引水式水电站，厂房多数是顺河流、沿山坡等高线布置，厂房与背后山坡间地方不大，为减少开挖量，可将主变布置在厂房一端的公路旁。

(2) 高压开关站。高压开关站一般为露天式。当地形为陡坡时，为了减少开挖和平整的工程量，可采用阶梯布置方案或高架方案，高压开关站的布置原则与变压器场相似，要求高压引出线及低压控制电缆安装方便且线路短；便于运输、检修、巡视；土建结构稳定。泄水建筑物在泄水时有水雾，对高压线不利，故开关站要距泄水建筑物远些，高压架空线尽量不要跨越溢流坝。

5. 水渠、交通线的布置及厂区防洪排水

尾水渠应使水流顺畅下泄，根据地形地质、河道流向、泄洪影响、泥沙情况并考虑下游梯级回水、枢纽各泄水建筑物的泄水对河床变化的可能影响进行布置。

厂区内外铁路、公路及桥梁、涵洞，应充分考虑机电设备重件、大件的运输。厂区内还必须有公路与枢纽各建筑物及生活区相通。

厂区防洪排水应得到足够重视，以保证厂房在各设计水位条件下不受淹没。

第七章　灌溉排水及泵站工程

我国人口众多，水资源缺乏，降水时空分布不均匀，旱涝灾害频发，粮食紧张。解决以上问题的一个重要方面是加强水利工程建设，合理调配水资源，加强灌溉排水工程建设，根治水旱灾害。对于农业来说，应兴修农田水利，发展节水农业，推广节水灌溉。为了达到灌溉排水目的，需要修建泵站工程。本章主要简介灌溉排水工程、节水灌溉和泵站工程。

第一节　灌溉排水工程

简而言之，作物缺水就需“灌溉”供水，作物或低洼区域水多了就需“排水”。农业生产需要通过灌溉排水，调节地区水情，改善农田水分状况，为作物生长创造适宜环境。灌溉工程是按照作物需水要求，通过灌溉系统有计划地将水量输送和分配到田间，并采用一定的灌水技术以补充农田水分不足的水利工程措施；排水工程是通过修建排水系统将农田内多余的地面水和地下水排入容泄区以及除涝治碱的水利工程措施。灌溉排水工程可以促进农业生产的发展，并为高产和稳产提供保障。

一、灌排制度

作物的生长发育与农田水分状况的关系十分密切，土壤水既是作物生长的基本条件之一，又是土壤肥力的一个重要因素。土壤含水量过高，会对旱作物造成涝、渍、盐碱化等灾害，而土壤含水量过低则会使旱作物因干旱而减产或绝产。因此，要使作物生长发育良好而获得高产，必须了解作物水分生理和生态关系，根据作物需水规律和有关因素采用合理的措施，为作物创造良好的环境条件，充分发挥水对作物的有利作用，避免水分不足和过多的不良影响。为了达到这样的目的，采取灌溉与排水措施调节作物生长的农田水分状况，采用蓄水保水或引水调水措施来改善地区水情。

我国灌排事业历史悠久，特别是中华人民共和国成立 60 多年来，在党和政府的高度重视下，开展了大规模的农田水利基本建设。全国有效灌溉面积从 1949 年的 0.16 亿 hm^2 增加到 2006 年的 0.57 亿 hm^2，在占全国耕地面积 41％的灌溉土地上生产了占全国总量 3/4 的粮食作物和 4/5 的经济作物，使我国以占世界 9％的耕地面积，解决了占世界 22％人口的温饱问题。

农作物的需水特性和当地的气候、土壤性质、作物种类及生长阶段、农业技术措施以及灌溉方式等因素有关，根据这些因素的具体情况不同为作物高产及节约用水而制定的适时适量的灌水方案称为灌溉制度。其内容包括作物播种前（或水稻插秧前泡田）及全生育期内的灌水次数、每次的灌水时间和灌水定额以及灌溉定额。灌水定额是指一次灌水单位灌溉面积上的灌水量，全生育期内各次灌水定额之和称为灌溉定额。

作物的灌排制度是灌区规划设计的主要内容和组成部分，也是水土资源平衡计算和渠系、管道系统设计的基本依据，还是灌区运行管理的重要依据。在进行灌区的规划、设计、管理时，首先要根据作物的灌排制度、灌溉面积、土壤、水文地质、气象条件以及输水和田间灌水的水量损失，计算灌区的灌排水总量及其用水（排水）过程。

作物的排水制度与灌溉制度类似，其具体内容也有排水次数、排水时间和排水定额。排水定额指的是单位面积一次排出的水量。

用水量平衡法制定灌溉制度，即在设计典型年确定之后，依据设计年的降雨量、蒸发量、地面径流量，以及当地自然条件和地下水利用量、稻田渗漏水量，再参照群众丰产经验和灌溉试验成果，最后分时段进行水量平衡计算，确定需要灌水的时间及水量。

二、灌水方法

灌水方法就是灌溉水进入田间并湿润根区土壤的方法与方式，其目的是将集中的灌溉水转化为分散的土壤水分，以满足作物对水、气、肥的需要。根据影响区域不同，灌溉方法可分为全面灌溉和局部灌溉。

（一）全面灌溉

灌溉时湿润整个农作根系活动层内的土壤，适合于密植作物，主要有地面灌溉和喷灌两类。

1. 地面灌溉

水是从地表面进入田间并借重力和毛细管作用浸润土壤，所以也称为重力灌水法，是最古老也是目前应用最广泛、最主要的一种灌水方法。该方法优点是操作简便、费用低廉、节省能源；缺点是灌水定额较大，劳动生产率较低。按其湿润土壤方式的不同，又可分为畦灌、沟灌、淹灌和漫灌，见图 7-1。

（1）畦灌。是用田埂将灌溉土地分隔成一系列小畦。灌水时，将水引入畦田后，在畦田上形成很薄的水层，沿畦长方向流动，在流动过程中主要借重力作用逐渐湿润土壤。

（2）沟灌。是在作物行间开挖灌水沟，水从输水沟进入灌水沟后，在流动的过程中主要借毛细管作用湿润土壤。与畦灌比较，其明显的优点是不会破坏作物根部附近的土壤结构，不会导致田面板结，能减少土壤蒸发损失。

（3）淹灌（又称格田灌溉）。是用田埂将灌溉土地划分成许多格田，灌水时，使格田内保持一定深度的水层，借助重力作用湿润土壤。

（4）漫灌。是在田间不做任何沟埂，灌水是任其在地面漫流，借助重力渗入土壤，是一种比较粗放的灌水方法。

2. 喷灌

喷灌是利用专门设备将有压水送到灌溉地段，并喷射到空中散成细小的水滴，像天然降雨一样进行灌溉。其突出优点是对地形的适应性强，机械化程度高，灌水均匀，灌溉水利用系数高，尤其是适合于透水性强的土壤，并可调节空气湿度和温度。见图 7-1。

（二）局部灌溉

这类灌溉方法的特点是灌溉时只湿润作物周围的土壤，远离作物根部的行间或棵间的土壤仍保持干燥。为了做到这一点，这类灌水方法都要通过一套管道系统将水和作物所需要的养分直接输送到作物根部附近。并且准确地按作物的需要，将水和养分缓慢地加到作

(a)　(b)　(c)　(d)　(e)　(f)　(g)　(h)　(i)

图 7－1　灌水方法

(a) 畦灌；(b) 沟灌；(c) 淹灌；(d) 漫灌；(e) 喷灌；(f) 喷灌；(g) 膜下滴灌；(h) 微喷灌；(i) 涌灌

物根区范围内的土壤中去，使作物根区的土壤经常保持适宜于作物生长的水分、通气和营养状况。这类灌水方法的主要优点是：灌水均匀，节约能量，灌水流量小；对土壤和地形的适应性强；能提高作物产量，增强耐盐能力；便于自动控制，明显节省劳力。比较适合于灌溉宽行作物、果树、葡萄、瓜类等。见图 7－1。

1. 渗灌

渗灌是利用修筑在地下的专门设施（地下管道系统）将灌溉水引入田间耕作层，借毛细管作用自下而上湿润土壤，所以又称为地下灌溉。其优点是灌水质量好，蒸发损失少，少占耕地便于机耕，但地表湿润差，地下管道造价高，容易淤塞，检修困难。

2. 滴灌

利用一套塑料管道系统将水直接输送到每棵作物根部，再由每个滴头直接滴在根部附近的土壤表面，然后渗入土壤并浸润作物根系最发达的地区。其突出优点是非常省水，自动化程度高，可以使土壤湿度始终保持在最优状态。但需要大量塑料管，投资较高，滴头极易堵塞，应用范围局限。当将滴灌布置在地膜的下面时，可基本上避免地面无效蒸发，称为膜下滴灌。

3. 微喷灌

微喷灌又称微型喷灌或微喷灌溉。是用很小的喷头（微喷头）将水喷洒在土壤表面。

4. 涌灌

涌灌又称涌泉灌溉。它是通过置于作物根部附近的开口的小管向上涌出的小水流或小涌泉将水灌到土壤表面。

除以上所述外，局部灌溉还有多种形式，如膜上灌、托管灌溉、雾灌等。各种灌水方法适用条件见表 7－1。

表 7－1　　**各种灌水方法适用条件**

灌水方法		作　用	地　形	水　源	土　壤
地面灌溉	畦灌	密填作物（小麦、谷子等）牧草、某些蔬菜	坡度均匀、坡度不超过 0.2%	水量充足	中等透水性
	沟灌	宽行作物（棉花、玉米等）某些蔬菜	坡度均匀、坡度不超过 2%～5%	水量充足	中等透水性砂壤土
	淹灌	水稻	平坦或局部平坦	水量丰富	透水性小盐碱土
	浸灌	牧草	较平坦	水量充足	中等透水性
喷灌		经济作物、蔬菜、果树	各种坡度均可，尤其适用于复杂地形	水量较少	适用于各种透水性，尤其是透水性大的土壤
局部灌溉	渗透	根系较深的作物	平坦	水量缺乏	透水性较小
	滴灌	果树、瓜类宽行作物	较平坦	水量及其缺乏	使用于各种透水性
	微喷灌	果树、花卉、蔬菜	较平坦	水量缺乏	使用于各种透水性

三、灌排工程

（一）灌溉系统工程

灌溉系统是指从水源取水、通过渠道及其附属建筑物向农田供水、经由田间工程进行农田灌水的工程系统，包括渠首工程、输配水工程和田间工程三大部分。在现代灌区建设中，灌溉渠道系统与排水沟道系统是并存的，两者互相配合，协调运行，共同构成完整的灌区水利工程系统，如图 7－2 所示。按输水的方式不同，灌溉系统可分为渠道灌溉系统和管道灌溉系统。

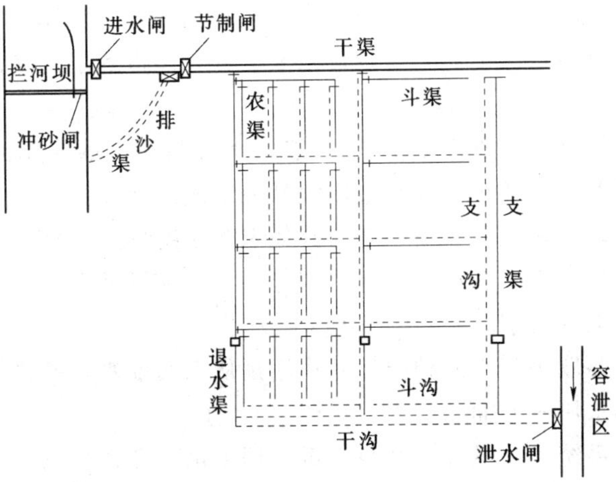

图 7－2　灌排系统布置图

1. 渠道灌溉系统

（1）渠首工程。是指通常所称的渠首工程是指从河道引水，以满足灌溉、发电、工业及生活等用水部门的需水要求，而在渠道首部河段附近修建的水利枢纽，又称取水枢纽或引水枢纽（见5.1节）。

（2）输配水工程。是指将从水源取出的水，安全、适量、有计划地输送、分配到各用户单位的全过程，包括各级渠道及渠系建筑物。

灌溉渠道一般设干渠、支渠、斗渠和农渠四级。根据所控制灌溉面积的大小，还可以增加或减少级别。如对于大型灌区，可以增设总干渠、分干渠、分支渠、分斗渠等；对于某些小型灌区，只设两级渠道即可。各级各类渠道，大致控制灌溉面积见表7-2。

表7-2　各级渠道控制面积　单位：万亩

渠　名	控制面积	作　用	渠　名	控制面积	作　用
总干渠	≥50	引水、输水	斗渠	≥0.2	配水
干渠	≥10	引水、输水	农渠	≥0.02	配水
支渠	≥1	输水			

（3）田间工程。通常指最末一级固定渠道（农渠）和固定排水沟（农沟）之间的条田范围内的渠道、排水沟、田间道路、水稻田的格田、旱地的灌水畦和灌水沟、小型建筑物以及土地平整等。做好田间工程是进行合理灌溉、提高灌水工作效率、及时排除地面积水和降低地下水位、充分发挥工程效益、实现旱涝保收、夺取高产稳产的基础。

2. 管道输水灌溉系统

管道输水灌溉是以管道代替明渠输水灌溉的一种工程形式，通过一定的压力，将灌溉水由分水设施输送到田间，直接由管道分水口分水进入田间沟、畦或由分水口连接软管输水进入沟、畦。管道输水灌溉的特点是出水口流量大，出水口所需压力较低，管道不会发生堵塞，仍属地面灌溉技术。

根据我国各地应用管灌系统的实践经验，管道输水灌溉与传统的地面灌溉相比，其优点可归纳为“四省（省水、省能、省地、省工）、一低（单位面积投资低）、一少（运行费用少）、一强（适应性强）、两快（输水快、浇地快）和三方便（操作应用方便、机耕田间管理方便、维修养护方便）”。因此，管道输水灌溉在我国得到了迅速的发展，而且已取得了许多成功的经验。

管道输水灌溉系统（简称管灌系统），一般由水源与引水取水枢纽、输水配水管网系统、田间灌水系统以及附属建筑物和装置四大部分组成。

（1）水源与引水取水枢纽。管灌系统与其他灌溉系统形式一样，首先要有符合灌溉要求的水源。井泉、塘坝、水库、河湖以及渠沟等均可作为管灌系统的水源，但水源水质应符合农田灌溉用水标准的要求。

引水枢纽形式主要取决于水源种类，其作用是从水源取水，并进行处理以符合管网与灌溉在水量、水质和水压三方面的要求。

需要机压的管灌系统必须设置机和泵。可根据用水量和扬程选择水泵类型型号。

在有自然地形落差可利用的地方，可采用自压式管灌系统形式，以节省投资。渠灌区有条件时，应尽量发展自压式管灌系统形式，以节省投资。

在自流灌区或大中型抽水灌区以及灌溉水中含有大量杂质的地区建设管灌系统，引水取水枢纽除必须设置进水闸和量水建筑物外，还必须设置拦污栅、沉淀池或水质净化处理构筑物等建筑物。

（2）输水配水管网系统。输水配水管网是由管道、管件及附属管道装置连接成的输配水通道。在灌溉面积较大的灌区，输配水管网主要由主管、干管、支管等多级管道组成。在灌溉面积较小的灌区，输配水管网一般只有单机泵、单级管道等。

渠灌区输水配水管网多由多级管道组成，一般均为固定式地埋。用作地埋管的管材目前我国主要采用混凝土管、硬塑料管、钢管、石棉水泥管和一些当地材料管。输水配水管网的最末一级管道，可采用固定式地埋管，也可采用地面移动管道。用作地面移动管道的管材目前我国主要选用薄塑软管、涂塑布管，也有的采用造价较高的如硬塑管、尼龙管和铝合金管等管材。

（3）田间灌水系统。可以采用多种形式，常见的主要有以下三种形式：

1）采用田间灌水管网输水和配水，应用地面移动管道来代替田间毛渠和输水垄沟，并运用退管浇法在农田内进行灌水。该方式输、灌水损失最小，管理运行方便。

2）采用明渠田间输水垄沟输水和配水，并在田间应用常规畦、沟灌等地面灌水方法进行灌水。该方式仍产生部分田间输配水损失，劳动强度大，田间灌水工作也困难，而且输水沟还要占用农田耕地，因此最为不利。

3）仅田间输水垄沟采用地面移动管道输、配水，而农田内部灌水时仍采用常规畦、沟灌等地面灌水方法。这种方式的优缺点介于前两种方式之间，但因无需购置大量的田间浇地用软管，因此投资可大为减少。

（4）附属建筑物和装置。包括各类渠系建筑物，如渠道以及渠道上的涵闸、渡槽、压力水管、倒虹吸、跌水、陡坡等，详见第五章。

3. 灌溉系统的工作制度

灌溉系统的工作制度主要有续灌方式、轮灌方式，以及管道灌溉系统的随机取水方式。

（1）续灌方式。就是上一级渠道（或管道）同时向所有下一级渠道（或管道）配水，如果在干渠（管）这一级进行续灌，那么干渠（管）和所有支渠（管道）都同时过水，连续工作。

（2）轮灌方式。上一级渠道（管道）按预先划分好的轮灌组分组向下一级渠道（管道）配水，而轮灌渠道（管道）在灌水时期是轮流工作的。轮灌一般有集中轮灌和分组轮灌两种。

1）集中轮灌：将临近的几条渠道（管道）编为一组，上级渠道按组轮流供水。这种方式上级渠道（管道）工作长度短，输水损失小，但可能引起劳动紧张。

2）分组轮灌（插花轮灌）：将渠道（管道）插花编组，上级渠道（管道）按组轮流供水。这种编组方式优缺点与集中轮灌相反。

轮灌方式比较适合于灌溉系统面积不大，灌区内用水单位少，各用水单位作物种植比较单一的情况。

(3) 随机取水方式。当灌溉系统面积较大，区内用水单位多，而且各种作物种植面积比较分散，各个用水单位在各个时期用水要求各不相同，带有较大任意性，这时如仍用轮灌方式，不仅增加了用水组织管理的困难，而且还可能影响到各用水单位的用水要求。因此要采用随机取水的方式：每个取水口任何时候都可以取水，并以取水口作为一个用水计算单位。在运行方法上是使取水口以上的管网中任何时候都充满水，各取水口按本用水单位的需要随时打开闸门取水灌溉。因此，有时这方式也称为"按需分配"的方式。

（二）排水系统工程

作物生长离不开水，但是水也不是越多越好。农田水分过多可能造成的灾害有洪、涝、渍和盐碱等。因此，需要采取工程措施将过多的水分排出。

1. 排水系统的组成

排水系统主要由排水区内的各种沟网、滞蓄水设施（如坑塘、内湖、洼地等）、排水枢纽（如排水闸、排水站等）以及排水区外的承泄区（如江河、湖海等）四部分组成。根据我国大部分排水区的现状，可概括为如图 7-3 所示模式。

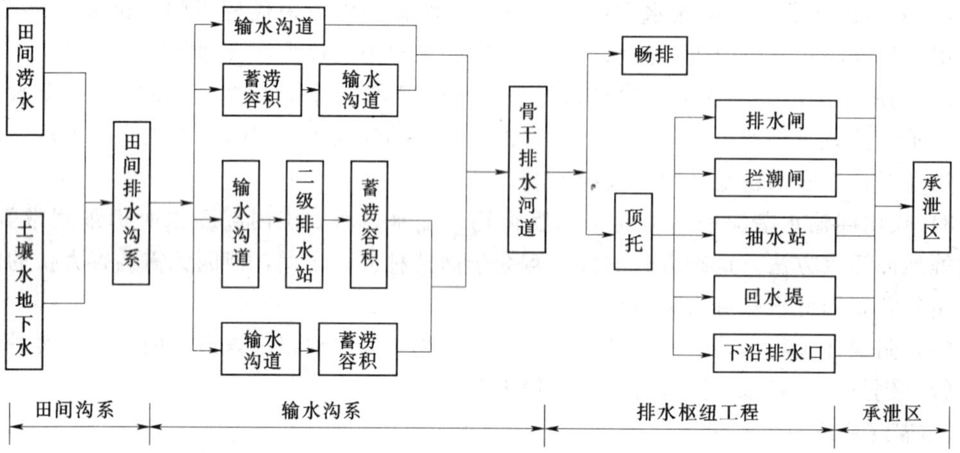

图 7-3　排水系统模式图

排水沟网与灌溉渠道基本相似，一般可分为干、支、斗、农四级固定沟道。排水的作用，就是由田间排水沟网汇集降雨后的地面径流和地下水，由各级输水沟道及排水枢纽，输送到排水区外的承泄区。干、支、斗三级沟道组成输水沟网，农沟及农沟以下的田间沟道组成田间排水网，属田间排水工程。

承纳或宣泄从排水区排出的水量的承泄区是排水系统的重要组成部分，因而也是排水规划的重要内容。承泄区关系到排水系统的排水效能和应采取的排水方式。承泄区一方面要有足够的容积或泄水能力；另一方面要有符合灌区自流排水要求的水位条件。河流、湖泊、溪涧、洼地、海洋等均可用作排水承泄区，其中河流和湖泊最常采用。

2. 排水要求

洪、涝、渍、土壤盐碱化是农田常见的几种自然灾害，均是由于农田中水分过多造成的。洪灾是由于降雨过多，江、河、湖、库水位猛涨，堤坝漫溢或溃决，使客水入境，致使农田被淹没而造成的灾害。涝灾是由于本地降水过多，地面径流不能及时排出，农田积水超过作物耐淹能力，造成农业减产的灾害。造成农作物减产的原因是，积水深度过大，时间过长，使土壤中的空气相继排出，造成作物根部氧气不足，根系呼吸困难，并产生乙醇等有毒有害物质，从而影响作物生长，甚至造成作物死亡。渍害是由于雨后坡度较小的地区和低洼地，在排出地面积水以后，地下水位过高或土壤上层滞水，根系活动层土壤水分过多，氧气缺乏，影响作物的正常呼吸，大量有害物质不断产生又不能及时分解，最终导致作物中毒减产乃至死亡的一种灾害。土壤盐碱化通常是由于灌溉不当、用水过量等原因引起地下水位上升，从而造成土壤中盐分积聚的过程。这主要发生在干旱、半干旱、半湿润气候区及受海水倒灌的海滨低洼地区域。

不同地区，由于自然和农业生产条件各异，排水任务也不同。必须根据当地的渍涝灾害情况，修建相应的田间排水工程，为作物的正常生长创造适宜的水、肥、气、热环境，为农业耕作、管理创造优越条件。

3. 农田排水的方法与措施

目前我国采用较多的排水措施主要是明沟排水，其次是暗管、竖井和生物排水。

明沟排水就是在地面上挖沟或利用天然沟道形成一个完整的地面排水系统，把地面、地下和土壤中多余的水排走，既加速排出地面水又降低地下水位，保证农作物正常生长。

暗管排水是在地面以下一定深度内铺设透水管道，形成一个封闭暗管排水系统，其主要作用是排出土壤中多余的水分（地表水、土壤水、地下水），降低地下水位，调节土壤水、肥、气、热状况，保持适当比例，为农作物生长创造良好的环境条件。

竖井排水主要是通过提取浅层地下水来降低和调控盐碱化地区的地下水位。并通过灌溉压盐或与明沟结合排走盐分。在地下水矿化度不高的情况下，可以采取以灌代排的方法，排灌结合，所以有时把竖井排水也称为竖井排灌。在地下水矿化度高的地区，则可把井中的咸水抽出来排走；再引淡水灌溉，实行抽咸换淡，逐步淡化地下水。

生物排水就是通过建立农田防护带，利用树木树叶的蒸腾作用，把地下水排到大气中去，达到降低地下水位的目的。其作用：一是利用树木树叶蒸腾作用来降低地下水位；二是可调节小气候，减少地面蒸发，抑制土壤返盐。

第二节　节　水　灌　溉

节水灌溉是根据供水条件和作物需水规律，采用各种方法和措施，提高灌溉水的利用率，获取农业最佳经济效益、社会效益和生态环境效益。

灌溉水从水源地到田间的各个环节都存在水量无益损耗，凡在这些环节中能够减少水量损耗、提高灌溉水利用率的各种措施，均属于节水灌溉范畴。理论上，节水灌溉是遵循农作物生长发育需水机制进行的适时灌溉，又是把各种水损失降低到最小限度的适量灌溉。

一、节水灌溉措施

节水灌溉措施包括工程节水、农业节水、管理节水三个方面措施。

1. 工程节水措施

常用的工程节水措施主要有以下几种：

（1）为解决输送过程中损失的措施主要有两种：渠道衬砌防渗措施及管道输水措施。

（2）为解决输送及田间两个途径节水的主要措施有：喷灌、微喷灌、滴灌、小管出流灌、渗灌等。

（3）为解决田间节水的措施有：小畦灌、膜上灌、膜下灌、膜侧灌、秸秆覆盖灌等。

2. 农业节水措施

常用的农业节水措施有抗旱节水品种筛选、秸秆覆盖、地膜覆盖栽培、田间作物套种、碾压覆盖、少耕免耕和调整产业结构以及使用化学药剂如抗旱剂、保水剂、增水剂等。

3. 管理节水措施

常用的管理节水措施主要有以下几种：

（1）进行节水宣传，建立节水观念。

（2）实行计划用水、科学用水，避免人为损失。

（3）建立测试预报系统，为用水管理提供水情、土壤水分状况等数据。

（4）因地制宜制定最佳灌溉排水制度，适时适量灌溉。

（5）对灌溉系统的配水进行优化管理，实施区域水资源的统管与调度。

（6）采取适宜的节水措施，降低灌溉用水量。

（7）搞好测水量水工作，实行按量配水，提高用水透明度。

（8）搞好工程配套建设，并做到及时改造和维修。

（9）提高管理人员技术素质，健全责任管理制度。

二、节水灌溉技术的现状与展望

国内外现阶段采用的主要节水灌溉技术包括节水工程技术、节水农业技术和节水管理技术。

（一）节水工程技术

节水工程措施主要有渠道防渗技术、低压管道输水灌溉技术、喷微灌技术及各种地面灌溉改进技术等。

1. 渠道防渗技术

渠道是大多数灌区的主要输水手段，渠道防渗衬砌是提高渠道水利用率的主要措施。渠道防渗效果在很大程度上取决于衬砌材料。目前，各国普遍采用的材料为刚性材料、土料和地膜料三类，其中刚性材料（尤其是混凝土）占主导地位。目前，渠道衬砌逐步由单一材料向复合材料发展，断面形式由梯形断面向弧形断面发展。

2. 低压管道输水技术

由于管道输水效率高、占地少、易管理，灌溉渠道管道化已经成为各国的共同发展趋势。国外低压管道输水灌溉技术已趋成熟，今后的发展方向是开发性能更好、价格更低的新型管材和各种先进量（放）水设备及适合于多目标利用的系统与形式。中国低压管道输水灌溉技术从20世纪80年代开始发展，“九五”期间已经取得了较为丰硕的成果：在管材开发方面，中国研制开发出一批输水性能好、机械性能优、用材省的新型管材；在管件方面，也研制开发出数十种出水口、给水栓、安全装置及量水装置；在工程规划设计方面，运用系统工程理论进行优化设计，已使工程建设更加经济合理。

3. 喷灌与微灌溉技术

由于世界性淡水资源的短缺，各国都十分重视研究、推广最具节水效果的喷灌、微灌技术。中国的喷灌、微灌研究开始于20世纪50～60年代，但真正起步却是70年代以后的事。1970年，国家将喷灌技术列为重点科研项目，组织水利、农机、农业等部门联合攻关。1978年，国家又将其列入农田水利基本建设计划，有力地促进了喷灌、微灌技术的快速发展，期间虽几经波折，但全国喷灌、微灌面积仍稳定中并有发展。

4. 地面灌溉改进技术

地面灌溉因其简便易行，仍是当今世界采用较多的灌水方式，约占全世界总灌溉面积的90%，我国则达98%，但该方法浪费水较为严重。因此，在水资源日趋紧缺的今天，各国都在研究改进办法，使地面灌溉技术朝着节水方向发展。该方向最具代表性的研究成果，包括波涌灌溉、地面浸润灌溉、负压差灌溉、膜上灌等，已在我国从试验阶段转入推广应用、发挥节水增产效益阶段。

（二）节水农业技术

节水工程技术的基础是发展节水农业技术，从而实现节水、高产、优质、高效。节水农业技术是当今世界各国研究的重点之一。美国、以色列等国家利用滴灌系统对作物同步供给水分及养分，做到水肥同步，促进农作物的生长发育，提高水肥利用率。美国、前苏联在利用耕作措施调控农田水分利用状况，充分发挥水、光、热等自然资源，提高农田生产率和水分利用效率方面提出了许多行之有效的技术措施。

中国节水农业技术研究也取得一定进展，耕作保墒、覆盖保墒、化学制剂节水、选育耐旱品种等技术在一定范围内开始试验推广，并收到明显节水增产效果。

（三）节水管理技术

节水灌溉管理技术是指根据农作物的需水、耗水规律来控制、调配水源，以最大限度地满足作物对水分的需求，实现区域效益最佳的农田水分调控管理。它包括土壤墒情监测与预报技术，节水高效灌溉制度的制定，以区域总效益最大为目的的灌溉预报技术，输水配水与灌水水量的量测和流量调节控制技术等几个方面。

土壤墒情监测与预报在国内外均有悠久的历史。20世纪70年代后期，美国、澳大利亚等发达国家采用高空红外线遥感遥测大范围监测土壤墒情，但由于其费用高、技术难度大，现在正逐步转向利用计算机模拟进行土壤墒情的监测与预报。我国干旱、半干旱地区历来十分重视土壤墒情的监测与预报，如播种日期、种植面积、作物品种选择等都要通过中长期墒情预报决定。

20世纪80年代初开始，许多国家的研究者一改传统的丰产灌溉制度的研究，转向非充分灌溉的试验研究。以色列大量的试验统计表明，在大量节水的情况下可获得相当于最高产量85%～95%的产量。中国从20世纪50年代开展了灌溉制度方面的研究，并绘制出全国主要农作物需水量等值线图，建立了全国灌溉试验资料数据库，为灌区的规划设计和科学用水提供了基础资料。

第三节 泵 站 工 程

为实现取水、输水、排水目的，主要有“自流”和“泵站”两种方式。所谓“自流”就是利用地球的重力而不另加能量，使水流流向用户，或排至承泄区，以满足经济发展和人民生活需要。但是“自流”工程受地形地貌及当地水资源条件的影响较大，在地形条件较差的地区采用自流取水方式时，必然会增加工程建设难度，延长工期，增加投资等，而且大多情况下无法实现。因此，在取水、输水、排水工程中，利用泵站“提水”是一种重要的工程措施。“提水”就是利用电力、燃料、水力、风力、太阳能等外加能量，使水流的能量增加，从而将水由低处抽送到高处，或从某地抽送到异地，以满足输水、排水或异地用水的需求，水泵是重要的提升机械。

要想“提水”就要“水泵”，同时必须与动力设备、传动设备、管道系统、进出水建筑物、辅助设备及控制设备等有机结合，构成一个完整的泵站。为了保证水泵等机电设备的正常运行和为管理人员提供良好的工作环境，就要建造泵房、变电站及各种配套水工建筑物，故构成一个泵站枢纽工程。

目前，我国已建成大中小型固定泵站50余万座，总装机容量7000余万kW，机电排灌总面积近5亿亩，泵站的灌溉和排涝面积分别占全国有效灌溉面积和排涝面积的56%和21%。附图13是著名的江都排灌站。

泵站不仅在水利工程中得到广泛应用，同时在土木水利工程施工中的基坑排水、城镇给排水、火力发电厂等工程中均发挥着重要作用。

一、水泵的类型

水泵的用途非常广泛，品种繁多，对它的分类方法各不相同。按水泵的工作原理一般可分为叶片泵、容积式泵、其他类型泵。

(1) 叶片泵是指通过叶轮的高速旋转运动，将能量传递给流经其内部的液体，使液体能量增加；泵的工作体是带有叶片的叶轮；按工作原理又可分为离心泵、轴流泵、混流泵。除以上叶片式泵外，按照使用范围和结构特点分，还有长轴井泵、潜水电泵、水轮泵等。

(2) 容积式泵是通过工作室容积的周期变化输送液体的。容积式泵根据工作室容积的改变方式又分为往复泵和回转泵两种。往复泵是利用柱塞在泵缸内做往复运动来改变工作室容积而输送液体的。

(3) 其他类型泵是指叶片式泵和容积式泵以外的特殊泵。在灌排泵站中有射流泵、水锤泵、气升泵、螺旋泵、内燃泵等。其中，除螺旋泵是利用螺旋推进原理来提高液体的位能外，其他各种泵都是利用工作流体传递能量来输送液体的。

1. 离心泵

利用泵体中的叶轮在动力机（电动机等）的带动下高速旋转，使泵内的水不断被叶轮甩向水泵出口，而在水泵进口处造成负压，进水池中的水在大气压的作用下经过底阀（见图7-4)、进水管流向水泵进口。按轴的安装方式可分为卧式泵和立式泵，按叶轮的吸水方式可分为单吸式泵和双吸式泵。

2. 轴流泵

泵轴从弯管处穿出，叶轮装在泵轴下端部，放在水面以下，旋转时产生推力，将水由下往上推送。因水流与泵轴平行，所以称为轴流泵。轴流泵的特点是：流量大、扬程低、效率高；泵体的外形尺寸小，占机房面积小。平原地区的排灌站多采用这种形式。按其安装方式可分立式、卧式和斜式三种。图7-5是轴流泵抽水装置示意图。

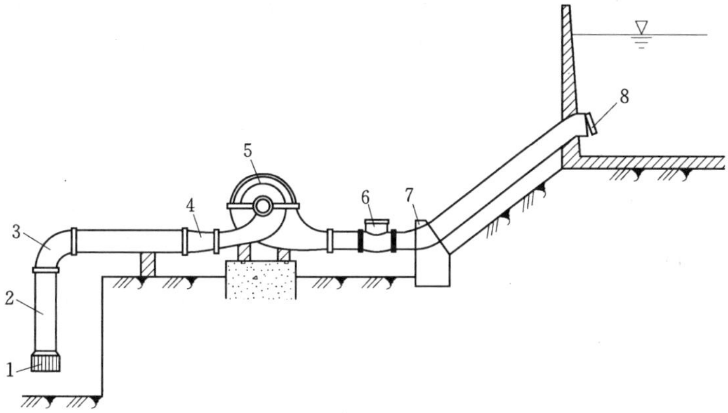

图 7-4　离心泵抽水装置示意图

1—滤网和底阀；2—进水管；3—90°弯头；4—偏心异径接头；
5—离心泵；6—逆止阀；7—镇墩；8—拍门

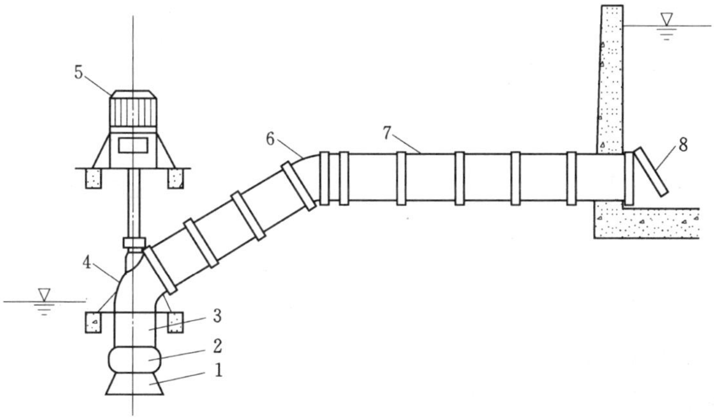

图 7-5　轴流泵抽水装置示意图

1—喇叭管；2—叶轮；3—导叶体；4—出水弯管；5—电动机；
6—45°弯头；7—出水管；8—拍门

3. 混流泵

其特点是在叶轮旋转时既产生离心力也产生推力，因而得名。水流在进出叶轮的方向是倾斜的，亦称斜流泵，这种泵的特点是中等扬程、流量较大、结构简单、体积小、重量轻、使用方便，适于农村排灌需要。混流泵使用时亦需泵内充水。

4. 井泵

专用于从井中抽水进行灌溉。根据井水面的深浅，又分为浅井泵和深井泵。井泵多采用立式电动机带动，整台机组可分为三部分：电动机安装在最上面，中间是水管和传动轴，下面是水泵。

5. 潜水泵

根据扬程大小可分浅井式潜水泵和深井式潜水泵，也是由电动机、水泵和出水管等三部分组成。这种泵型是针对井泵的弱点加以改进而制成的。潜水泵结构简单，体积小，重量轻，安装使用方便，适应性强，具有不怕雨淋水淹等特点。

6. 水轮泵

利用水流自身的力量，把低处的水扬到高处，用以灌溉高处农田。这种泵型是把作为动力用的水轮机和作为扬水用的水泵，装在同一轴上。当山涧水流往下流动时，利用水流冲击水轮机，从而使主轴带动水泵叶轮一起旋转，达到向高地扬水的目的。

这种泵型的特点是：结构简单，潜没在水下工作，靠水力作用运转，不用其他动力。但适用范围小，在有充足水量和集中水头的地点，如急流、跌水和瀑布等处可以安装使用。

7. 水锤泵

利用水流从高处下泄时的冲力，冲击泵的排水口阀门使它关闭，发生水锤（水击）作用，使水冲进缓冲筒，当水锤作用消失，排水口阀门开启，水流再冲击阀门，再发生水锤作用，如此往复，缓冲筒（相当子水电站调压井）变为压力水，水从出水管上扬。

水锤泵与水轮泵不同之点是：前者所需流量较小，扬程较高，出水时不均匀，水源的水量不需要很大，但要求落差较大；后者则反之。

我国有的山区，人畜饮水困难，在多雨季节，有条件时，可以利用上述两种泵型将水扬至高地蓄水池内，作为人畜给水或小型灌溉使用，特别是在没有电力和没有适当地点建库时更为适用。

井泵与潜水泵是发展井灌和为人畜给水有效工具，但需要电力。这是我国华北、西北平原地区不可少的机灌设备。但应对机井设施有统一规划，研究地下水补给和下降引起的后果。

离心泵、轴流泵和混流泵是农田排灌最常用的三种泵型。平原地区排灌泵站，由于流量大，扬程低，一般多采用轴流泵。

水泵类型多、构造复杂，本节只概要介绍了几种类型泵。实际工程中需根据泵站规划合理选择水泵。

二、叶片泵的性能参数

叶片泵性能参数是用来表征水泵性能的一组数据，包括流量、扬程、功率、效率、允许吸上真空高度或必需空蚀余量、转速等。

1. 流量 Q

流量指单位时间内从水泵出口所输出的水体的量。泵运行时，从泵出口实际流出的流量称实际流量，水泵铭牌上所标示的流量为泵的设计流量，又称额定流量。泵在该流量下运行时效率最高，如果水泵运行时从水泵出水口流出的流量小于设计流量，泵的效率会降低，所以实际运行时应力争使水泵处于额定流量或接近额定流量运行。

2. 扬程 H

扬程是指被抽送的单位重量的水体从水泵进口到水泵出口获得的能量。用 H 表示，单位为 m 水柱。可根据水泵进出口压力表的读数进行泵扬程的计算；也可以根据进出水池的水位及进出水管的损失计算泵的扬程。计算出的扬程为水泵实际工作时的扬程，而泵的铭牌上的扬程为泵的设计扬程，也称额定扬程，实际工作的扬程与额定扬程往往不等，因为实际工作的扬程受工作条件、水位等的影响。

3. 功率

功率是指水泵在单位时间内对液流所做功的大小，单位为 W 或 kW。水泵的功率包括轴功率、有效功率和动力机配套功率等。

轴功率是指动力机经过传动设备后传递给水泵主轴上的功率，即水泵的输入功率。通常水泵铭牌上所列的功率均指的是水泵轴功率。

有效功率是指单位时间内，流出水泵的液流所获得的能量，即水泵对被输送液流所做的实际有效功。

动力机配套功率是指与水泵配套的原动机的输出功率，考虑到水泵运行时可能出现超负荷情况，所以动力机的配套功率通常选择比水泵轴功率大。

4. 效率

水泵传递能量的有效程度称为效率。水泵运行过程中，在水泵内部将产生各种损失，根据损失产生的原因不同，将其分为机械损失、容积损失和水力损失，原动机传给泵轴上的功率即水泵的输入功率不可能完全传给水泵所输送出去的水体，必然有一部分要消耗在克服水泵内部各种损失上，剩下的才传给水泵所输出的水体。

实际上水泵的效率就是用来反映泵内损失功率的大小及衡量轴功率 P 的有效利用程度的参数。即有效功率 P_e 与轴功率 P 的比值的百分数为水泵的效率。目前，离心泵的效率大致在 0.45～0.9 范围内，轴流泵的效率范围约为 0.7～0.9。

5. 转速

转速是指水泵轴或水泵叶轮每分钟旋转的次数。通常用符号 n 表示，单位为转每分（r/min）。水泵是按一定的转速设计的，因此配套的动力机除功率要满足水泵运行的要求外，在转速上也要与水泵的转速相一致。

水泵的转速与其他各性能参数之间是相互关联的，一定的转速产生一定的流量、扬程，并对应一定的轴功率，当转速发生改变时，将引起其他性能参数也产生相应的变化。

目前，我国常用的水泵转速为：中、小型离心泵一般在 730～2950r/min，中、小型轴流泵一般在 250～1450r/min，大型的轴流泵的转速一般在 100～250r/min。

6. 允许吸上真空高度$[H_s]$

允许吸上真空高度和必需气蚀余量是表征水泵在标准状态下的气蚀性能的参数。水泵工作时，常因装置设计或运行不当，会出现水泵进口处压力过低，当水泵体内最低压力点的压力低到当时温度下的汽化压力时，水就可能汽化而形成气液流。从水中离析出来的大量气泡随着水流运行到高压区时，受周围液体的挤压而溃灭，气泡内的气体又重新凝结成水，同时产生很高的水锤压力，使材料的边壁遭受侵蚀而破坏。通常将这种现象称为水泵的空蚀现象。

空蚀产生时将对水泵的过流部件产生剥蚀破坏，同时水泵的性能变坏，并伴有振动和噪声。严重时将可能导致水泵无法继续运行。

为了避免水泵的空蚀发生，就必须通过泵的空蚀性能参数来正确确定泵的几何安装高度和设计水泵装置系统。有关空蚀原理及相关理论请参考有关水泵及水泵站方面的书籍。

三、泵站工程分类

1. 按任务分类

（1）供水泵站。包括农田灌溉泵站、工业供水泵站以及城乡居民给水泵站。

（2）排水泵站。包括农田排水泵站、城镇排水泵站、工业排水泵站以及矿山排水泵站等。

（3）调水泵站。主要指跨流域调水泵站，其功能有沿途的供水、灌溉、排水、搬运等。

（4）加压泵站。在以长管道输送水、油、泥浆、水煤浆等的情况下，需要中途加压而设立的泵站。

（5）蓄能泵站。火电厂和核电反应堆是不允许间断工作的。为了确保电网的稳定运行，在夜间有余电时，可以用来抽水蓄能，而在用电高峰时再用于发电。这类泵站称为蓄能泵站或抽水蓄能电站。

2. 按水泵的类型分类

按水泵的类型可分为离心泵站、轴流泵站、混流泵站。

3. 按动力分类

按动力分类可分为电动泵站、机动泵站、水轮泵站、风力泵站、太阳能泵站。

此外，还可按被抽液体的性质分为水泵站、油泵站、泥浆泵站、灰渣泵站等。

四、泵站工程枢纽布置

泵站的枢纽布置是根据泵的性质和任务，综合考虑现实的条件和远景发展的需要，选择确定泵站主体工程建筑物和附属建筑物的种类和形式，并根据工程安全、运行管理方便的原则合理布置各建筑物的位置。

泵站主体建筑物一般包括取水建筑物（引水渠或涵、管、隧洞）、进水建筑物（前池、进水池、进水流道或管道）、泵房、出水流道（管道）、出水建筑物等。附属建筑物一般是与主体工程配套的各种用途的节制闸、变电站、修配厂以及办公、生活用房等。泵站枢纽的布置形式取决于建站的目的（供水、排水或排灌结合）、水源种类和特性，以及建站地点的地形、地质和水文地质条件等。泵站枢纽的总体布置应尽量满足便于施工、运输管理方便、总体布置美观以及经济合理的要求，同时还应考虑站区内环境美化和道路交通的要求。

（一）供水泵站枢纽布置

供水泵站按其供水对象的不同，可分为农田灌溉泵站、城镇给水泵站以及工业给水泵站等类型。布置形式主要有以下几种。

1. 有引水建筑物的布置形式

（1）引水建筑物为引水渠的布置形式。如图 7－6 所示，这种布置多用于在水源岸边坡度较缓，且水源与供水点相距较远的场合。在满足引水要求的情况下，为了节省工程投资和运行费用，泵房位置应通过经济比较进行确定，通常将泵房建在靠供水点，地形地质较好的挖方中。当水源水位变幅较大时，则应在此渠道渠首建进水闸，控制进入引水渠的水量。这种布置方式多用在平原和丘陵地区从河流、渠道或湖泊取水的泵站中。

（2）引水建筑物为压力管道的布置形式。这种布置方式多用在水源水位变幅较大的河

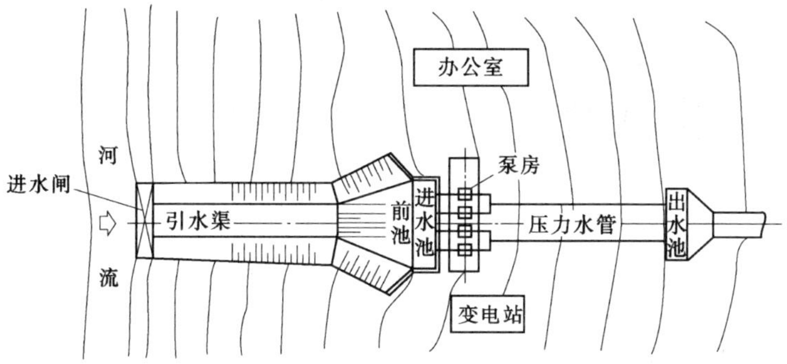

图 7-6　有引水渠的布置形式

流，且主流离岸边较远，又无法开挖引水渠的场合。这种布置方式通常在主流河床中设置取水头部，取水头部与泵站进水建筑物通过引水压力管道相连。这种布置方式也可用在泵站从水位变幅较大的水库取水的场合。这时常将取水头部设置在水库死水位以下，将泵房建在坝后，引水钢管直接与水泵进口相连。

2. 无引水建筑物的布置形式

（1）岸边式泵站布置形式。这种布置形式多用在水源水位变幅较大，水源岸坡陡峻，且供水点与水源之间的距离较近的场合。将泵房修建在水源岸边或将泵房部分或全部淹没在水中，直接从水源中取水。这种形式的泵房受水源水位变化影响大，泵房挡水的要求高，施工难度大，工程造价高，因此，当泵站流量较小时，常采用泵船或泵车方案。

（2）井泵泵站。井灌区使用最多的两种井泵是长轴井泵和潜水电泵。长轴深井泵的动力机一般安装在井上，其泵体浸没在井中地下水面以下，动力机轴与水泵轴通过长传动轴相连。潜水泵则是把水泵轴和电动机轴直联或同轴组装成一个整体安装在水源水面以下运行。

（二）排水泵站枢纽布置

1. 自流排水与提水排水相结合的布置形式

排水区的排水多采用以自排为主，自排与提排相结合的方式。只有当承泄区的水位高于排水区水位时才利用泵站进行提排。按照自流排水建筑物与泵房的关系，排水泵站的枢纽布置可分为自流排水闸与泵房分建和合建两种形式。

2. 提排提灌结合，并考虑自排自灌的布置形式

排水区内由于地形和不同季节气候的差异，有时外水位低于区内地面，遇暴雨可以自排，而在旱季又需要用机械提水灌溉；有时外水位较高，区内有些地方需要提排，而高地又要提灌，这时可以用一套机电设备，兼有灌溉与排水的功能。这类泵站就称为排灌结合泵站。这种泵站布置上应以泵房为主体，充分发挥附属建筑物的作用，以达到排灌结合的目的。

第八章　防洪治河工程

我国幅员辽阔，江河众多，洪水灾害频繁。全国约有35%的耕地、40%的人口和70%的工农业产值所在地处于江河洪水位以下。全国每年的洪灾直接经济损失，少则几百亿元，多则几千亿元。洪水灾害损失在各类自然灾害中位居首位。洪水是中华民族的心腹大患，不仅严重威胁着人民的生命财产安全，而且影响到社会安定和经济社会的可持续发展。中华人民共和国成立以来，在党和政府的领导下，通过对各主要江河大规模的防洪工程建设，现已在全国范围内初步形成了科学合理的防洪布局和较完整的防洪体系，有效地减少了洪水的酿灾机会及其致灾损失。治河工程是与防洪工程紧密相关的，同时有所不同，也是水利工程建设的重要内容。本章主要介绍防洪工程和治河工程的相关内容。

第一节　防　洪　工　程

一、防洪减灾措施及规划

洪水是一种自然现象。广义地讲，凡超过江河、湖泊、水库、海洋等容水体的承纳能力，造成水量剧增或水位猛涨，通称为洪水。按其起因不同，洪水主要有暴雨洪水、融雪洪水、冰凌洪水、溃坝洪水以及山洪、泥石流、海啸、风暴潮等不同类型。

1. 防洪目标

防洪是指人类在与洪水作斗争的过程中，为防止洪水灾害的发生和最大限度地减轻洪灾损失，确保人民生命财产安全、生态环境不受损害以及经济社会可持续发展所采取的一切手段和措施。防洪的目的在于防灾减灾，故常称为防洪减灾。

现阶段我国防洪减灾工作体系的总体目标是：当江河发生常遇和较大洪水时，防洪工程设施能有效运用，国家经济活动和社会活动不受影响，保持正常运作；在江河遇大洪水和特大洪水时，有预定方案和切实措施，使国家的经济活动不致发生动荡，不致影响国家长远计划的完成或造成严重的环境灾难。

2. 防洪减灾措施

防洪减灾措施是指防止或减轻洪水灾害损失的各种手段和对策，它包括工程措施和非工程措施。

(1) 工程防洪措施，是指通过采取工程手段控制调节洪水，以达到防洪减灾的目的。主要包括水库工程、蓄滞洪工程、堤防工程、河道整治工程四大方面。通过这四个方面措施的合理配置与优化组合，从而形成完整的江河防洪工程体系。

现阶段我国主要江河的洪水治理方针，一般是“拦、蓄、分、泄，综合治理”。如黄河的“上拦下排、两岸分滞”；松花江的“蓄泄兼施，堤库结合”；长江的“蓄泄兼筹，以泄为主”及“江湖两利，左右岸兼顾，上、中、下游协调”等原则。通过在上游地区干、支流修建水库拦蓄洪水，并配合采取水土保持措施控制泥沙入河，在中、下游修筑堤防和进行河道整治，充分发挥河道的排泄能力，并利用河道两岸的分蓄洪区分滞超额洪量，以减轻洪水压力与危害。

（2）非工程防洪措施是20世纪50年代以来逐步研究形成的防洪减灾的一种新概念。它是通过行政、法律、经济和现代化技术等手段，调整洪水威胁地区的开发利用方式，加强防洪管理，以适应洪水的天然特性，减轻洪灾损失，节省防洪基建投资和工程维修管理费用。

3. 防洪减灾规划

防洪减灾规划属江河流域总体规划的一个组成部分，是针对某一流域或地区的洪水灾害而制定的综合防治方案。其目的是，全面提高江河流域或地区抗御洪水的能力，保障人民生命财产安全，创造安宁的生产生活环境和良好的生态环境，促进社会经济可持续发展。其任务是，根据流域或地区的社会经济发展需要，并结合其自然地理条件，洪水与洪灾特性，按照《中华人民共和国水法》和《中华人民共和国防洪法》及国家有关文件、规范等规定，提出包括工程措施和非工程措施相结合的防洪整体方案及其建设程序，作为安排水利建设计划，进行工程设计和从事防洪管理、防汛调度等各项水事活动的基本依据。

二、河道堤防工程

堤防是沿河流、湖泊、海洋的岸边或蓄滞洪区、水库库区的周边修筑的挡水建筑物。它是人类自古以来广泛采用的一种重要的工程防洪措施。也是我国各大江河防洪工程体系的重要组成部分。

1. 堤防的种类和作用

堤防按其所在位置不同，可分为河堤、湖堤、海堤、围堤和水库堤防五种。因彼此工作条件不尽相同，故其断面设计要求略有差别。

（1）河堤位于河道两岸，用于保护两岸田园和城镇不受洪水侵犯。因河水涨落较快，高水位持续历时一般不长，其承受高水位压力的时间不长，堤内浸润线往往难以发展到最高洪水位的位置，故断面尺寸相对较小。

（2）湖堤位于湖泊四周，由于湖水位涨落缓慢，高水位持续时间较长，且水域辽阔，风浪较大，故其断面尺寸应较河堤为大。此外，还要求临水面有较好的防浪护面，背水面须有一定的排渗措施。

（3）海堤又称海塘、海堰或海堆，位于河口附近或沿海海岸，用以保护沿海地区坦荡平衍的田野和城镇乡村免遭潮水海浪袭击。海堤主要在起潮时或风暴激起海浪袭击时挡水，高水作用时间虽不长，但潮浪的破坏力较大，特别是强潮河口或台风经常登陆地区，因受海流、风浪和增水影响，故其断面应远较河堤为大。海堤临水面一般应设有较好的防浪消浪设施，或采取生物与工程相结合的保滩护堤措施。

（4）围堤修建在蓄滞洪区的周边，在蓄滞洪运用时起临时挡水之用，其实际工作机会虽远不及河堤、湖堤那样频繁，但其修建标准一般应与河流干堤相同。

（5）水库堤防位于水库回水末端及库区局部地段，用于限制库区的淹没范围和减少淹没损失。库尾堤防常需根据水库淤积引起翘尾巴的范围和防洪要求适当向上游延伸。水库堤防的断面尺寸应略大于一般河堤。

2. 河堤的种类和作用

河堤按其所在位置和重要性，又有干堤、支堤和民堤之分。干堤修建在大江大河的两岸，标准较高，保护重要城镇、大型企业和大范围地区，由国家或地方专设机构管理。支堤沿支流两岸修建，防洪标准一般低于同流域的干堤。但有的堤段因保护对象重要，设计标准接近甚至高于一般干堤，如汉江下游堤防和武汉市区堤防，黄河支流渭河、沁河等堤防。民堤，民修民守，保护范围小，抗洪能力低，如黄河滩的生产堤，长江中下游洲滩民垸的围堤等。

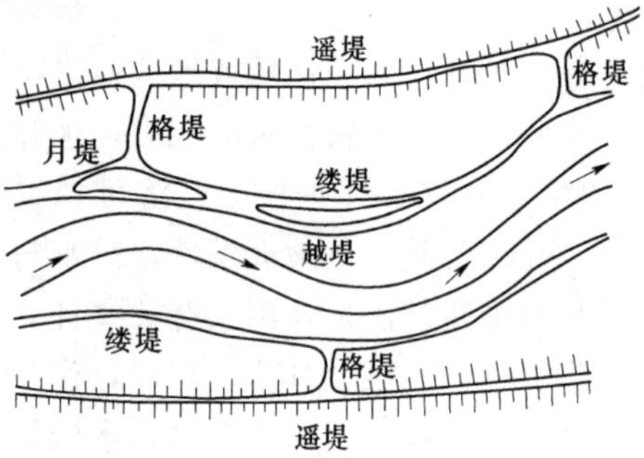

图 8－1　黄河堤防示意图

在黄河上，河堤常分为遥堤、缕堤、格堤、越堤和月堤五种，如图 8－1 所示。遥堤即干堤，距河较远，堤高身厚，用以防御一定标准的大洪水，是防洪的最后一道防线。缕堤又称民埝，距河较近，堤身低薄，保护范围较小，多用于保护滩地生产，遇大洪水时允许漫溢溃决。格堤为横向堤防，连接遥堤和缕堤，形成格状。缕堤一旦溃决，水遇格堤即止，受淹范围限于一格，同时防止形成顺堤串沟，危及遥堤安全。越堤和月堤皆依缕堤修筑，成月牙形，其作用之差异是：当河身变动远离堤防时，为争取耕地修筑越堤；当河岸崩退逼近缕堤时，则筑建月堤退守新线。

3. 堤防工程的防洪标准及其级别

堤防工程的防洪标准，又称堤防工程设计洪水标准，它是衡量堤防工程承受洪水的能力。在堤防工程规划设计时，可取防护区内要求较高的防护对象的防洪标准。堤防工程的级别，与其防洪标准有关。例如，根据 1990 年国务院批准的《长江流域综合利用规划要点报告》，长江中、下游堤防分为三类：第一类是荆江大堤、南线大堤、汉江大堤、无为大堤以及沿江重点城市堤防，为 1 级堤防；其他大部分长江干堤，洞庭湖、鄱阳湖重点垸堤以及汉江下游堤防为 2 级堤防；其他堤防，洞庭湖、鄱阳湖等蓄洪区堤防为 3～4 级堤防。不同级别的堤防其建设标准不同。

三、水库防洪工程

水库是广泛采用的工程防洪措施之一。从其所承担的防洪任务的不同可分为两类：一是专用于防洪的水库；二是防洪与兴利相结合的水库。前者为数不多，后者最为常见，具有防洪、发电、灌溉、航运、渔业等多项任务，其中防洪地位往往居首。在流域性防洪减灾系统中，水库与其他工程、非工程防洪措施一起，共同担负全流域的防洪减灾任务。

水库防洪标准反映水库抗御洪水的能力。常分为水工建筑物的防洪标准和下游防护对象的防洪标准两类。

1. 水工建筑物的防洪标准

这是为确保大坝等水工建筑物安全的防洪设计标准。对于永久性水工建筑物，按其运用条件，规范中有两种情况：一种是设计标准，又称正常标准，用它来决定水库的设计洪水位，当这种洪水发生时，水库枢纽的一切工作要维持正常状态；另一种是校核标准，用它来决定校核洪水位，在这种标准洪水发生时，可以允许水库枢纽的某些正常工作和次要建筑物暂时遭到破坏，但主要建筑物（如大坝、溢洪道等）必须确保安全。

2. 下游防护对象的防洪标准

当水库承担下游防洪任务时，需考虑下游防护对象的防洪标准。在该标准洪水发生时，经水库调蓄后，使通过下游防洪控制点的流量不超过河道的允许泄量（安全泄量）。当下游防护对象距水库较远，水库至防洪控制点之间的洪水较大时，控制水库泄量还应考虑区间洪水遭遇问题。规划时，防护对象的防洪标准，应根据防护地区的重要性、历次洪灾情况及其对社会经济的影响，按照国家规定的防洪标准，经分析论证并与有关部门协商选定。

四、分蓄洪工程

我国现阶段的江河堤防工程只能防御常遇的设计标准洪水。对于可能出现的超标准洪水，除可以利用上游修建的水库拦蓄一部分外，还需依靠平原地区安排的各类分蓄洪区就地蓄纳一部分。因此，分蓄洪区是我国江河防洪减灾体系中不可或缺的重要组成部分。

分蓄洪区是利用与江河相通的湖泊、洼地等修筑围堤，用来分蓄河道超额洪水的区域。我国现有行洪、分蓄洪区 100 多处，总容量约 1200 亿 m^3。其中，在长江中下游规划和兴建了 40 余处分蓄洪区，可拦蓄 600 亿 m^3 水量，可为防御长江特大洪水发挥重大作用。

1. 水工建筑物的布置

分蓄洪工程的水工建筑物主要包括：进洪闸、泄洪闸、围堤工程及主河道防护工程等。

进洪闸的位置一般布置在被保护堤段上游，并尽量靠近分蓄洪区。闸的规模由最大分洪流量而定，且结合工程造价及经济情况考虑。因为该闸并不经常使用，修建标准不宜过大，若遇特大洪水，可在附近临时扒开围堤增加进洪量。

泄洪闸的位置应选在分蓄洪区的下部高程最低处，以便能泄空渍水。闸的规模主要取决于需要排空蓄水时间的长短及错峰要求。对于运用几率很小的分蓄洪区，也可不建闸而采取临时扒口措施泄洪，或建闸与临时扒口两者配合使用。

在分洪区范围已圈定的情况下，围堤高度由最大蓄洪量相应的水位并考虑风浪影响作用而定，断面设计要求与河道堤防相同，迎水面应修建防浪设施。

在分洪口门附近河段，因分洪时水面降落，比降变陡，流速增大，有可能引起河岸冲刷，甚至引起口门河段的河势变化。故需加固口门上下游的堤岸，必要时应辅修控导工程。

2. 我国分蓄洪区的特点及其存在的问题

(1) 蓄滞洪区地处江河中、下游，大多数系在湖泊、洼地基础上建设形成，具有蓄洪垦殖双重目的，防洪、生产需兼顾。

(2) 工程设施相对简陋，管理粗放，防洪标准不高。有的行蓄洪区标准低，启用频繁，生产、生活基地不稳固，经济发展速度和当地群众生活质量低于其他地区。

(3) 区内人口增长快、密度大。如荆江分洪区，1954 年区内人口 17 万人，到 2002 年底达到 55 万多人。我国四大主要江河的蓄滞洪区，平均人口密度 410～530 人/km^2，个别的如淮河濛洼蓄洪区高达 724 人/km^2。因此，分洪时人员迁转难度大。

(4) 随着社会经济的发展，区内财富逐年增加，分洪损失愈来愈大，而补偿机制不健全。有的蓄滞洪区，不但有肥沃的农田，而且有繁荣的城镇。有的蓄滞洪区是商品粮基地，有的分布有大型工矿、企业和油田。因此，一些蓄滞洪区在决策运用时往往举棋难定，总希望力求保住不用。

(5) 区内安全建设缓慢，安全设施容量有限。目前，长江、黄河、淮河、海河蓄滞洪区安全设施只能低标准满足区内 1/4～1/3 人口的临时避险，分洪前有大量人员、财物需要转移。

(6) 工程建设不完善，排水设施不配套。大部分蓄滞洪区没有进、退水闸，分洪较难适时、适量，退水无法控制，不能满足分洪运用和快速恢复生产的需要。

第二节 治河工程

河流由于具有可动的边界条件（特别是冲积河流）和不恒定的来水来沙条件，总是处于不断的变化过程之中，这种变化，在许多情况下，可能会对河流两岸人们的生存环境和生产环境产生巨大的破坏作用，因而必须采取工程措施加以控制，这类工程措施即称为治河工程，或称为河道整治工程。

治河的目的应包括防洪、维护航道要求的尺度与改善港口条件、保证引水（包括发电、灌溉引水和生活用水）、防止河岸坍塌以便利用洲滩岸线和保护城镇及农田、保护跨河建筑物、控制泥沙淤积部位水质保护等。其措施主要有上游水土保持、修建水库、河道中下游修建堤防和护岸工程、分蓄洪工程、裁弯取直、疏浚、引水建筑物、导流建筑物等。

一、治河工程规划的原则

河势规划总的原则应该是“因势利导，全面规划，远近结合，分期实施”。

1. 全面规划，综合治理

规划中一方面要兼顾各部门、上下游、左右岸的利益和要求，充分发挥现有工程设施与水土资源效益；另一方面要根据国民经济近期和远期发展需求，分清主次，权衡利弊，保证首要任务的实现。规划中，应考虑各种工程与非工程措施的密切配合、相互为用。

2. 因势利导，重点整治

因势利导是治理江河的一条很重要的基本原则，“势”即河流总的趋势，总的规律性。“因势”就是遵循河流总的规律性，总的趋势。“利导”就是朝着有利于建设要求的方向、目标加以治导，河道总是处在不断演变发展过程之中，河道整治规划必须顺乎河势，只有这样，在完成了关键性控导工程之后，就可以利用河道自身的演变规律，借助水流的力量，通过自然的冲淤调整，逐步实现规划意图，收到事半功倍之效。

3. 整治工程应做到结构牢靠，技术新颖，经济合理

治河工程常年经受着水流巨大的冲击，并且作为工程基础的河床和河岸又都存在着冲淤变化，上游来水来沙条件带有很大的随机性，这就要求在规划中所布设的整治工程应具有一定的可靠程度和适当的控导长度，适应顶冲点上提下挫的变化，发挥整体导流作用。

治河工程量大面广，在工程材料及结构型式上，应尽量因地制宜，就地取材，降低造价，保证工程需要。对于国内外成功采用过的新技术、新材料、新工艺，应根据本地情况加以借鉴和改进。

二、河道整治建筑物类型

（一）平顺护岸工程

护岸工程是常见的河道整治建筑物之一，其作用是，保护河岸免遭水流的冲刷破坏，以及控制河势与稳定河槽。

护岸工程主要有平顺式和坝垛式等形式。平顺式即平顺的护脚护坡形式；坝垛式即丁坝、矶头或垛的形式。平顺式护岸属于单纯的防御性工程，对水流干扰较小；坝垛式护岸是通过改变和调整水流方向间接性的保护河岸。在某些情况下，它们可以结合使用。具体应用时，需要在认真进行河势分析与全面规划的基础上确定。

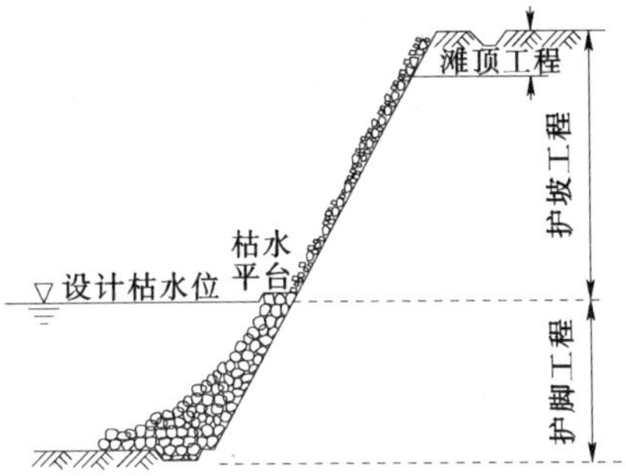

图 8-2　平顺护岸示意图

平顺护岸工程可以分为护脚工程和护坡工程两部分。设计枯水位以下为护脚工程，又称护底护根工程；设计枯水位以上为护坡工程，在有些地方进而又将护坡工程的上部与滩唇结合部分称为滩顶工程，如图 8-2 所示。

1. 护脚工程

护脚工程为护岸工程的根基，常年潜没水中，时刻都受到水流的冲击及侵蚀作用。其稳固与否，决定着护岸工程的成败，实践中所强调的“护脚为先”就是对其重要性的经验总结。

护脚工程及其建筑材料要求能抵御水流的长期冲刷，具有较好的整体性并能适应河床的变形，较好的水下防腐性能，便于水下施工等。经常采用的有抛石护脚（见图 8-3）、石笼护脚、沉枕护脚、沉排护脚等。

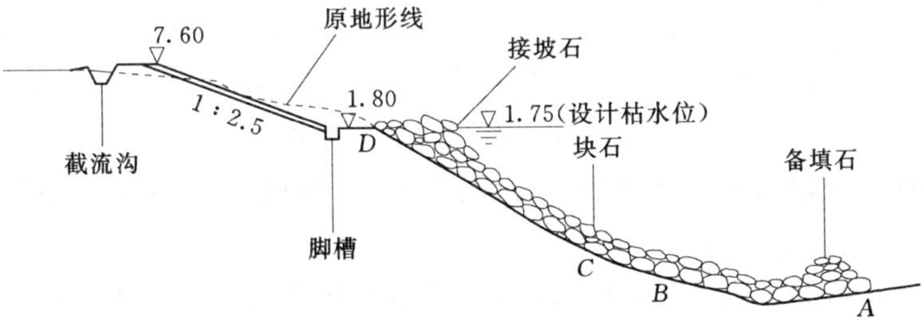

图 8-3　抛石护脚示意图

2. 护坡工程

护坡工程除受水流冲刷作用外，还要承受波浪的袭击及地下水的反向侵蚀。其次，因护坡工程处于河道水位变动区，时干时湿，因此要求建筑材料坚硬、密实、耐淹、耐风化。护坡工程的型式与材料很多，其中块石护坡最为多见。

块石护坡有抛石护坡、干砌石护坡和浆砌石护坡等种类。其中抛石和干砌石能适应河床变形，施工简便，造价较低，故应用最为广泛。干砌石护坡相对而言，所需块石体积较小，石方也较为节省，外形整齐美观，但需手工劳动，要有技术熟练的施工队伍。抛石护坡可以采用机械化施工，其最大优点是当坡面局部损坏和块石走失时，可以自动调整弥合。因此，在我国一些地方，常常是先用抛石护坡，经过一段时间的沉陷变形，待其稳定后，再进行人工干砌整坡。图 8-4 为长江中、下游常用的块石护坡结构，由枯水平台、脚槽、坡身、导滤沟、排水沟和滩顶工程等组成。

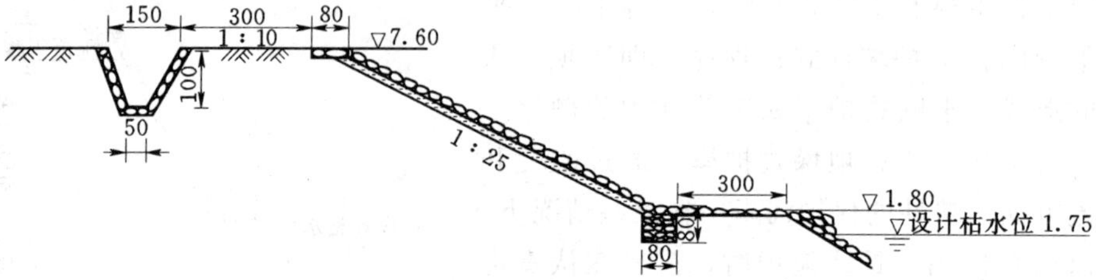

图 8-4　块石护坡示意图

（二）丁坝工程

1. 丁坝的性能

丁坝具有束窄河床，调整水流，保护河岸的性能。但是，丁坝也具有破坏河道原有水流结构，改变近岸流态的作用，常常在坝头附近形成较大的冲刷坑，危及丁坝自身安全。

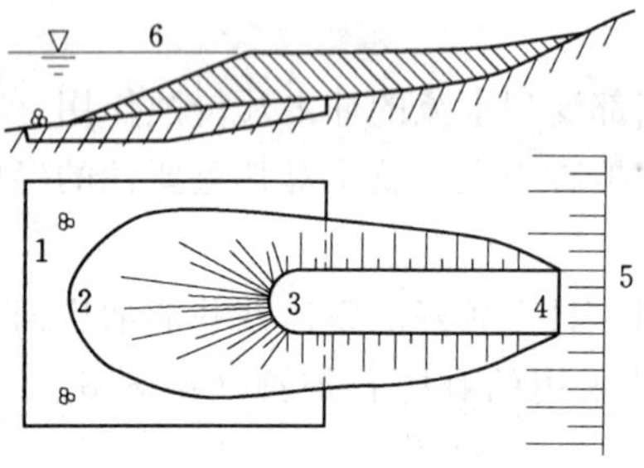

图 8-5　丁坝示意图
1—沉排；2—坝头；3—坝身；4—坝根；5—河岸；6—整治水位

丁坝一般由坝头、坝身和坝根三部分组成，坝根与河岸相连，坝头伸向河槽，在平面上呈丁字形，如图 8-5 所示。丁坝坝头位置以河道整治线（中水、枯水）为依据，即通过丁坝工程来实现所规划的河槽形态。

按照丁坝坝顶高程与水位的关系，丁坝可分为淹没式和非淹没式两种。用于航道枯水整治的丁坝，经常处于水下，为淹没式丁坝；用于中水整治的丁坝，其坝顶高程有的稍低于堤顶，高出设计洪水位，或者略高于滩面，一般洪水不被淹没，即使淹没，历时很短，这类丁坝可视为非淹没式丁坝。

根据丁坝对水流的影响程度，可以分为长丁坝和短丁坝。长丁坝有束窄河槽，改变主流线位置的功效；短丁坝则只起迎托主流，保护滩岸的作用，特别短的丁坝，又有矶头、垛、盘头之类名称。

2. 丁坝的结构类型

丁坝的类型和结构形式很多，传统的有沉排丁坝、抛石丁坝、土心丁坝等，近代还出现了一些轻型丁坝，如井柱坝、网坝等。

（1）沉排丁坝。沉排丁坝用沉排叠成，最低水位以上用抛石覆盖，如图 8-6 所示。

丁坝横断面成梯形，上游边坡系数一般为1.0，下游为1.0～1.5，坝顶宽2～4m，坝根部位要进行衔接处理。

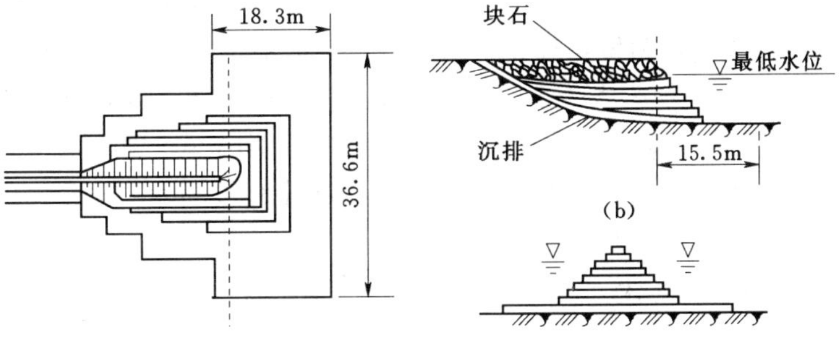

(a)　(c)

图8-6　沉排丁坝示意图

(a) 平面；(b) 立面；(c) 断面

(2) 抛石丁坝。抛石丁坝采用块石抛堆，表面也可以砌石整修。在我国山区河流也有用竹笼、铅丝笼装卵石堆筑的。抛石丁坝断面较小，顶宽一般为1.5～2.0m，迎、背水面边坡系数为1.5～2.0，坝头部分可以放缓为3.0～5.0，坝根与河岸平接，也可以将根部断面扩大，如图8-7所示。抛石丁坝的优点是，坝体较牢固，施工简单方便，适用于水深流急、大溜顶冲和石料丰富的河段。

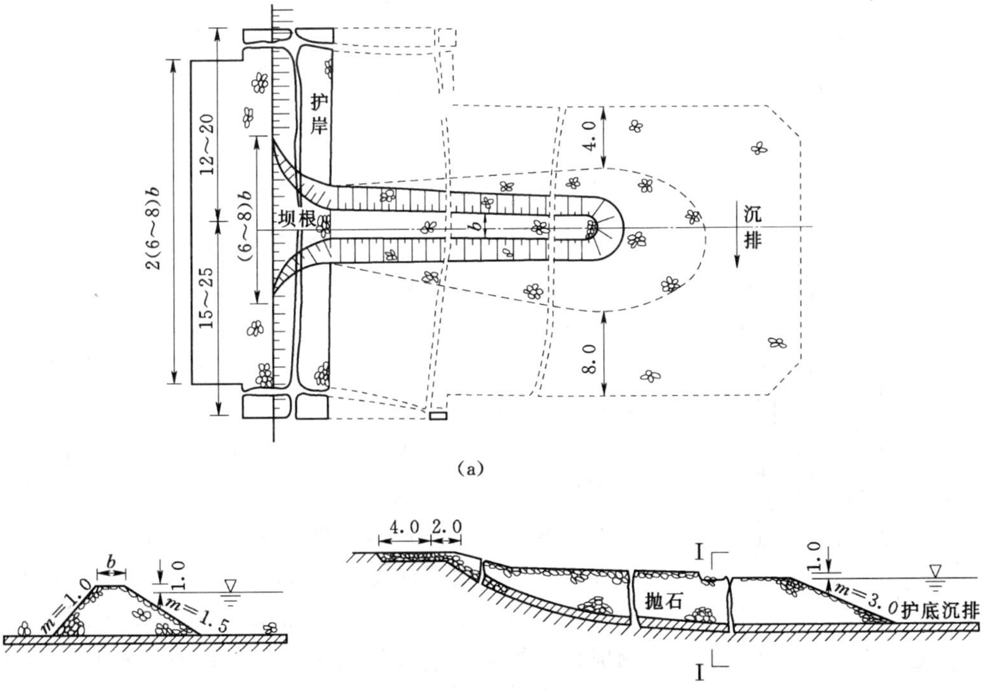

(b)　(c)

图8-7　抛石丁坝示意图（单位：m）

(a) 平面；(b) Ⅰ—Ⅰ剖面；(c) 立面

（3）土心抛石丁坝。采用砂土或黏土料填筑坝体，块石护脚护坡，沉排护底，对于石料缺乏的平原河流中下游，这种坝型具有一定的经济实用价值。同时坝心土料也可用水力充填方法修筑，因此，此类丁坝的大部分工作，可以用机械完成。丁坝顶宽一般 3～5m，对险工河段非淹没式丁坝，为留足堆放备防石的场地，有时也加宽至 8～10m。上下游边坡系数一般为 2.0～3.0，坝头大于 3.0，且最好全用抛石堆筑。坝根与河岸的衔接长度，一般为坝顶宽的 6～8 倍。黄河下游常采用的土心抛石丁坝型式，如图 8-8 所示。长江中多用土工织物袋装砂土外包块石或混凝土块丁坝，如图 8-9 所示。

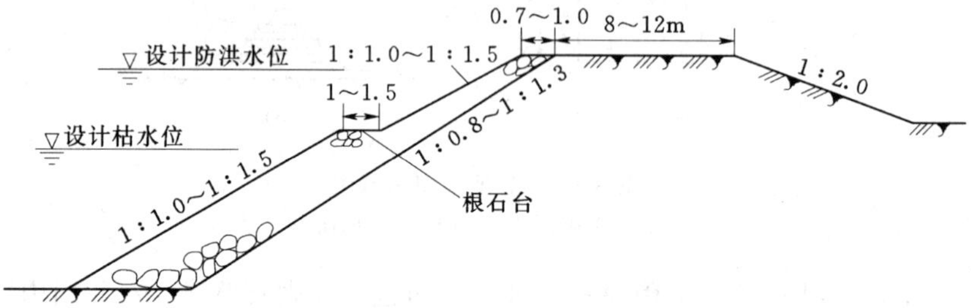

图 8-8　黄河下游土心抛石丁坝示意图

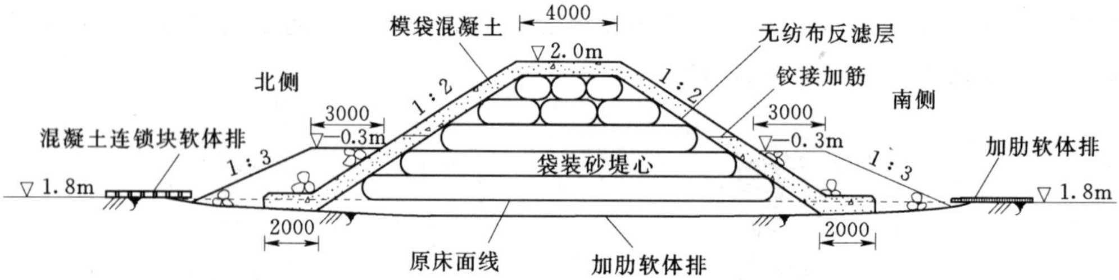

图 8-9　长江袋装砂土混凝土覆面坝示意图

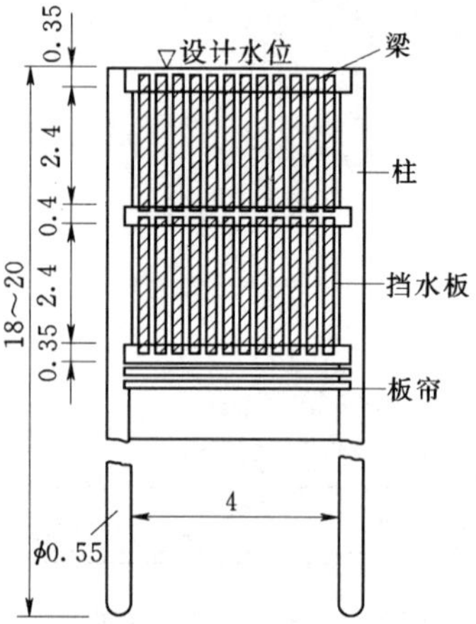

图 8-10　井柱坝示意图
（单位：m）

（4）井柱坝。井柱坝是用钢筋混凝土栅栏所构成的透水建筑物。它吸收了木桩编篱坝、厢埽和透水石笼工程的优点，并且维修工作量小，坚固耐用。井柱顺坝、丁坝可起滞流落淤、护滩保堤和控导流势的作用。井柱坝的结构如图 8-10 所示。

（5）网坝。网坝属于轻型河工建筑物，它是用铁丝或塑料、尼龙绳编成网屏，将网屏系挂在桩上所建成的活动透水建筑物。按照网屏固定方式的不同，又可分为两种：一种与我国古代使用的木桩编篱坝或篱屏坝相似，有先在河床上打一排木桩或混凝土桩，桩头露出水面，网屏挂在桩上，这种坝称为桩网坝；另一种是只将桩头露出河底，或用坠体代替，把网屏下缘挂在其上，网屏上缘悬挂浮物，使网体漂浮在水中，称为浮网坝，如图 8-11 所示。

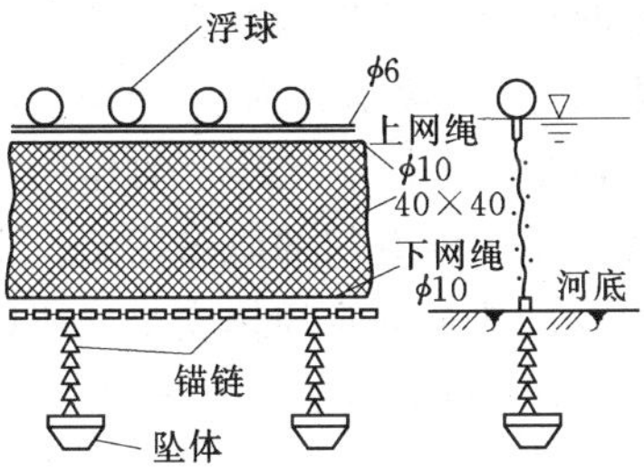

图 8-11　浮网坝示意图

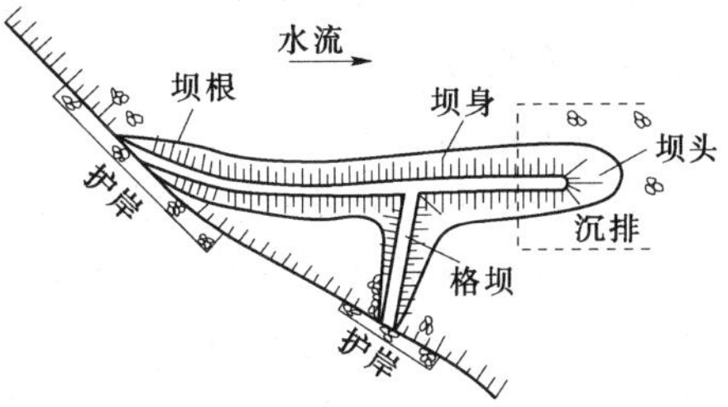

图 8-12　顺坝示意图

（三）顺坝工程

顺坝是一种纵向整治建筑物，由坝头、坝身和坝根三部分组成，如图 8-12 所示。坝身一般较长，与水流方向大致平行或有很小交角，沿整治线布置。顺坝具有束窄河槽、引导水流、调整岸线的作用，因此又称导流坝。其顺导效能主要决定于顺坝的位置、坝高、轴线方向与形状。较长的顺坝，平面上多呈微曲状。顺坝常布置在河道的过渡段、分汊河段、急弯以及河口段。

（四）锁坝工程

锁坝是堵塞串沟或支汊，以加强主流，增加航深的常用整治工程形式，其结构与丁坝

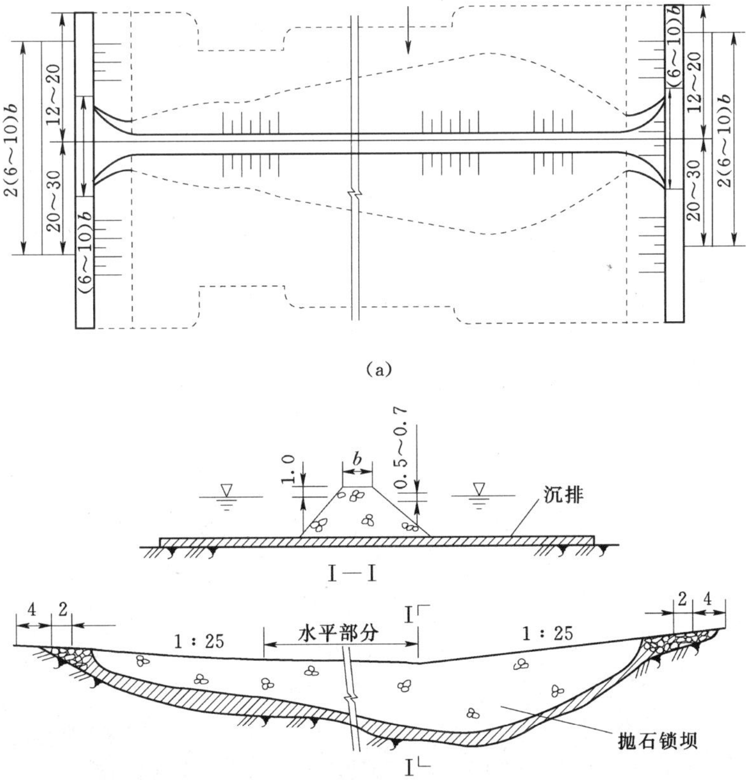

图 8-13　锁坝示意图（单位：m）

（a）平面；（b）剖面

相类似，如图 8-13 所示。考虑坝面在洪水时仍要溢流的特点，锁坝坝坡应适当放缓，且背水坡应缓于迎水坡。抛石锁坝的迎水坡边坡系数可取 1～2，背水坡为 1.5～3.0。其他结构的锁坝迎水坡 2.5～3.0，背水坡 3.0～5.0。锁坝在枯水期起塞支强干的作用，但对水流渗透无严格要求，故可由坝上游泥沙淤积自行封密，无需设专门的防渗措施。中高水位时，则与溢流坝堰相同，在坝下游可能发生较严重冲刷，甚至危及坝体安全，所以一般要有防冲护底措施。护底范围与坝高及河床组成有关。常用的沉排护底，超出坝脚的范围，上游约为坝高的 1.5 倍，下游则 3～5 倍。

第九章　生 态 水 利 工 程

在古代的水利工程建设中，也同时实现了水利功能和生态功能，如李冰父子修建都江堰工程时所体现的“天地人合一”的理念即为现在的生态水利的核心理念。中华人民共和国成立后，进行了大规模的大江大河整治、提高防洪能力建设，修建一大批大中型水电工程和农田水利工程等。水利工程的建设，改善了水利条件，发挥出巨大的防洪抗旱、灌溉、发电、航运、养殖等效益，使得水利成为农业的基础、国民经济的命脉，为提高人民的生活水平，奠定了坚实的基础。

但是随着人类对水资源需求的增加，工程规模越来越大，水利工程（特别是大型工程）极大地改变了当地原有水文特征、河流的自然状态、河道输沙动力、自然气候等自然因素，带来许多新的问题和很大的负面效应。如局部区域水循环系统的破坏、水土流失、气候改变、诱发地震、土地盐碱化以及其他一系列生态环境问题等，特别是在前些年不注重生态环境保护的工程建设时期，更在一定程度上造成了生态环境的破坏。一个相对稳定的生态环境需要长期的演变，水利工程的建设可能打破了其原有的平衡，若要再达到一个新的平衡，必将历经一个新的漫长演变过程。此演变过程期间的生态环境将处于不稳状态，或处于恶劣状态，变为不宜居或开发状态。如何进行水利工程的建设并实现水资源的可持续利用、保护生态环境、使水利建设走上一条良性循环整体发展的轨道，是水利专家学者关注的焦点。1979 年 11 月我国提出了从工程水利转变为环境水利的战略思想，1999 年刘昌明院士提出了生态水利概念并建议将生态水利和环境水利合并研究，2002 年董哲仁教授提出了生态水工学（人与自然和谐工程）的具体理论。目前水利工程建设已经逐渐细化为工程水利、资源水利、民生水利及生态水利等不同领域，生态水利更是逐渐成为如今水利工程建设的立足点，以水利工程建设对生态环境的影响作为评价准则，也是水利工程发展的一个重要方向。

本章将简要介绍生态环境系统基本概念、水利工程对生态环境的影响及生态水利工程技术等内容。

第一节　生 态 环 境 系 统

一、生态环境系统的组成及其结构

（一）生态系统和生态环境

所谓生态系统是指一定空间中的生物群落（动物、植物、微生物）与其无机环境组成的系统，其中各成员借助能量交换和物质循环形成一个有组织的功能复合体。生态系统的范围可大可小，相互交错，最大的生态系统是生物圈；最为复杂的生态系统是热带雨林生态系统，人类主要生活在以城市和农田为主的人工生态系统中。生态系统是开放系统，为了维系自身的稳定，生态系统需要不断输入能量，否则就有崩溃的危险；许多基础物质在生态系统中不断循环，其中碳循环与全球温室效应密切相关，生态系统是生态学领域的一个主要结构和功能单位，属于生态学研究的最高层次。

生态环境是指除环境污染之外的人类生存的环境。生态环境主要包括自然生态环境、农业环境、城市生态环境三部分。其中自然生态环境是基础，是主要部分；农业环境是半人工生态环境，是在自然环境的基础上经人类改造发展起来的；城市生态环境则主要是人类建设的产物。

水是生物群落生命的载体，又是能量流动和物质循环的介质。在陆地生态系统中，水的功能如同血液，而河流如同动脉。河流系统作为纽带，把人类社会与自然生态系统交织在一起。

（二）生态环境系统组成

1. 物质和能量的组成

自然生态环境是地球长期演化形成的。包括非生物因子和生物因子两类组成部分。非生物因子包括阳光、空气、岩石、矿物、土壤、河流、湖泊、湿地、地下水、海洋等；生物因子包括植物、动物和微生物。非生物因子组成岩石圈、大气圈和水圈，而生物因子则组成生物圈。

2. 化学组成

地球表层生态环境的化学组成中，氧、硅、铝、铁、钙、钠、钾、镁、氢、钛 10 种元素占 99%以上，其他 80 余种元素总计占不到 1%，且这种比例与人体的化学元素组成比例有明显相关性。

（三）生态环境系统结构

1. 岩石圈

岩石圈是指地壳以上地幔部分，由各种岩石组成，包括岩浆岩、沉积岩和变质岩。岩石圈中也包括含有的各种矿物。岩石圈的地表岩石经日晒、风吹、雨淋、水冲、冰冻、搬运等物理和化学作用风化破碎分解，再经生物作用形成土壤覆盖层。土壤也叫土壤圈。土壤是生物生息的基础，是无机物向有机物转化的关键环节。

2. 大气圈

大气圈是包围地球表面的气体圈层，其厚度达到数千公里。大气圈分为对流层、平流层、中间层和逸散层。平流层下部还存在薄薄的一层臭氧层。臭氧层的存在对地球上的生物免遭太阳光中的紫外线的照射及破坏起到了保护作用，被称为是“生命之伞”。大气圈主要是由氮气和氧气组成，还有少量的二氧化碳和不同含量的水蒸气。大气圈中的二氧化碳的含量虽然小，但作用很大，它可能阻止地球表面长波辐射的散失，对地球表层有增温作用。总之，大气圈的状况和运动对整个自然生态环境的影响巨大而深刻。

3. 水圈

地球表层各种形态的水的总和称之为水圈。水圈总量达 14 亿 km^3，覆盖地球表面 72%的面积，仅海洋就占地球表面 71%的面积。水圈中海洋占 97%的质量，陆地水仅占 3%的质量，其绝大部分是两极的冰盖。水圈的存在对自然生态环境中的物质与能量的运动与交换，对塑造地球表层的自然生态环境起到了重要作用，对生物形成与发展也起到了至关重要的作用。

4. 生物圈

生物圈是地球表层全部有机物与之相互作用的生存环境的整体。生物圈中的生物体包括植物、动物和微生物。生物圈是岩石圈、大气圈、水圈长期演化并相互作用的产物。同时，生物圈中的植物、动物、微生物岩石圈（主要是土壤），也给大气圈、水圈的组成和演化带来广泛而深刻的影响。生物圈是整个地球表层生态环境中最活跃、最敏感、最脆弱的部分。生态环境的破坏往往最先表现在生物圈，而生物圈的破坏又往往带来整个生态环境的破坏。可以说生物圈是生态环境的晴雨表。

二、我国生态环境系统的破坏

1. 森林破坏

近些年，我国的森林面积和覆盖率虽都有提高，森林覆盖率已达 20.36%（2008 年第七次全国森林资源清查结果），但是大面积的天然林被砍伐，森林的质量下降，其涵养水源、蓄水保土、防风固沙、净化空气、保护生物多样性等生态功能均已降低，毁林开荒、陡坡种植等加重了自然灾害造成的损失。1998 年长江大洪水的原因之一，就是长江上游天然林被大量砍伐，其涵养水源，调节河流流量的功能降低。

2. 水土流失日趋严重

全国水土流失面积已达 356 万 km^2（2006 年），约占国土面积的 37.1%。近年来许多地区水土流失面积、侵蚀强度、危害程度呈加剧趋势，全国平均每年新增水土流失面积约 1 万 hm^2。黄河每年泥沙达 15 亿 t，而长江的泥沙也在明显增加。

3. 土地荒漠化、沙化形势严峻

全国荒漠化土地面积 262.37 万 km^2（2009 年），沙化土地面积 173.11 万 km^2，分别占国土总面积的 27.33%和 18.03%。2009 年国家林业局监测表明，我国土地荒漠化和沙化整体得到初步遏制，荒漠化、沙化土地持续净减少，但局部地区仍在扩展，形势依然严峻。

4. 生物多样性受到破坏

我国已有 15%～20%的动植物物种受到威胁，高于世界其他国家。熊猫、丹顶鹤、东北虎、华南虎等珍稀动物受到严重威胁。

5. 水资源紧张，河道断流

我国人均水资源只占世界平均水平的 1/4，北京缺水更为严重，黄河从 20 世纪 70 年代开始断流，最多一年即 1997 年断流达 226d，断流长度达 700 多 km。

生态环境的破坏给国民经济和社会稳定带来极大危害，严重影响可持续发展。生态环境破坏首先是加剧落后地区的贫困程度；其次是加剧了经济和社会发展的压力；另外还造成自然灾害发生频率的增加和损失程度的增长。总之，生态环境破坏给我国造成的损失据专家估算，大约每年有数千亿元之多，影响是非常巨大的。

第二节　水利工程对生态环境的影响

水利建设的根本任务是减少水旱灾害，开发利用水资源，改善人们赖以生产和生活的环境条件。如防洪工程控制洪水泛滥，可以创造一个比较安全的环境；灌溉工程为干旱农田补充水源，可以使低产田获得丰收，荒地变成绿洲。但是如果水利工程处置不当，也会对生态环境产生不利的后果。如平原地区盲目蓄水，灌区只灌不排，会造成土地盐渍化、沼泽化；闸坝等拦河建筑物截断航道和鱼类洄游通道，会影响航运和水生物的繁衍。随着水利工程数量和规模的日益扩大，由水利工程引起的环境问题也成为人们关注的焦点。

一、水利工程对环境物理方面的影响

1. 修建水利工程能够调节径流，影响生态环境

建设水利工程可使水资源发生时空分布变化，有利于解除水旱灾害，解决用水的供需矛盾，创造水能利用的条件等。但拦蓄过量，下泄水量不适当地减少，就会引起一系列后果。例如，尼罗河上的埃及阿斯旺高坝，坝高 111m，总库容 1650 亿 m^3，1960 年动工，1970 年建成，投资 10 亿美元。阿斯旺高坝的建设，获得了巨大的灌溉、发电、防洪、航运、养殖等效益，但是由于规划设计时没有系统研究工程对环境生态的影响，也出现了一系列环境问题，如下游土壤有机物含量减少，肥力下降，需要购置大量化肥才能弥补；河口外海域内鱼类饵料减少，使海洋捕捞量特别是金枪鱼产量下降；下游三角洲地区海水倒灌，盐渍化现象加重，地下水质恶化；纳赛尔湖淤积泥沙增多；库周血吸虫病有所蔓延。故对此工程争议十分激烈。有人认为阿斯旺工程可视为“工程上的奇迹，生态上的灾难”。我国浙江省新安江水库，1968 年前因运行失调，水位消落过度，为恢复正常水位而减少发电任务使下泄流量锐减，导致杭州湾海水入侵，杭州市民吃咸水一个多月，杭州市两个水厂，含盐量分别达到 5.7%和 4%，6 天内杭州工业损失达 1000 万元，加上水质污染，对渔业和人民生活影响极大。

2. 土地淹没、浸没、塌岸、滑坡

水利工程的规模和运行方式，往往受淹没可利用土地及城镇、工矿迁移所制约，随着人口增长和土地资源不足，淹没、浸没日益被人们所重视。但塌岸、滑坡问题常常并不在蓄水后立即发生而被轻视。近些年，长江中下游堤防在枯水期常发生崩岸等灾害，这应该与长江的水文条件的变化有一定的关系。意大利著名的瓦依昂拱坝，因库区发生大滑坡（1963 年），在 30s 内，2.4 亿～3.0 亿 m^3 的土体突然塌入库内，下滑速度 28m/s，1.2 亿 m^3 库水有 1500 万 m^3 被抛向下游，越过坝顶 100 余 m，随之产生巨大的空气冲击波，气浪伴水随水流，冲入枢纽建筑物，破坏力极强，成为震惊世界的坝工失事事件。

3. 淤积、冲刷

淤积、冲刷包括库区泥沙淤积及河道冲淤变化。我国黄河三门峡水库，1960 年蓄水后库区迅速淤积，上游潼关段河床抬高，两岸土地浸没，盐碱沼泽化面积增加，严重威胁关中平原和西安市，后经改建并改变运用方式，耗资甚大，情况才有改善。水库控制径流后，泥沙沉积，清水下泄，使下游河床发生剧烈冲刷，切割很深，险工增加；若下游干支流泥沙较多时，下游河床又可能发生淤积。总之，冲淤变化会影响下游航运条件、桥梁基础、城乡建筑物、工农业及城市用水，甚至海洋环境的变化。

4. 沼泽化、盐渍化

库区周围和渠道两侧，因地下水位抬高，土地次生盐渍化，三门峡水库周围，面积达 30 余万亩；官厅水库亦出现沼泽化，果树死亡、房屋倒塌。后经改变运用方式兼做排水

工程始得解决。

5. 微气候变化

水库是人工湖泊，能调节气候，形成微气候变化。新安江水库 20 年实测资料，平均降雨减少 223mm，占 13%；丹江口水库距离库周 50km 范围内 31 个雨量站统计，水库南面降雨量增加 3%，北面减少 11%，说明降雨量在时空分布上均有变化。新安江水库冬天平均温度升高，夏天平均温度降低。建库前极端最低气温 −12℃，建库后为 −7.5℃；建库前极端最高气温 45℃，建库后为 41.8℃。建库后初霜期推迟，终霜期提前，无霜期比周围增长 33d，对农作物生长有利。

6. 水温变化

水库蓄水后，库内形成巨大水体，上层水体随气温变化较敏感，下层水温变化甚微，形成垂直方向上的温差，即水温分层。水库放出的水温直接关系到工农业生产，一般说作为工业冷却用水需要下层的低温水，而作为农作物的灌溉水则需要上层的温度较高的水，掌握了水温变化规律，可以通过调节取水口的高程加以解决。水温变化使水中化学变化加速，影响微生物的活动，也影响鱼类的孵化和繁殖。

7. 诱发地震

建库蓄水与该地区地震活动之间的关系，一直受人们的关注。我国广东省新丰江水库，建库前当地无破坏性地震记载，但蓄水后地震频繁，且随库水位升高而加剧，其中最大一次震级为 6.1 级。初步研究认为是由于蓄水后带有缝隙的花岗岩体中渗透压力激增，结构面的抗剪力下降，小缝隙发展扩大，导致地质结构应力重新调整，诱发了地震。目前世界上已记录到的最大水库诱发地震为 6.5 级，1967 年 12 月发生在印度柯依纳水库。

8. 水资源开发过度

近年来随着用水日趋紧张，水资源过度开发引发许多生态环境问题。地表水过度开采引发的最严重的生态环境问题是江河断流、湖泊干涸。黄河是我们的母亲河，它的断流不仅影响了生态和经济发展，而且曾在国内外产生巨大的反响。据统计 2000 年河流断流数为 60 条，断流河流的总长度占河流总长度的 35%。地下水的过度利用，也引发了系列的生态环境问题。根据统计，全国累计超采地下水 1531 亿 m^3，其中北方地区超采严重，海河流域地下水超采面积占海河区平原面积的 91%。地下水超采引发的生态环境问题包括地面沉降、裂缝、塌陷、海水入侵以及植被的大面积死亡。全国沉降面积 6 万 km^2，地面塌陷 2500 处，裂缝 6000 条，其中 30% 由地下水超采引起，一些地区因超采地下水导致植被死亡，特别是一些沙漠地区更加明显。

9. 其他

如防洪措施中广泛修筑堤防工程，虽可减免两岸灾害，但降低了天然河道的行洪能力，抬高了洪水位，增加了下游的洪水威胁。又如拦河建闸控制了河道基流利用，但对下游稀释污水不利，也影响冲淤能力，如浙江镇海港是新建重要港口，原设计停泊万吨级货轮，因港区淤积严重，虽经开挖，仅能勉强通过 5000t 级轮船。

二、水利工程对环境化学方面的影响

1. 水质

水库通过物理的沉淀作用将水澄清，使用户得到水质良好的清水，只要上游无污染源，水库水质优于天然江河。而蓄水初期，库内动植物遗体、有机物、化学元素都会影响水质。运行若干年后，影响逐渐减弱并趋于稳定。但近些年，随着农药、化肥等大量使用，使得不易降解的一些残留物长期存留于流速较小的水体，使得其氨氮等指标超标。

2. 微生物活动

水库水质是微生物活动主要的和不可缺少的根源，由于水温分层等原因，蓄水后产生破坏性浮游植物或各种藻类，增大了水的侵蚀性。如西非和中非曾进行一系列研究，通过对象牙海岸一座坝的大量观测表明，厌气菌和好气菌的微生物活动起着硫化还原和磺胺氧化的作用，使这座坝的金属部件发生腐蚀，放出大量硫化氢。

3. 溶解氧（DO）

水温分层对溶解氧影响甚大，并间接使水质的其他参数发生变化。分层特性使库下冷水层与库区温水层和大气隔开，库面温水层通过水面通气和光合作用保持高溶解氧水平，而库下低温层则出现严重缺氧现象。泄放低溶解氧的水，对人类生活和水生生物都不利。

三、水利工程对环境生物方面的影响

1. 森林

建库蓄水将淹没库区森林，当地建筑材料采取也会破坏植被，加之施工期临时设施和燃料的需要而造成不适当的砍伐，都会影响森林资源。此外，以往水利工程兴建，对林木的过坝设施重视不够，造成放木运输的困难。

2. 鱼类

水库形成后，水面扩展，水体透明度增大，光能可以透入，适于水生生物繁衍。蓄水初期，有机碎屑增加，更为鱼类提供了丰富的饵料，促使贫营养型的库区富化，从而提高鱼的初级生产能力和鱼产卵的能力，库内水体流速低，亦可提高捕获率。水库建成后在一定程度上为发展渔业创造了有利条件。如丹江口水库，鱼的年产量比建坝前提高约 10 倍。但水利工程对渔业资源的不利影响也是不容忽视的，主要存在以下几个方面：

（1）原江河中的洄游性鱼类受大坝阻隔，影响洄游产卵，有的工程即使设置了过鱼通道（如鱼梯、鱼道、升鱼机），因对鱼种习性缺乏研究，也会对鱼类生存产生威胁。葛洲坝工程修建后，为保护珍贵洄游性鱼类中华鲟，引起了广泛的争论。

（2）喜流水性的鱼类因环境条件改变，发展受抑，有的漂流性卵因流程短而孵化率低，有的因水位变动大，鱼卵裸露受曝晒而死亡。

（3）坝下河段，下泄水量的水温对渔业影响较大，泄放表层水温高的水有利孵化。反之，泄放深层缺氧的低温水，会引起一定河段产卵场消失、下移，繁殖季节推迟。

（4）江河入海口常因其特有的水流、泥沙条件而形成渔场，若上游拦蓄过度，入海流量、沙量锐减，就会使鱼减产。

（5）高坝泄流会引起水体中氮、氧过饱和，鱼类生活在过饱和的水体中，氮溶化在鱼体血液中，还原为气态（俗称气泡病），造成鱼生理失调而死亡。

3. 鸟类及其他野生动物

水库的存在，为鸟类栖息和繁殖、生长提供了良好的条件。鸟类品种和数量都会显著增加，鸟类增加，又会抑制森林的虫害。但水库回水又将淹没某些野生动物繁殖、栖息、生长的场所，或是由于地下水位抬高，土地盐碱化、潜育化而使植物枯竭，而这些植物正是野生生物的越冬饲料。特别要关注珍贵野生动物和鸟类的影响。美国加利福尼亚州夏斯塔工程，原坝高184m，要求加高60m，灌溉3000万亩耕地，因库区范围内有几只珍贵的秃头鸿因建坝而需迁移栖息地，各有关部门提出很多方案进行研究。

4. 虫类

水库湖泊，杂草丛生，适于疟蚊滋生。热带、亚热带地区，低洼沼泽条件更是血吸虫中间宿体钉螺繁殖的良好环境。丹江口水库主要是中华按蚊，建库后库区郧阳地区原虫率由1.34%上升至3.78%，发病率由1.3%上升到7.6%。为防止南水北调工程使该处钉螺北移，进行了实验和调查研究。成果表明：北纬33°15′以北地区不适宜钉螺成活；北纬33°15′以北靠南的新沂到宝应一带，也不适宜钉螺增殖，故钉螺北移形成新的分布区是受到限制的。

四、水利工程对社会环境方面的影响

1. 人口迁移

人工湖泊形成，会引起居民、工矿企业的迁移，名胜古迹、文物的淹没或搬迁，由于影响重大，在相当程度上控制着水利工程的规模和运用方式。长江三峡工程的建设移民达130万人。

2. 疾病

水利工程修建后，通过水体流动，会使病菌、病毒及其他病媒介转移或蔓延值得研究，水体中的有机污染物迁移会成为异地致病致癌的因子。

3. 噪声、飞尘及施工期对下游环境的污染

葛洲坝工程建设期间，施工机械化程度高，大型载重汽车剧增，噪声污染不断扩大。葛洲坝所在工区，最大车流量为554辆/h，等效声级为92.4dB。此外，由于施工因素使降尘和飘尘污染日趋严重，土石方开挖、围堰修筑、弃渣、油料和化工品等，都使下游河道污染加剧，混浊度提高，危及人民身体健康和日常生活。

4. 旅游、景观

人工湖泊的出现为大自然增添了景色，若能注意建筑物的艺术造型，将形成和谐的景观，成为旅游胜地。反之，水质污染严重，库区水土流失严重，则荒凉难堪。

第三节　生态水利工程技术

生态水利工程技术是基于生态环境保护和建设目的的水利工程技术，具体是指人类基于对生态系统的认知，为实现生物多样性保护、物理条件的稳定及可持续发展，所采取的以生态为基础、安全为导向、维持和改善生态系统的水利工程的总称，包括生态调水、补水、涵养水工程，生态整治、修复、保护等工程。下面简要介绍河流生态补水工程概念、生态护坡工程和水坝鱼道工程。

一、河流生态补水工程

为保障河道生态系统健康及其水沙平衡、水盐平衡和河口地区生态环境平衡所需要维持的河流流量可称为河道生态需水量，实际河道使用的水量可称为生态用水量，当需水量不足时需要实施生态调水补水工程。

长期以来，由于人们认识上的缺陷，未能正确认识水资源开发利用与生态环境演变的内在联系，受经济利益的驱动，加之缺乏正确的生态价值观的指导，使得人类在各项生产活动中过多偏重了直接经济利益的获取，忽视了生态系统的保护。这样，在对水资源的使用过程中，形成了城市用水和工业用水挤占农业用水、农业用水挤占生态用水的格局，导致生态用水严重不足，出现了大面积水土流失、水生生态失衡、生物多样性丧失、生态系统功能降低等一系列生态环境问题。20世纪40年代，国外开始关注河流鱼类、野生动植物等的需水问题，并提出了河流最小环境（或生物）流量等概念。历经70多年的发展，人类对生态用水、需水的研究更加深入，寻找出了一些河流生态治理的具体措施，其中针对生态需水不足的河流，提出了生态调水、补水工程，当自身河道来水不能满足最小生态需水要求时需实施调水、补水。

目前，在我国已实施多项生态调水、补水工程，如引黄济淀工程、淮河南四湖应急生态补水工程等，其中南水北调工程也是一个巨大的生态调水、补水工程。

二、生态护坡工程

生态护坡工程技术是以工程建设和环境保护为目的，通过人工、复合材料网、基质材料与植被的共同作用，对河湖堤岸、路基、山体、陡坡等坡面进行防护，以防止或治理水土流失、坍塌、掉块、滑坡等灾害，同时也为水生和岸坡生物提供一定的生存环境。如附图15所示。生态护坡工程适用于水利、市政、公路、铁路、矿区及土质边坡、滑坡等地区的岸坡防护，其特点在于“生态修复”，在边坡整体稳定的前提下，结合地方生态条件，通过地下根系对岩土的生物锚固作用，进行斜坡表层和浅表层稳定，防止坡面灾害、水土流失，从而达到延长建设工程使用寿命，迅速进行工程创伤的恢复，形成与周围生态环境相协调的持久性绿化边坡。生态防护工程技术已成为我国山区交通、城市建设和房地产开发景观打造的重要工程项目。

（一）生态护坡的内涵

生态护坡属于景观再造工程，本着维系生态平衡的原则，对修路、开发护面等对地面和地形造成的“创伤”，用植物进行生态护坡，即可以有效地防止塌方、减少水土流失等造成的损失；从景观角度来说，生态护坡也能从美学方面对丑陋的地形进行绿化美化，从而更具生态景观效果。

生态护坡应该包括两方面的含义，首先是护坡，其次是生态，其具体内涵为：

(1) 首先在满足行洪排涝要求的基础上，保证岸坡的稳定，防止水土流失。

(2) 生态护坡是开放式的系统，它是与周围生态系统密切联系的，不断与周围生态系统进行物质交换。

(3) 生态护坡是动态平衡的系统，系统内的生物之间存在着复杂的食物链，它们互为食物，保持着系统的动态平衡。

(4) 生态护坡是动力式的系统，它与水流之间是相互作用的，水流对岸坡有冲刷作用，岸坡对水流有阻碍作用，岸坡生态系统是地表水与地下水交换的媒介。

(5) 生态护坡是整个生态系统（包括自然生态系统和社会生态系统）的一个子系统，它与其他生态系统之间是相互协调、协同发展的，它的生态功能好坏直接影响其他生态子系统功能的发挥，甚至还会破坏其他生态系统。

（6）生态护坡是可持续发展的系统。

（二）生态护坡设计原则

在保证岸坡稳定和满足行洪要求的基础上，河道生态护坡是一个与周围环境相互协调、协同发展，保证社会、经济可持续发展的开放性的生态系统。生态护坡涉及的范围、因素较多，在设计时应综合考虑各方面的因素，在满足岸坡稳定的前提下，以维持物种多样性、减少对资源的剥夺、保持营养和水循环、维持植物生存环境和动物栖息地的质量、有助于改善人居环境及生态系统的健康为总体原则。

1. 稳定性原则

护坡的设计首先应满足岸坡稳定的要求。岸坡的不稳定性因素主要有：①由于岸坡面逐步冲刷引起的不稳定；②由于表层土滑动破坏引起的不稳定；③由于深层滑动引起的不稳定。因此，应对影响岸坡稳定的水力参数和土工技术参数进行研究，从而实现对防护的水力稳定性设计。

2. 生态原则

生态护坡设计应与生态过程相协调，尽量使其对环境的破坏影响达到最小。这种协调意味着设计应以尊重物种多样性、减少对资源的剥夺、保持营养和水循环、维持植物生存环境和动物栖息地的质量、有助于改善人居环境及生态系统的健康为总体原则。

（三）生态护坡技术

1. 土工合成材料生态护坡技术

20 世纪 80 年代后期，国外开始将土工合成材料引入边坡防护中，作为抗冲刷、加固植草坡面的一种有效措施。采用土工合成材料进行边坡防护，既克服了植物生长初期易被雨水冲刷的缺陷，同时在植物成长以后，其发达的根系与土工合成材料及边坡浅土层形成一个牢固的加筋复合整体，大大缓解了水流流速，避免了地表直接受水冲击，长期有效地防止边坡被雨水冲毁。采用土工合成材料进行边坡绿化防护，工程造价低廉，经济可靠，具有积极的环保作用。国内从 20 世纪 90 年代末开始，将土工合成材料应用于边坡防护工程，并取得了良好的效果。

可应用于边坡生态防护的土工合成材料有土工格网、土工格栅、三维植被网及土工格室等，见图 9－1。

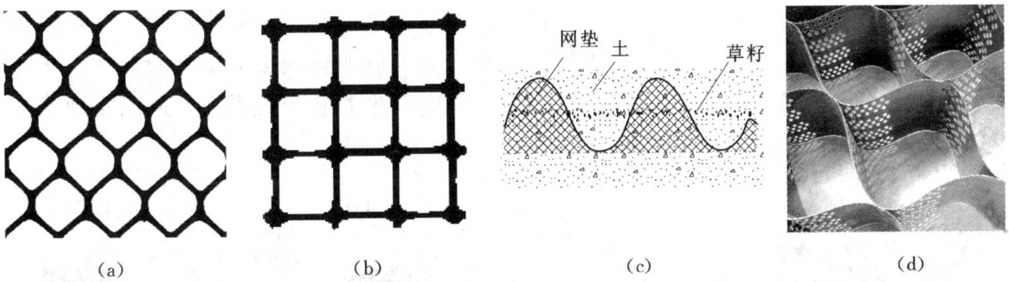

图 9－1　土工合成材料

（a）土工格网；（b）土工格栅；（c）三维植被网；（d）土工格室

（1）土工格网。土工格网是采用聚乙烯材料经连续挤压而成型的一种聚合物格网，国外在土建工程中使用已有 30 余年，我国大规模应用则是近些年的事。一般土工格网产品具有强度较高，纵、横向强度均匀，尺寸稳定性能好，耐老化腐蚀，对大气、土壤中的微生物呈惰性，可防止细菌、霉菌的侵蚀，露天可使用15年以上等特点。

（2）土工格栅。土工格栅是经一次挤压成型的非编织整体网格结构，它不存在焊接或编织点薄弱环节，具有高抗拉强度、低应变、小徐变量的力学特性。此外，土工格栅还具有抗生物、化学、紫外线腐蚀等良好的生化特性，耐久性好。

土工格网和土工格栅均是平面网状结构。这种网格类产品的网眼能使其与周围土体之间存在可靠的相互作用，土颗粒夹挤在土工格网（格栅）孔隙内形成机械咬合，制约着颗粒材料的移动，颗粒材料嵌实在网格中，处于相对稳定状态，为植物生长提供了基本条件。在护坡工程中，对土工格栅或土工格网的强度要求并不高，目前材料的强度一般均能满足边坡植草的要求。

（3）三维植被网。三维植被网是以热塑性树脂为原料，采用科学配方，经挤压、拉伸焊接、收缩等一系列工艺制成的两层或多层表面呈凸凹不平网袋状的层状结构网。其底层为采用双向拉伸技术形成的高模量基础层，具有一定强度，并能有效防止水土流失。其表层为一个起泡层，蓬松的网袋内有较大的容土空间。利用土工网垫结合喷播植草，植物的根系可从整个土工网垫中均匀穿过，深入地下0.5～2m，植被、网垫和泥土三者形成牢固的复合力学嵌锁体系，具有较好的柔性，当边坡出现沉降时可随之沉降，是一种永久性的边坡防护方式。这种三维结构保证了草籽更好地与土壤结合，在边坡防护中使用能有效地保护坡面不受风、雨、洪水的侵蚀。

（4）土工格室。土工格室是以聚丙烯为基材加入多种高分子材料共混改性，并添加多种助剂如抗氧剂、光稳定剂、成核剂、加工助剂等改性助剂的片材，经高强力焊接而成的一种三维立体型蜂窝结构。

2. 植被混凝土生态护坡技术

植被混凝土是一种护坡新型植物生长基材，由砂壤土、水泥、有机质、植被混凝土绿化添加剂、缓释肥、腐殖质、保水剂、混合植绿物种等组成，由此制成的混凝土预制件具有一定的强度，能抵御强暴雨和流水的冲刷。植被混凝土生态护坡技术就是采用特定的植被混凝土配方和种子配方，对各种类型的硬质边坡、坡度大于45°的各种高陡边坡以及受水流冲刷较为严重的坡体进行生态防护的新技术。其技术核心中关键的技术是生态混凝土预制件适当加入混凝土绿化添加剂，它不仅可以增加植被混凝土中的水泥用量，增强护坡强度和抗冲刷能力，而且使植被混凝土层不龟裂，又可以改善植被混凝土的物理、化学特性，营造较好的植物生长环境，兼顾了物理力学功能及生态和景观需求，从而实现了真正意义上的生态护坡。如图9-2所示。

图9-2 植被混凝土生态护坡示意图

3. 抛石护坡技术

抛石护坡技术在国内外河道整治工程中应用非常广泛。在河岸抛石并结合植被种植，不但可以加固河岸，防止冲刷，而且改善了河岸栖息地。抛石中的石头粒径和级配必须满足一定要求，还应在抛石结构底部设置碎石或土工布反滤层，以达到促淤效果，为植物生长创造必要的基础条件。在块石间隙扦插活枝条和木桩，或在水流相对平缓的区域内将大型树木残骸规则地放置在块石之间，也可以依赖自然修复力，在抛石缝隙形成野生植被。

抛石护坡技术施工简单，块石适应性强，已抛块石对河道岸坡和河床的后期变形可自我调整。块石有很高的水力糙率，可减小波浪的水流作用，保护河岸土体抵御冲刷侵蚀。但在水流长期作用下，部分石块会逐渐消失，因而需要进行经常性地维护加固。如果在抛石底部设置碎石或反滤层，则可有效解决土体侵蚀和块石流失问题。

块石空隙可为鱼类和其他野生动物提供多样性的栖息地环境，活枝条生长后形成的植被即可消散能量、减缓流速、促进携营养的泥沙淤积，也可为野生动物提供产卵环境、遮荫和落叶食物，同时也是河流的一个营养物输入途径，还可以形成天然景观，提升岸坡的整体美学价值。

4. 生态袋柔性护坡技术

生态袋柔性护坡是最近些年在国内运用的一种护坡形式（见图 9-3）。在河岸沿边坡铺设内装有土的生态袋，用连接扣将生态袋连接起来。该生态袋具有透水不透土的功能，既能防止袋内填充物（土壤及营养材料混合物）流失，又能实现水分在土壤中的正常交流，植物生长所需的水分得到了有效的保持和及时的补充，对植物友善，植物能通过袋体自由生长。根系进入工程基础土壤中，形成袋体与主体坡面间的再次稳固作用，时间越长，越加牢固，更进一步实现了建造稳定性永久边坡的目的，大大降低了边坡防护的维护费用。该袋由聚丙烯及一系列辅料复合材料制成，具有抗紫外，抗老化、无毒、不助燃、裂口不延伸的特点。生态袋植被绿化可采用喷播（客土喷播）、混播（拌种）、插播（扦插）、铺种草皮、围坑栽植、压播、植生带覆盖等方法。该护坡技术具有生态、环保、美观、植被选择可多样化、自身稳定性好、协调变形能力强、施工简单、快捷、方便等优点。

图 9-3　生态袋柔性护坡

5. 生态砖和鱼巢护坡技术

生态砖是由水泥和粗骨料胶结而成的无砂大孔隙混凝土制成的块体，并在块体空隙中充填腐殖土、种子、缓释肥料和保水剂等混合材料，粗骨料可以选用碎石、卵石、碎砖块、碎混凝土块等材料，水泥通常采用普通硅酸盐水泥。生态砖的抗压强度主要取决于灰骨比、骨料种类、粒径、振捣程度等，一般在 6.0～15.0MPa。如果在冬期进行施工，可适当加入早强剂。生态砖岸坡防护块结构，具有多孔透水性，适合植物生长发育。

鱼巢砖由普通混凝土制成，从鱼类产卵发育需求出发，在其底部可充填少量卵石、棕椆皮等，以作为鱼卵的载体。鱼巢砖上下可以咬合，从而可排列成一个整体。前、左、右三个面留有进口，顶部敞开。

生态砖和鱼巢砖具有类似的结构形式，常组合应用，适用于水流冲刷严重，水位变动频繁，而且稳定性要求较高的河段和特殊结构的防护，如桥墩处和景观要求较高的城市河流的岸坡防护。它不仅有助于抵御河道岸坡侵蚀，而且还能够为鱼类提供产卵栖息地。植物根系通过砖块孔隙扎根到土体中，能提高土体整体稳定性。在加固岸坡的同时，还兼有形成自然景观，为野生动物提供栖息地的功能，如图 9-4 所示。

图 9-4 生态砖和鱼巢护坡

三、水坝中的鱼道

河流是生态系统物质流、能量流和信息流的载体。河流的连续性，不仅包括水流的水文连续性，还包括营养物质输移的连续性、生物群落的连续性和信息流的连续性。水坝将河流拦腰斩断，形成了河流的非连续性特性，改变了河流的连续性规律。国内外一些大坝工程运行监测资料表明，筑坝可能导致河流生态系统不同程度的退化。筑坝以后给洄游鱼类造成了难以逾越的障碍。如果没有建设适合鱼类习性的鱼道，对某些濒危的洄游鱼类将是致命的打击。水利枢纽中的过鱼建筑物或过鱼设施主要有鱼道、鱼闸、升鱼机和集运渔船等。鱼道较其他类型的过鱼设施具有以下特点：鱼类通过低水头的鱼道上溯后，一般不会受到伤害，对鱼的性腺发育不会产生不良影响；过鱼能力大，可以连续过鱼，保障鱼类及时过坝；沟通和恢复了坝上、下水系中鱼类的联系，在适宜条件下，某些其他水生生物也可以通过鱼道，这对维护原有的生态系统平衡起到一定的作用。其缺点是：同鱼闸和机械升鱼机相比，一次性投资大，占地面积也较大，施工较复杂。

鱼道由进口、槽身、出口及诱鱼补水系统等几部分组成，鱼道进口及厂房集鱼系统布置形式如图 9-5 所示。诱鱼补水系统的作用是利用鱼类逆水而游的习性，用水流来引诱鱼类进入鱼道，也可以根据不同鱼类特性利用光线、电流等方式对鱼类施加刺激，使其进入鱼道。鱼道按其结构形式可分为以下几类。

1. 槽式鱼道

槽式鱼道又可分为简单槽式鱼道和丹尼尔式鱼道。简单槽式鱼道为一条连接上下游的水巢，其中不设任何消能设施，仅靠延长水流途径和槽周糙率来消能。此种类型的鱼道坡度很缓，只能用于水头小且通过的鱼类逆水游动能力强的情况。丹尼尔式鱼道为比利时工程师丹尼尔首创，是一条加糙的水槽，在槽壁和槽底设有间距很密的阻板和砥坎，水流通

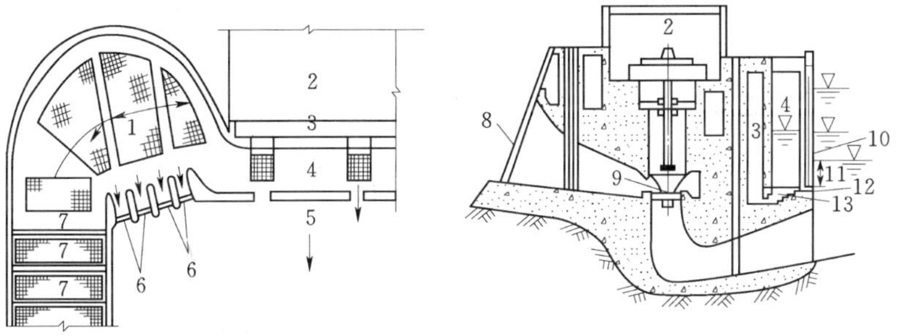

图 9-5　鱼道进口及厂房集鱼系统布置示意图

1—扩散室；2—厂房；3—补水渠；4—集鱼渠；5—电站尾水；6—调节堰和主进口；7—堰；8—拦污栅；9—水轮机；10—可调节堰；11—最少为 1.8m；12—格栅；13—扩散室

过时，形成反向的水柱冲击主流。

2. 池式鱼道

池式鱼道由一连串连接上下游的水池组成，水池之间用底坡较陡的短渠道连接，一般都是绕岸开挖而成。这种鱼道较接近天然河道，鱼类在池中的休息条件良好。这种鱼道适用于水头小，平面上所占的位置较大，必须有合适的地形和地质条件，以免因土方工程量过大而造成过大的经济损失。

3. 梯级鱼道

梯级鱼道又称作横隔板式鱼道，此种类型的鱼道是利用横隔板将鱼道上下游的总水位差分成许多阶梯，并利用水垫、沿程摩阻及水流对冲、扩散来消能，以达到改善流态、降低过鱼孔流速的要求。这种鱼道水流条件较好，适应水头较大，结构简单，施工方便，故应用较多。

第十章　水利水电工程勘测、设计、施工和管理

第一节　水利水电工程建设程序

水利水电工程建设，工程投资大，建设周期长，需国民经济各方面协作配合的环节多，影响面广，系统性强，必须严格按基本建设程序分阶段进行，可分为项目建议书、可行性研究报告、初步设计、施工准备、建设实施、生产准备、竣工验收、后评价等阶段。一般情况下，项目建议书、可行性研究报告、初步设计称为前期工作。水利工程建设项目的实施，必须通过基本建设程序立项。水利工程建设项目的立项报告要根据国家的有关政策，已批准的江河流域综合治理规划、专业规划、水利发展中长期规划。立项过程包括项目建议书和可行性研究报告阶段。根据目前管理现状，项目建议书、可行性研究报告、初步设计由水行政主管部门或项目法人组织编制。

水利工程建设程序中各阶段的工作要求如下。

1. 项目建议书阶段

项目建议书应根据国民经济和社会发展规划、流域综合规划、区域综合规划、专业规划，按照国家产业政策和国家有关投资建设方针进行编制，是对拟建设项目提出的初步说明。项目建议书编制应当委托有相应资格的工程咨询或设计单位承担。

2. 可行性研究报告阶段

根据批准的项目建议书，可行性研究报告应对项目进行方案比较，对技术上是否可行和经济上是否合理进行充分的科学分析和论证。经过批准的可行性研究报告，是项目决策和进行初步设计的依据。可行性研究报告编制应当委托有相应资质的工程咨询或设计单位承担。可行性研究报告经批准后，不得随意修改或变更。

3. 初步设计阶段

初步设计是根据批准的可行性研究报告和必要而准确的勘察设计资料，对设计对象进行通盘研究，进一步阐明拟建工程在技术上的可行性和经济上的合理性，确定项目的各项基本技术参数，编制项目的总概算。初步设计报告经批准后，主要内容不得随意修改或变更。初步设计任务应选择有相应资格的设计单位承担。

4. 施工准备阶段

项目在开工建设之前要切实做好各项准备工作，主要内容有：征地、拆迁和场地平整；完成施工用水、电、路等工程；组织设备、材料订货；准备必要的施工图纸；组织施工招标投标，择优选定施工单位。

5. 建设实施阶段

这一阶段是指主体工程的建设实施，项目法人按照批准的建设文件，组织工程建设，

保证项目建设目标的实现。该阶段是投资项目实体的形成阶段，也是各阶段中消耗投资额最大的一个阶段。

6. 生产准备（运行准备）阶段

生产准备（运行准备）指为工程建设项目投入运行前所进行的准备工作，完成生产准备（运行准备）是工程由建设转入生产（运行）的必要条件。项目法人应按照建管结合和项目法人责任制的要求，适时做好有关生产准备（运行准备）工作。

7. 竣工验收阶段

竣工验收是工程完成建设目标的标志，是全面考核建设成果、检验设计和工程质量的重要步骤。竣工验收合格的工程建设项目即可以从基本建设转入生产（运行）。

8. 后评价阶段

工程建设项目竣工验收后，一般经过1～2年生产（运行）后，要进行一次系统的项目后评价，主要内容包括影响评价、经济效益评价和过程评价。通过建设项目后评价可以达到肯定成绩、总结经验、研究问题、吸取教训、提出建议、改进工作、不断提高项目决策水平和投资效果的目的。

第二节　水利水电工程勘测

在进行规划设计之前，为了使规划设计符合当地的实际情况，必须进行在工作范围和精度上与设计阶段要求相适应的勘测调查工作，以便为工程设计提供可靠的依据。

水利水电工程勘测工作的主要内容有如下几方面。

一、社会经济调查

社会经济情况调查包括：

（1）当地国民经济建设和工农业生产的现状、近期及远景规划。

（2）当地水旱灾害情况、范围、程度、原因、发生的频率和每次延续的时间。

（3）灌区的分布及用水要求。

（4）供电对象的分布及主要用电用户的要求，相邻电网的有关情况。

（5）航运、过木、水产养殖等部门综合利用水资源的要求。

（6）水库淹没范围内村庄、人口、房屋、耕地、道路桥梁、工矿企业、文物古迹和森林资源等，并应分别按高程做出统计。

（7）现有交通路线与工地联系情况。

（8）建筑材料、电力、用水等的来源和供应能力；施工单位的可能人数、技术水平；施工场地、临时交通、临时建筑物和施工管理系统。

二、地形测量

水利水电工程建设的每一个阶段都需要不同比例尺的地形图和纵横断面图，以便正确地指定出建筑物的平面位置和高程，计算工程量。

（1）流域地形图。流域地形图用以推算流域集水面积、河流长度及河床坡度等，并据以计算河流的来水量、来沙量和可能出现的各级洪水。流域地形图可利用测绘部门现成的1：50000或1：100000的地形图。

（2）库区地形图。库区地形图是用以计算不同的水位时的库容和水面面积，并由此绘出水位库容曲线和水位面积曲线。库区地形图还可以用作库区地质填图。库区地形图一般可采用1：5000或1：10000的比例尺。

（3）坝址区地形图。坝址地形图可用作坝址地区的地质填图，可用来进行枢纽布置和施工总平面布置。地形图的比例尺，在比较坝段可采用1：5000，在选定坝段可采用1：500或1：1000。

（4）电站厂房区地形图。当电站厂房远离坝址区时，还需测绘电站厂房区地形图，以便布置电站厂区枢纽，其比例尺可用1：200～1：1000，视精度要求而定。

（5）料场地形图。料场地形图是用以计算材料的储量和料场布置，其比例尺可以根据精度要求和料场面积大小，采用1：1000、1：2000或1：5000的布置图。

三、水文调查

（1）径流资料。调查收集工程所在地区多年平均降水量、多年平均径流深、年径流系数以及年蒸发量，作为计算兴利库容和水库调节计算的依据。

（2）泥沙资料。调查收集工程所在河流多年平均含沙量、输沙率，作为计算水库死库容的依据。

（3）洪水资料。调查了解历史上洪水发生的情况，搜集实测洪水的流量过程线，作为设计泄洪建筑物的资料。

在搜集上述水文资料的同时，还应搜集气温、冰冻、湿度、风向和风速等气象资料。

四、地质勘测

地质勘测包括水文地质勘测和工程地质勘测两方面。

水文地质勘测的任务是了解工程建设地区的水文地质条件。如透水层与不透水层的分布情况，地下水的水位、流量、流速及化学成分，地基的渗透系数等，作为正确选择坝址和其他建筑物地址的依据；查明影响建筑物稳定和坝基以及坝肩渗漏的条件，从而提供加固和防渗处理的地质资料。

工程地质勘测的任务是了解工程建设地区的工程地质条件，即库区及枢纽附近的岩层分布情况，地质年代及地质构造；岩石或土壤的物理力学性质，如岩石的岩性及容重、强度、弹性模量、摩擦系数，土壤的容重、孔隙比、天然含水量、粒径级配、渗透系数等；地形、地貌、覆盖层的地形及地质性质等。

第三节　水利水电工程设计

工程设计一般包括可行性研究、勘察、总体规划设计、初步设计、技术设计、施工图设计等阶段，各阶段设计内容和深度可根据实际情况适当调整。国家投资的项目还要求作设计概算。上述阶段一般均由国家赋予设计资格的设计院（勘察院）承担。

水利水电工程的设计包括坝址和坝型选择、枢纽布置及各水工建筑物设计等。

一、坝址和坝型选择

选择合适的坝址、坝型和枢纽布置是进行水利水电工程设计的重要工作。在流域规划阶段，根据综合利用要求，结合河道地形、地质等的调查和判断，初选几个可能筑坝的坝段，经过对各坝段和坝轴线的综合比较，选择一个最有利的坝段和较好的坝轴线，并进行枢纽布置；在初步设计阶段，通过一系列的方案比较，选出最有利的坝轴线，确定坝型及其他建筑物型式并进行枢纽布置；在技术设计阶段，随着地质资料和试验资料的进一步深入和完善，对确定的坝轴线、坝型及枢纽布置方案作出最后的补充、修改和定案。

坝址、坝型选择和枢纽布置是相互联系的。不同的坝轴线适于选用不同的坝型和枢纽布置，而同一坝轴线上又可以有几种不同的坝型和枢纽布置方案。因此，在许多方案中要优选出最佳方案，必须做大量深入细致的工作，不仅需要坝址及其周围的自然条件，而且还要考虑枢纽及其建筑物的施工条件、运行条件、综合效益、发展远景和投资指标等，必须全面论证，综合比较，在错综复杂的事物中抓住主要矛盾，才能作出正确的决策。

在选择坝址和坝型时，需要考虑以下几个方面。

1. 地质条件

地质条件是很重要的，在某些情况下甚至起决定性的作用。理想的地质条件是：地基是坚硬完整的岩基，没有大的断层、破碎带。但实际上这样的天然地基是很少见的，坝址地质总是存在不同的缺陷，因此，必须把坝址附近的地质情况了解清楚，做出正确的评价，制定出妥善的处理措施，以满足工程要求。

不同的坝型和坝高对坝基地质有不同的要求，拱坝对两岸、坝基要求最高；连拱坝对坝基的要求也高；大头坝、平板坝、重力坝次之；土石坝要求最低。

在岩石比较破碎，强度较低，存在断层、构造裂隙、溶洞等的地基上筑坝要进行充分的论证。

天然地基是多种多样的，选择坝址时，应从实际出发，针对不同的情况，采取不同的处理办法。

2. 地形条件

不同坝型对地形条件的要求也是不同的。拱坝要求河谷条件越狭窄越好，以充分发挥拱的作用；土石坝则要求地形在坝址附近两岸有地势较低的垭口，以便布置溢洪道。

一般来说，坝址选择在河谷的狭窄段，坝轴线较短，有利于降低坝的造价和工程量，但有时还要结合其他条件全面考虑，如泄水建筑物的布置、施工导流条件、施工场地布置和电站厂房枢纽布置等因素。

地形是多种多样的，选择坝型时，也要具体情况具体分析，以便优选出最佳方案。

3. 建筑材料

坝址附近应有足够数量的且符合质量要求的建筑材料。采用混凝土坝时，应能在坝址附近采到良好的骨料；采用土石坝时，应在距坝址不远处有足够数量的土、石料场。对于建筑材料的开采条件、料场位置、埋藏深度、施工期淹没等问题均应认真考虑。

4. 施工条件

选择坝址要考虑施工导流方便，在坝址附近特别是坝址下游应有较开阔的地形以便布置施工场地，坝址距交通干线要近，对外交通方便。

5. 综合效益

对不同的坝址，要综合考虑防洪、灌溉、发电、航运等部门的经济效益和淹没损失等。

二、水利水电枢纽布置

枢纽布置就是研究确定枢纽中各种水工建筑物的相互位置，是枢纽设计中的一项重要内容。由于这项工作需要考虑的因素多，涉及面广，因此，需要从设计、施工、运用管理、技术经济等各方面进行全面论证，综合比较，最后从若干个比较方案中，选定最好的方案。

1. 枢纽布置的一般原则

（1）枢纽布置应与施工导流、施工方法和施工期限结合考虑，要在较顺利的施工条件下尽可能缩短工期。

（2）枢纽中各个建筑物能在任何条件下正常地工作，彼此不致互相干扰。

（3）在满足建筑物的强度和稳定的条件下，枢纽总造价和年运行费用最低。

（4）同工种建筑物应尽量布置在一起，以减少连接建筑物。

（5）尽可能提前发挥效益。

（6）枢纽中各建筑物应与周围环境相协调。

2. 枢纽中各建筑物对布置的要求

（1）挡水建筑物。挡水建筑物的轴线应尽可能布置成直线（拱坝除外），这样可使坝轴线最短，坝身工程量最小，施工也较方便。

（2）泄水建筑物。泄水建筑物是水利水电枢纽中不可缺少的建筑物。泄水建筑物的布置是否合理，直接关系整个枢纽的安全运行和使用效率。泄水建筑物包括溢流坝、河岸溢洪道及泄水孔、泄水隧洞等。这些泄水建筑物应具有足够的泄流能力，其中线位置及走向应尽量减少对原河道自然情况的破坏，还应注意尽量避免干扰发电站、航运、漂木及水产养殖等的正常运用。

（3）水电站建筑物。水电站的型式及站址（厂房位置）的选择是一项重要的工作。不同的电站型式有不同的厂房位置，有时即使是用一种电站型式也有不同的厂房位置方案，需要研究各种方案的施工条件、运用条件、经济条件、综合效益等，进行论证和综合比较，优选出最佳的方案。一般来说，厂房位置尽可能靠近坝，以减少输水建筑物的工程量和水头损失，但有时并不可行或并非是最佳方案，这就有个技术经济比较问题。

（4）灌溉和引水建筑物。枢纽中灌溉和引水建筑物的取水口应位于灌溉或用水地区的同一侧，其高程通过水力计算确定并取决于灌区或用水地区高程。取水口在布置上要求不被泥沙淤塞和漂浮物堵塞。

当枢纽为低坝取水或无坝取水时，为了保证引进足够的流量，取水口应布置在弯道下游段凹岸一侧。对取水口的引水角度、取水防沙设施（沉砂池、冲砂闸等），均应布置得当，以保证取水口运行可靠。

（5）过坝建筑物。过坝建筑物包括通航建筑物、过木建筑物和过鱼建筑物。在枢纽布置时应对这些建筑物与其他水工建筑物的相对位置进行充分的研究，避免相互干扰。在过去的工程实践中，这些建筑物与其他建筑物有发生干扰的情况，如过木时影响发电，影响航运；泄水建筑物泄流时影响航运等。这就有个统筹兼顾、全面考虑的问题，应尽可能使整个枢纽中各个水工建筑物在运行时互不干扰，充分发挥各个水工建筑物的效益。

三、水工建筑物设计

在枢纽布置完成后，即可进行相关水工建筑物设计。水工建筑物设计的基本内容如下：

（1）分析资料，进行枢纽工程布置，确定建筑物轴线位置。

（2）确定建筑物形式和组成部分及拟定建筑物断面尺寸，通过水文、水力计算等复核。

（3）进行体型选择和下游消能防冲设计。

（4）进行建筑物的渗透计算，包括地基渗透和绕渗，确定防渗排水设施及尺寸，计算渗流量和渗透压力，以及进行渗透稳定校核。

（5）进行建筑物稳定计算，包括抗滑稳定、抗倾、沉陷及地基应力校核。

（6）进行建筑物结构计算，校核各部件的强度，以确定截面尺寸和配筋。

（7）建筑物细部构造设计。

（8）地基处理方案设计。

（9）进行施工组织设计和工程概预算。

第四节　水利水电工程施工

水利水电工程施工是水利水电工程建设中的实施阶段。它的主要特点是：

（1）水利工程施工常在河流上进行，受水文、气象、地形、地质等因素影响很大。

（2）河流上修建的挡水建筑物，关系着下游千百万人民的生命财产安全，因此，工程施工必须保证施工质量。

（3）在河流上修建水利工程，常涉及许多部门的利益，这就必须全面规划、统筹兼顾，因而增加了施工的复杂性。

（4）水利水电工程一般位于交通不便的山区，施工准备工作量大，不仅要修建场内外交通道路和为施工服务的辅助企业，而且要修建办公室和生活用房。因此，必须十分重视施工准备工作的组织，使之既满足施工要求又减少工程投资。

（5）水利水电枢纽工程常由许多单项工程所组成，布置集中、工程量大、工种多、施工强度高，加上地形方面的限制，容易发生施工干扰。因此，需要统筹规划、高度重视现场施工的组织和管理，运用系统工程学的原理，因时、因地的选择最优的施工方案。

（6）水利工程施工过程中爆破作业、地下作业、水上水下作业和高空作业等，常常平行交叉进行，对施工安全很不利。因此，必须十分注意安全施工，防止事故发生。

一、施工导流

（一）施工导流的概念

水利枢纽工程的主体建筑物，如大坝、电站和水闸等，一般都在河流中修建。因此，在这些建筑物的施工过程中，必须为原来河道的水流安排好出路，以保证工程在干地上施工。为了使水工建筑物能在干地上进行施工，需要用围堰维护基坑，并将河水引向预定的泄水通道往下游宣泄，这就是施工导流。

（二）施工导流的方法

施工导流方式，大体上可分为三类，即分段围堰法导流、全段围堰法导流、淹没基坑法导流。

1. 分段围堰法导流

分段围堰法亦称分期围堰法，就是用围堰将水工建筑物分段、分期维护起来进行施工的方法。如图 10－1 所示为两期导流的例子。所谓分段，就是在空间上用围堰将建筑物分为若干施工段进行施工。所谓分期，就是在时间上将导流分为若干时期。

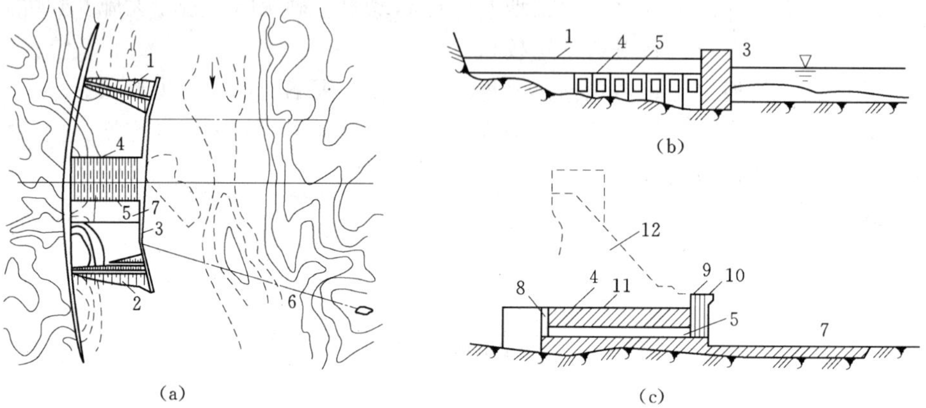

图 10－1 分段围堰法导流

(a) 平面图；(b) 下游立视图；(c) 导流底孔纵断面图

1—一期上游横向围堰；2—一期下游横向围堰；3—一、二期纵向围堰；4—预留缺口；5—导流底孔；6—二期上、下游围堰轴线；7—护坦；8—封堵闸门槽；9—工作闸门槽；10—事故闸门槽；11—已浇筑的混凝土坝体；12—未浇筑的混凝土坝体

采用分段围堰法导流时，纵向围堰位置的确定或选择河床的束窄程度时，应重视下列问题：充分利用河心洲、小岛等有利地形条件；纵向围堰尽可能与导墙、隔墙等永久建筑物相结合；束窄河床流速要考虑施工通航、筏运、围堰和河床防冲等的要求，不能超过允许流速；各段主体工程的工程量、施工强度要比较均衡；便于布置后期导流泄水建筑物，不致使后期围堰过高或截流落差过大。

分段围堰法导流一般适用于河床宽、流量大、施工期较长的工程，尤其在通航河流和冰凌严重的河流上。

2. 全段围堰法导流

全段围堰法导流，就是在河床主体工程的上下游各建一道断流围堰，使河水经河床以外的临时泄水道或永久泄水建筑物下泄。主体工程建成或接近建成时，再将临时泄水道封堵。全段围堰法导流，其泄水道类型通常有以下几种。

（1）隧洞导流。隧洞导流是在河岸中开挖隧洞，在基坑上下游修筑围堰，河水经由隧洞下泄。一般山区河流，河谷狭窄，两岸地形陡峻，山岩坚实，采用隧洞导流较为普遍。

（2）明渠导流。明渠导流是在河岸上开挖渠道，在基坑上下游修筑围堰，河水经渠道下泄。

(3) 涵管导流。涵管导流一般在修筑土坝、堆石坝工程中采用。

3. 淹没基坑法导流

这是一种辅助导流方法，在全段围堰法和分段围堰法中均可使用。山区河流特点是洪水期流量大、历时短，而枯水期流量则很小，水位暴涨暴落、变幅很大。若按一般导流标准要求来设计导流建筑物，不是挡水围堰修得很高，就是泄水建筑物的尺寸要求很大，而使用期又不长，这显然是不经济的。在这种情况下，可以考虑采用允许基坑淹没的导流方法，即洪水来临时围堰过水，若基坑被淹没，河床部分停工，待洪水退落，围堰挡水时再继续施工。这种方法，基坑淹没所引起的停工天数不长，施工进度能保证，在河道泥沙含量不大的情况下，导流总费用较节省，一般是合理的。

(三) 围堰

围堰是导流工程中的临时挡水建筑物，用来围护施工基坑，保证水工建筑物能在干地施工。在导流任务完成以后，如果围堰对永久建筑物的运行有妨碍或没有考虑作为永久建筑物的一部分时，应予拆除。

水利水电工程施工中围堰的类型，按其所使用的材料有：土石围堰、草土围堰、钢板桩格型围堰、混凝土围堰等；按围堰与水流方向的相对位置，可以分为：横向围堰和纵向围堰；按导流期间基坑淹没条件，可以分为：过水围堰和不过水围堰。过水围堰除需要满足一般围堰的基本要求外，还要满足堰顶过水的专门要求。

(四) 导流方案的选择

水利水电枢纽工程施工，从开工到建完往往不是采用单一的导流方法，而是几种导流方式组合起来配合运用，以取得最佳的技术经济效果。这种不同导流时段、不同导流方式的组合，通常称为导流方案。

导流方案的选择受多种因素影响。一个合理的导流方案，须在周密研究各种影响因素的基础上，拟定几个可能的方案，进行技术经济比较，从中选择技术经济指标优越的方案。

选择导流方案时应考虑的主要因素包括水文条件、地形条件、工程地质及水文地质条件、水工建筑物的型式及其布置、施工期间河流的综合利用、施工进度、施工方法及施工场地布置。除了以上各方面因素外，还应使主体工程尽可能及早发挥效益，简化导流程序，降低导流费用，使导流建筑物既简单易行，又适用可靠。

二、截流

在施工导流中，只有截断原河床水流，才能把河水引向导流泄水建筑物下泄，在河床中全面开展主体建筑物的施工，这就是截流。在大江大河中截流是一项难度比较大的工作。

河道截流的基本方法为立堵法和平堵法两种。

1. 立堵法截流

立堵法截流是将截流材料从龙口两端向中间或从龙口一端向另一端抛投进占，逐渐束窄龙口，直至截断河床水流。立堵法截流是我国的一种传统施工方法，此法单宽流量和最大流速都较大，对龙口及下游河床的冲刷较严重，一般适用于大流量，岩基或覆盖层较薄的岩基河床上，但立堵法不需在龙口架设浮桥或栈桥，准备工作简单，既能争取时间又能节约工程投资，故在国内外得到广泛的应用。三峡水利工程大江截流即采用该方法（附图 16）。

2. 平堵法截流

平堵法截流需先在龙口架设浮桥或栈桥，用自卸汽车在沿龙口的浮桥或栈桥上逐层抛填截流材料，使戗堤均匀上升，直至高出水面。此法单宽量最小，最大流速也较小，水流条件较好，对龙口及下游河床冲刷较轻，但在水深流急的情况下，架桥困难。

截流方法的选择需要经过必要的水力计算和水工模型试验，进行方案比较，选择既安全可靠又经济实用的截流方案。

截流材料类型的选择，主要取决于截流时可能发生的流速及开挖、起重、运输设备的能力，一般应尽可能就地取材。国内外大江大河截流的实践证明，块石是截流的最基本材料。此外，当截流水力条件较差时，还必须使用人工块体，如混凝土六面体、四面体、四脚体及钢筋混凝土构架等。

截流以后，需要继续加高围堰，完成排水、清基、基础处理等大量基坑工作，并应把围堰或永久建筑物在汛期前抢修到一定高程以上。此外，在通航的河流上进行截流，截流时段最好选择在对航运影响较小的时段内。

三、基坑排水

在截流戗堤合龙闭气以后，就要排除基坑的积水和渗水。按排水时间及性质分为：基坑开挖前的初期排水；基坑开挖及建筑物施工过程中的经常性排水。

戗堤合龙闭气后，基坑内的积水应有计划地组织排除。排除积水时，基坑内外产生水位差，也引起通过围堰和基坑的渗水。这些积水、渗水及雨水的排除，称为初期排水。

经常性排的水主要包括围堰和基坑的渗水、降水、地层含水、基岩冲洗及混凝土养护弃水等。基坑内积水排干后，围堰内外水位差增大，此时渗透流量相应增大，对围堰内坡、基坑边坡和底部的动水压力加大，容易引起管涌或流土，造成塌坡和基坑底隆起的严重后果。故在经常性排水期间，应周密地进行排水系统的布置、渗透流量的计算和排水设备的选择，并注意观察围堰的内坡、基坑边坡和基坑底面的变化，保证基坑内工作顺利进行。

四、主要建筑物施工

（一）土石坝施工

水利水电工程中，土方工程应用非常广泛。有些水工建筑物，如土坝、土堤、土渠等，几乎全部都是土方工程。它的基本施工过程是开挖、运输和压实。按施工方法不同，土石坝分为干填碾压、水中填土、水力填冲和定向爆破修筑等类型。目前，国内外仍以碾压式土石坝采用最多。碾压式土石坝主要施工内容可分为料场作业、运输作业及坝面作业。

1. 料场作业

土石坝用料量很大，料场的合理规划与使用，是土石坝施工中的关键问题之一，它不仅关系到坝体的施工质量、工期和工程投资，而且还影响工程的生态环境和国民经济其他部门。料场选择要从空间、时间、质与量等多方面进行规划。

（1）空间规划。对料场位置、高程进行恰当选择，合理布置。上坝距离尽量短，高程上有利于载重车辆下坡；原则上高料高用，低料低用。

（2）时间规划。充分考虑施工强度和坝体填筑部位的变化。随季节及坝前蓄水情况的变化，料场的工作条件也在变化。在料场规划使用中，还应保留一部分近料场供合拢段填筑和拦洪度汛高峰强度时使用。

（3）料场质量的规划。这是料场选择的最基本要求，也是决定性因素。对料场的地质成因、产状、埋深、储量以及各种物理力学指标进行全面勘探和实验。做到料尽其用，充分利用永久和临时建筑物的开挖渣料是土石坝料场规划的重要原则。

2. 运输作业

坝料的开挖运输，是保证上坝强度的重要环节之一。开挖运输方案主要根据坝体结构布置特点、坝料性质、填筑强度、料场特性、运输距离、施工设备等多方面因素。比较常见的开挖运输方案有以下几种：

（1）正向铲开挖，自卸汽车运输上坝。

（2）正向铲开挖，履带式运输机运输上坝。

（3）斗轮式挖掘机开挖，履带式运输机运输，转自卸汽车上坝。

（4）采砂船开挖，有轨机车运输，转带式运输机上坝。

坝料的开挖运输方案很多，必须结合工程施工的具体条件，组织挖、装、运、卸的机械化联合作业，提高机械利用效率，减少坝料的转运次数；各种坝料铺筑方法及设备尽量一致，减少辅助设施；充分利用地形条件，进行统筹规划和布置。

3. 坝面作业

坝面作业主要进行的是坝基开挖与处理，坝体的填筑和压实。

（1）坝基开挖与处理。防渗体或均质坝与岸坡和河床接触部分应挖至不透水层，岩石开挖清理坡度不陡于1∶0.75，土坡不陡于1∶1.15。岸坡应削成平整的斜坡，不能有明显的变坡点，反坡部位用混凝土补成正坡。

坝壳与岸坡、地基接触部位应清基，就是把坝基范围内的所有草皮、树根、坟墓、乱石以及各种建筑物等全部清除，并认真做好水井、泉眼、地道、洞穴等处理。对地表和岸坡的粉土、细砂、淤泥、腐殖土等按设计要求清除。清除深度一般为0.3～0.8m。对勘探用的试坑，应把坑内积水与杂物全部清除，并用筑坝土料回填夯实。

（2）坝体填筑施工程序及特点。坝面作业包括铺土、平土、洒水或晾晒（控制含水量）、土料压实、修整边坡、修筑反滤层、排水体及护坡、质量检查等工序。坝面作业由于工作面狭窄、工种多、工序多、机具多、如施工组织不当，将产生干扰，造成窝工，延误施工进度，所以一般多采用流水作业法组织坝面施工。

（3）坝面压实施工要求。土石料的压实是对土石坝质量起着决定性作用的一项关键性施工工作。土石料的压实效果与土石料的种类、含水量、铺土厚度、压实机械的类型及压实方法等因素有关。常使用的压实机械有羊足碾、气胎碾、平碾、振动碾及夯土机等。黏性土的压实宜用羊足碾或气胎碾；在工作面狭窄的条件下施工时，宜用夯土机夯实。

在坝面作业中，要对上坝土料质量、含水量、铺土厚度、土块大小、层间结合、碾压遍数及压实后的干容重进行检查，提出质量控制措施，并对坝面、坝基、坝与岸坡的结合部和与刚性建筑物连接处、各种土料的过渡带、反滤层及过渡层的施工质量进行全面检查。

（二）混凝土坝施工

大中型水利水电工程混凝土坝占有很大比重，特别是重力坝、拱坝应用最为普遍。而其共有特点为：工程量大、质量要求高、与施工导流关系密切、施工季节性强、浇筑强度大、温度控制严格、施工条件复杂等。混凝土坝的施工过程主要包括：前期准备工作、骨料的生产和加工、混凝土的制备和运输、混凝土的浇筑和养护等。

1. 骨料的生产和加工

骨料主要有天然和人工骨料。天然骨料需要经过筛选分级，人工骨料需要通过破碎、筛分加工。骨料生产工艺流程的设计，主要根据骨料的来源，级配要求，生产强度，堆料场地以及有无商品用量的要求来全面分析。

按照砂石料开采条件，天然砂砾料有陆地和水下两种开采方式，陆地开采与土料开采类似。水下开采，可用采砂船、液压反铲等设备开采。

对于人工骨料开采宜采用深孔微差挤压爆破，控制其块度大小。破碎加工块石，不仅应满足设计级配要求，也应以整个砂石系统的运输、加工以及原料和半成品的总费用最低为目标来确定方案。

骨料运输多采用大吨位自卸汽车运输。在骨料用量大且建筑道路投资过高的情况下，采用皮带运输机运输效果较理想。

骨料加工厂的位置应尽可能地靠近料源，且附近有足够的毛料和净料堆放场地。

附图 17 为小湾水电站砂石料加工及混凝土搅拌楼现场图片。

2. 混凝土的制备和运输

混凝土的制备是按混凝土的配合比设计的要求，将混凝土的各种原材料（水泥、骨料、水、掺合料、外加剂等）在混凝土搅拌机中拌和均匀，成为可供浇筑的混凝土熟料。在大型水利水电工程中，常用自动化拌和楼来制备混凝土，提高了生产率。

混凝土的运输是将搅拌机出口的塑态混凝土熟料运到浇筑仓内。塑态混凝土的运输工具常采用手推车、翻斗车、汽车、皮带运输机、起重机、混凝土泵等。

为了保证混凝土的质量，在混凝土运输的过程中应满足如下要求：

（1）防止水泥浆和粗骨料的离析现象，否则应重新搅拌。

（2）尽量缩短运输时间，防止在浇筑前混凝土初凝。

（3）运输容器应不吸水、不漏浆、能遮盖。

（4）运输能力应略大于拌和能力。

（5）应保证入仓温度，夏季应降温，冬季要保温。

3. 混凝土的浇筑和养护

（1）混凝土的浇筑方式。混凝土的浇筑方式大多数为平层浇筑法。它是沿仓面长边逐层水平铺填，第一层铺填完毕并振捣密实后，再铺填振捣第二层，依次类推，直达到规定的浇筑高程为止。铺料层厚与振捣性能、气温高低、混凝土调度、混凝土初凝时间和来料强度等因素有关。在一般情况下，层厚多为 30～60cm，当采用振捣器组振捣时，层厚可达 70～80cm。

（2）平仓。平仓就是把卸入仓内成堆的混凝土铺平到要求的均匀厚度。可采用振捣器平仓。振捣器应首先斜插入料堆下部，然后再一次一次地插向上部，使流态混凝土在振捣器作用下自行摊平。但须注意，使用振捣器平仓，不能代替下一个工序的振捣密实。在平仓振捣时不能造成砂浆与骨料分离。近年来，在大型水利水电工程的混凝土施工中，已逐渐推广使用推土机（或平仓机）进行混凝土平仓作业，大大提高了工作效率，减轻劳动强度；但要求仓面大，仓内无拉条，履带压力小，铲刀升降自如。

（3）振捣。振捣的目的是使混凝土密实，并使混凝土与模板、钢筋及预埋件紧密结合，从而保证混凝土的最大密实性。振捣是混凝土施工中最关键的工序，应在混凝土平仓后立即进行。混凝土振捣主要采用振捣器进行。其原理是利用振捣器产生的高频率、小振幅的振动作用，减小混凝土拌和物的内摩擦力和黏聚力，从而使塑态混凝土液化、骨料相互滑动而紧密排列、砂浆充满空隙、空气被排出，以保证混凝土密实，并使液化后的混凝土填满模板内部的空间，且与钢筋紧密结合。

混凝土浇筑好之后，为了保证强度的增长，避免因外界影响引起水分损失发生干裂现象，需要进行养护。养护分为自然养护、常压蒸汽养护、高温高压蒸汽养护。自然养护通常是在混凝土的表面用草帘或麻袋覆盖，在其上进行洒水养护。

4. 大体积混凝土的温度控制与防裂

水利水电工程中混凝土的温度应力，是由于变形受约束而产生，包括基础混凝土在降温过程中受基岩或老混凝土的约束；由非线性温度场引起各单元体之间变形不一致的内部约束；以及在气温骤降情况下，表层混凝土的急剧收缩变形，受内部热胀混凝土的约束等。由于混凝土的抗压强度远高于抗拉强度，在温度压应力作用下不致破坏的混凝土，当受到温度拉应力作用时，常因抗拉强度不足而产生裂缝。

大体积混凝土在浇筑过程中要注意温度的控制，以起到控制裂缝产生的效果。大体积混凝土温度控制的首要任务是通过控制混凝土的拌和温度来控制混凝土的入仓强度，再通过一期冷却来降低混凝土内部的水化热温升，从而降低混凝土内部的最高温升，使温差降低到允许范围。其次，大体积混凝土温控的另一任务是通过二期冷却，使坝体温度从最高温度降到接近稳定温度，以便在达到灌浆温度后及时进行纵缝灌浆。

大体积混凝土温度控制的具体措施常从混凝土的减热和散热两方面着手。所谓减热就是减少混凝土内部的发热量，如降低混凝土的拌和出机温度，以降低入仓浇筑温度；减少混凝土的水化热温升，以降低混凝土可能达到的最高温度。所谓散热就是采取各种散热措施，如增加混凝土的散热面，在混凝土温度上升期采取人工冷却降低其最高温升，当到达最高温度后，采取人工冷却措施，缩短降温冷却期，将混凝土块内的温度尽快地降到灌浆温度，以便进行接缝灌浆。

（三）地下建筑物施工

水利水电工程中的引水洞、输水洞、导流洞、泄洪洞、竖井和水电站地下厂房均属于地下建筑物。其施工要完成的工作项目主要有隧洞开挖、衬砌施工和喷锚支护等。

1. 隧洞开挖

隧洞开挖最常用的方法是钻孔爆破法。钻孔爆破法的主要施工工序是钻孔、装药、爆破、通风散烟、清撬、出渣、检查及测量放线，在地质条件较差地段，应增加锚杆支护、混凝土衬砌、灌浆等工序，同时还需进行排水、照明、供水、供电、供风等辅助工作，保证隧洞开挖施工的顺利进行。隧洞的开挖方法有全断面掘进法、台阶掘进法及导洞掘进法。

全断面开挖是指平洞的设计断面一次性钻孔爆破成型。平洞的衬砌或支护，可在全洞贯通后进行，也可在掘进相当距离后进行。当地质条件较好，围岩坚固稳定，不需要临时支护或仅需局部支护的大小断面平洞中，又有完善的机械设备，均可采用全断面开挖方法。全断面开挖的特点是，洞内工作面较大，有利于机械化施工。

当缺乏大型施工机械设备而无法进行全断面开挖时，可采用台阶掘进方法。即将工作面分为上下两层，上层超前2～4m，上下层同时爆破。具体施工顺序是爆破散烟及安全检查后，清理上层台阶的石渣，进行上层工作面的钻孔，同时出渣，清渣后下层工作面钻孔，钻孔完成后，上下层炮孔同时装药，一起爆破，保持上下工作面掘进深度一致。

导洞开挖法就是在平洞中先开挖一个小断面的洞作为先导，称为导洞，然后扩大至整个设计断面，根据导洞与扩大开挖的次序可分为导洞专进法和导洞并进法。导洞专进法是待导洞全线贯通后再开挖扩大部分；导洞并进法是待导洞开挖一定距离（一般为10～15m）后，导洞与扩大部分的开挖同时前进。根据导洞在整个断面中的不同位置，可分为上导洞、下导洞、中导洞、双侧导洞等开挖方法。

2. 衬砌施工

为了防止围岩风化和坍落，保证围岩稳定，地下洞室开挖后一般要对洞壁进行衬砌。衬砌类型有现浇混凝土或钢筋混凝土衬砌、混凝土预制块或条石衬砌等。

混凝土和钢筋混凝土衬砌的施工，有现浇和预制安装等方法。现浇混凝土衬砌施工和一般混凝土施工基本相同，但隧洞衬砌施工还有它的特点。因隧洞的纵向长度大，衬砌施工需分段进行。当结构上设有永久伸缩缝时，可以利用永久缝作为施工缝；当永久缝间距过大或无永久缝时，应划分施工缝分段浇筑。隧洞衬砌在横断面上可分为底拱、边墙、顶拱等几部分进行浇筑。隧洞混凝土衬砌可用木模板、钢模板、钢模台车等。

3. 喷锚支护

喷锚支护是喷混凝土支护、锚杆支护、喷混凝土锚杆支护、喷混凝土锚杆钢丝网支护等不同支护型式的统称，是地下工程支护的一种新型式。喷锚支护是充分利用围岩的自承能力和具有弹塑性变形的特点，有效控制和维护围岩稳定的、最大限度发挥围岩自承能力的新型支护。喷锚支护的施工特点，是在洞室开挖后，将围岩冲洗干净，适时喷上一层厚3～8cm的混凝土，防止围岩松动。如发现围岩变形过大，可视需要及时加设锚杆或加厚混凝土，使围岩稳定。所以，喷锚支护既可以作临时支护，也可以作永久支护。它适用于各种地质条件、不同断面大小的地下洞室，但不适用于地下水丰富的地区。

五、施工组织与计划

施工组织设计是实现水利水电建设的一个重要的环节。组织工程施工，主要应解决好两个问题。一是要完成施工组织设计，对施工的全局，从技术措施到组织安排，做好全面、合理的论证；二是要加强科学管理，严格质量控制，以保证在预定的时间内，用较少的人力和物力，完成规定的建设任务。

1. 施工组织设计

施工组织设计是研究施工条件、选择施工方案、对工程施工全过程实施组织和管理的指导性文件，是编制工程投资估算、设计概算和招标投标文件的主要依据。

施工组织设计的任务是从施工角度对坝址、坝型及枢纽布置进行方案比较；选定施工方案并拟定施工方法、施工程序及施工进度计划；计算工程量及相应的建筑材料、施工设备、劳动力及工程投资；根据施工现场的地形地貌、枢纽布置和各种临时设施布置的要求，进行施工总体布置。

工程实践证明，做好施工组织设计，应遵循以下基本原则：

(1) 遵循基建程序，使施工组织设计符合基建程序要求。争取提前完工尽早发挥工程效益。

(2) 降低成本，提高经济效益。

(3) 根据需要和可能，争取机械化施工，以提高劳动生产率。

(4) 组织平行流水作业，尽量均衡生产，争取全年施工。

(5) 总结推广最新技术和先进经验。

(6) 制定技术措施和组织措施，确保施工质量和施工安全。

(7) 充分掌握自然条件，特别是水文条件，切实安排好施工进度，尽量利用枯水季节施工，并注意做好冬季、夏季、雨季的施工组织工作。

2. 施工进度计划

施工进度计划是施工组织设计的重要组成部分，它规定了工程施工的顺序和速度。编制施工进度计划的目的，首先在于确保工程进度，使工程能按期完成或提前完成并交付使用。其次是在确保工期的前提下，通过施工进度计划的安排，加强施工的计划性，保证均衡、连续、有节奏地进行施工，从施工顺序和施工速度等组织措施上保证工程质量和施工安全，使建设资金、劳动力、材料和机械设备使用合理，达到综合经济效益最好的目的。

编制施工进度计划时，应把施工导流、施工方法、技术供应、施工总体布置等设计密切关联，统筹考虑。安排施工进度计划时，必须与拟定的导流程序相适应，即应根据导流程序来考虑导流、截流、拦洪、度汛、蓄水、发电等控制性环节的施工顺序和速度；施工进度要与施工场地布置、施工强度、施工方法和机械设备的生产能力相适应，还要考虑技术供应和物资供应的可能性与现实性，使施工进度计划建立在可靠的物资基础上。

施工进度计划的类型主要有总进度计划和单项工程进度计划两种。总进度计划是对整个水利水电工程编制的，要求定出整个工程中各个单项工程的施工顺序和起止日期，以及主体工程施工前的准备工作和主体工程完工后的结尾工作的施工期限。单项工程进度计划是对枢纽中的主要工程项目（如大坝、水电站等）进行编制的，要求定出单项工程中各工种、各结构部位的施工顺序和起止日期以及单项工程施工准备工作的施工期限。

施工进度计划通常用进度计划表，说明书和附表等形式表示。随着电子技术的发展，现在许多大型工程的施工进度计划是用电子计算机进行计算、绘图，最后以施工进度计划网络图来表示。

3. 施工总体布置

施工总体布置的任务是解决施工现场空间（平面与立面）的总组织问题。具体地说，就是根据施工场区的地形地貌、枢纽布置和各项临时施工设施布置的要求，研究解决施工场地的分期分区规划，对施工期间所需的交通运输设施、施工工厂设施、仓库、房屋、动力、给排水管线以及其他施工设施进行平面、立面布置。

在拟定施工总体布置图方案时应遵循因地制宜、有利生产、方便生活、易于管理、安全可靠、经济合理的原则。

（1）工地一切临时设施都是为主体工程施工服务的，在布置时必须与工程施工顺序和施工方法相适应，不能发生干扰。

（2）尽量减少临时建筑物的工程量，充分利用已有或拟建的永久性建筑物。对于必须修建的临时建筑物，应充分利用当地材料。

（3）合理使用施工场地，尽量少占农田。

（4）保证场内运输量及运费最小。

（5）主要施工设施、辅助企业和交通干线的防洪标准一般不应低于20年一遇。关系重大的，经过技术经济论证，可适当提高标准，而次要临时设施防洪标准，则可适当降低。

将施工总布置的成果，在一定比例尺的地形图上标示出来，就可构成施工总布置图。

第五节　水利水电工程管理

水利管理是指对水、水域和水利工程进行的管理，包括对水资源的开发、利用、节约、保护和对在建工程的建设管理以及对建成工程的运行、维护和经营管理。水利管理的基本任务是：合理配置、充分利用、有效保护水资源，防治水旱灾害，发挥水利效益，适应国民经济可持续发展和人民生活水平的不断提高的需要。水利管理需采取各种行政的、技术的、经济的、法律的措施，达到管理工作的目标。

水利管理要以水资源的可持续利用、支持经济和社会的可持续发展为指导思想，注重资源、环境和发展的协调，按照水的资源特性和水域的环境特性进行管理，并通过水利工程设施控制、调度水资源，发挥其在防洪、除涝、灌溉、排水、城乡供水、水力发电、航运、旅游、生产以及改善生态环境等方面的综合效益。

水利水电工程的管理不仅是工程管理部门的工作，也是设计部门和施工部门的工作，有些管理工作在设计阶段和施工阶段就已着手进行，如观测设计、观测设备的施工安装；在施工过程中严格评定工程的施工质量，详细做好施工记录及各部分的检验结果；施工结束时应将所有观测设备、施工记录及施工期间的观测资料移交给工程管理部门。工程管理人员从工程开工时就要参与工程的管理工作，如了解工程的施工质量情况及观测设备的布设及安装情况；及时组织观测工作；完工时进行全面、仔细的验收工作等。

一、工程管理内容

（1）控制运用。在原规划设计的基础上，根据当前的工程情况、水文气象情况、上下游防洪要求以及结合用水部门的要求制订最优的调度方案，最大限度地满足防洪、灌溉、发电、航运和供水等国民经济部门的要求，使工程发挥最大经济效益。

（2）检查观测。对工程中各种水工建筑物进行全面的、经常的、系统的检查观测，及时分析观测资料，以掌握其工作状况，发现存在的隐患，预见可能发生的变化，以保证工程的安全运用，并为科学研究工作提供原型观测资料。

（3）养护和修理。工程中的水工建筑物、启闭机械和机电设备在各种自然因素的长期作用下以及长期运行，必然会出现某些损坏或磨蚀。因此，需及时修理，消除隐患，以延长工程的寿命。

（4）防汛抢险。建立防汛机构，在汛期组织防汛队伍，做好汛期预报，准备防汛器材，以确保工程安全。

（5）扩建与改建。出于国民经济的发展，原有工程已不能满足要求或根据运用情况，工程有重大缺点，应进行消除时，需要对工程进行扩建及改建。

二、水工建筑物的观测

水工建筑物在水和各种荷载的长期作用下必然会发生变化。水工建筑物需要长期进行观测，对它的运行状态及其变化进行观测。除了常规的人工巡查外，多数情况下需在建筑物内预埋一些观测设备，使用相应的仪器在工程施工和运行期间进行经常的、系统的观测。其目的是：了解水工建筑物内部状态变化规律和工作情况，及时发现问题并采取相应措施进行养护与修理，以确保工程的安全运行，充分发挥工程效益；掌握施工期间水工建筑物的状态变化，据以指导施工，保证施工质量；整理分析观测资料，验证原设计及实验成果，为进一步提高设计和施工水平及为水利水电科学研究工作提供原型观测资料。

（一）变形观测

变形观测是指用仪器和设备对水工建筑物在内、外荷载和各种影响因素下产生的结构位置和总体形状的变化所进行的量测。包括土工建筑物（如土坝）以及混凝土建筑物的变位观测，土坝及其地基的固结观测和混凝土建筑物的伸缩缝观测、裂缝观测等。

1. 变位观测

变位观测包括水平位移观测和垂直位移（沉陷）观测。

（1）水平位移观测。水平位移观测是在土坝和混凝土坝的观测横断面的坝顶和坝坡上安设固定的位移点，用测量仪器观测其位置变化。观测水平位形。一般用经纬仪按照准线法或三角网法施测，前者适用于坝顶长度不大于 600m 的直线形坝，后者可用于任何坝型。对较高的混凝土坝还可采用正垂线法、倒垂线法或引张线法。

正垂线法是利用一条悬挂在坝体固定点上的铅垂线为基准，当坝体发生变形时，铅垂线位置亦发生变化，在观测点量出铅垂线所偏离的距离。即得两点的相对水平位移。

重力坝常将正垂线布置在坝体的竖井或宽缝内，拱坝则布置在专门设置的竖井内。通常采用一点支承多点观测的装置，用坐标仪进行观测。

倒垂线法和正垂线法一样，利用铅垂线观测坝体位移，但它的底部固定在基岩深处，顶端自由，利用液体对浮子的浮力将不锈钢丝拉紧。由于底部固定，所以可量测各点的绝对水平位移。

引张线法是用一根不锈钢丝，两端施加张力使之成为一直线，利用此直线来测定建筑物在垂直该直线方向上的水平位移。引张线设在坝体不同高程的廊道内，端点最好位于坝外山头上，测点埋设在坝体上随坝体变形而移动。

（2）垂直位移（沉陷）观测。土坝的沉陷可用水准测量观测。混凝土坝由于其垂直位移远小于土坝的沉陷量，因此常需采用精密水准测量或精密连通管方法测量。

2. 土坝的固结观测

土坝固结和孔隙水压力观测的目的是在于了解土坝在施工期间和运用期间的固结情况和孔隙水压力的分布和消长情况，以便合理安排施工进度，核算坝坡稳定。固结观测一般是在坝身内埋设横梁式固结管，测量各测点的高程变化来计算固结量。

3. 混凝土建筑物的伸缩缝观测

混凝土建筑物的伸缩缝开合与混凝土的温度、水库水位、水温、气温等因素有关。可在最大坝高、地质情况复杂或进行应力应变观测坝段的伸缩缝上布置测点，测点安设在坝顶、下游坝面和廊道内，一条伸缩缝上的测点不得少于两个，伸缩缝观测是在测点处理设金属标点或差动式电阻测缝计，以测量缝的变化。

4. 裂缝观测

裂缝观测是对水工建筑物发生的裂缝，进行分布、位置、长度、宽度、深度和缝两侧建筑物相对位移等发展过程的测量，以及通过预埋的设备对水工建筑物可能产生裂缝的部位进行定期的监测。裂缝观测包括土坝的裂缝观测和混凝土坝的裂缝观测。

（1）土坝裂缝观测。土工坝体表面出现的裂缝，产生裂缝的原因不同，其对坝身安全的影响也不同，应进一步弄清情况。对于缝宽大于5mm，或缝宽虽不足5mm，但裂缝较长、较深或穿过坝轴线的裂缝、弧形裂缝、垂直错缝以及混凝土建筑物连接处的裂缝必须进行观测。在观测时，应将裂缝的位置、走向、长度和密度作出记录并进行裂缝编号，绘成裂缝平面图及裂缝形状图。在观测成果的基础上，分析研究其原因和对土坝安全的影响，以便采取相应的处理措施。

（2）混凝土建筑物的裂缝观测。在观测混凝土裂缝时，应对裂缝的分布、位置、长度、宽度、深度以及是否贯穿等作出记录并进行裂缝编号。对重要裂缝应设置固定标点，对缝宽的变化情况定期进行观测。

裂缝宽度的观测，通常可用放大镜测定，重要裂缝可在缝两侧的混凝土表面埋设金属标点，用游标卡尺测定。裂缝深度的测定，一般可用金属丝探测，也可用超声波探伤仪等仪器测定。

（二）渗透观测

1. 土工建筑物的渗透观测

（1）浸润线观测。可用测压管观测土坝坝体内浸润线的位置变化。观测断面应布置在有代表性的部位。观测断面一般不应少于3个。

观测测压管水位常用的仪器有电测水位器，示数水位计和压气U形管等。

（2）渗流量观测。一般可采用容积法、量水堰法或测流速法进行，最常用的是量水堰法。

（3）绕流观测。土坝两岸或连接混凝土建筑物的土坝坝体的绕流观测，可沿绕流线布置观测断面，每个断面布置2～4个绕流测压管。

（4）坝基渗压观测。为了及时了解坝基的渗水压力及其变化，应在坝基埋设渗水压力测压管。

（5）渗水透明度观测。为了判断排水设备的工作情况是否正常，检验有无发生管涌的征兆，应对土坝和坝基的渗水进行透明度观测。渗水透明度是用特制的透明度管来观测的。通过在透明度管中的渗出水样的透明度，可以确定渗水的含泥量。

2. 混凝土建筑物的渗透观测

（1）地基扬压力观测。地基扬压力由埋设在建筑物与地基接触面上的差动电阻渗压计进行观测。测压断面应选择在最大坝高、老河床和地质条件较差的地段。测压断面一般不应少于3个。

（2）渗透流量及绕坝渗流观测。观测方法与土坝相同。

（3）内部渗透压力的观测。在有代表性的坝段内选取若干个水平截面，在靠上游坝面附近埋设一排差动电阻式渗压计，观测混凝土建筑物内部的渗透压力。

（4）外水压力观测。为了了解隧洞或土坝坝身内泄水孔的外水压力的变化，需要进行外水压力观测。外水压力通常用外水压力测压管施测。

（三）应力观测

1. 混凝土坝的应力观测

为了解混凝土坝在不同工作条件下内部应力的分布和变化，应选择一些有代表性的坝段或特殊部位进行应力观测。混凝土坝的应力观测是由在施工期间埋设坝体内的应变计进行的。应变计有差动电阻式和钢弦频率式两种，国内多采用差动电阻式。用电缆将应变计引到观测站的集线箱上，用比例电桥测读应变计的电阻和电阻比，从而计算出混凝土在应力、温度、湿度及化学作用下产生的总应变。同时在测点附近埋设无应力计，观测混凝土的非应力应变。非应力应变是在温度、湿度和化学作用下产生的应变。从总应变中扣除非应力应变，即为应力引起的混凝土的应变，再通过混凝土徐变及弹性模量等关系，将应变换算成应力。

2. 土压力观测

土压力观测一般用土压计，有差动电阻式和钢弦式两种。

（四）混凝土坝的温度观测

为了解大坝由于混凝土本身水化热、水温、气温和太阳辐射等引起的坝体内部温度分布和变化情况，用以研究温度对坝的应力及体积变化的影响，分析坝体的运行状态；同时也为了随时掌握施工中混凝土的散热情况，防止产生温度裂缝和确定灌浆时间，应进行混凝土的温度观测。

混凝土坝内部温度的观测，可采用电阻式温度计，在坝体施工期间埋设在混凝土内，由电缆引到观测站的集线箱上，用比例电桥测定温度计的电阻，通过电阻和温度的关系换算成温度。

（五）水流观测

水流观测的目的在于了解水工建筑物上下游水流情况以及水流对建筑物的影响，以便制定合理的运行方式，或采取必要的措施，避免不利的情况发生，确保工程安全和正常运用。水流观测的主要内容包括：

（1）水位、流量、流速、流态等项目的观测。一般是用水文测验的方法量测，辅以摄影和目测描绘。

（2）振动观测。目的在于了解建筑物、闸门由于水流引起的振动对其安全的影响，研究减免振动的运用方式和措施，尤其要避免造成共振。观测时，将仪器的感应部分与振动部位的测点接触，通过示波仪观测记录其振幅和频率。

（3）水流脉动压力观测。水流脉动压力可使闸坝、输水管道等结构振动，也是引起护坦、海漫、输水管道、溢流坝面等破坏的力。水流脉动压力用电测方法进行观测，感应部分为脉动压力传感器，记录部分为示波仪。

（4）负压观测。一般在高压闸门的门槽、门后顶部、进水喇叭口曲线段、溢流面、反弧段末端等布置负压观测点。负压观测管为圆形金属管，管应在施工期间埋好，管口一端应与建筑物齐平；另一端引入观测廊道或观测井内与真空压力表或水银压差计相连。

（5）进气量观测。一般采用孔口板法、毕托管，热胆丝及风速仪等方法进行。其目的是为了了解通风管的工作效能。

（6）空蚀观测。空蚀观测是为了了解空蚀对建筑物的影响，研究减轻或防止空蚀的方法和检修措施。对于容易发生空蚀的部位，应进行观测。当发现产生空蚀时，应分别轻重缓急，严重的应立即停止使用，并研究产生的原因，制定抢修方案。

（7）过水面压力分布观测。在过水面上布设一系列测压管，通过测压管中水面高程或压力大小，即可得出过水面上压力分布情形，并画出压力分布图。

三、水工建筑物的养护和修理

为保持水工建筑物完整和安全运行所进行的各种养护和修理。水工建筑物投入运行后，因受建筑物工程质量、环境变化和管理水平等影响，随时间的增长会产生病害或破坏。工程管理部门应遵循水库、水闸、河道堤防和渠道等水工建筑物的有关管理技术标准、规定对其进行经常养护和修理。

1. 水工建筑物的养护

（1）土坝。坝顶、坝坡应保持整齐清洁，填塞坝面的裂缝、洞穴和局部下陷处，防止排水设施淤塞，及时修复因波浪而掀起的块石护坡。

（2）混凝土及钢筋混凝土结构。填塞混凝土裂缝，处理疏松或被侵蚀的混凝土，随时填满分缝止水沥青中的沥青，放水前清除杂物，保持排水系统畅通等。

（3）钢结构。定期除锈、刷油漆、检查铆钉和螺钉是否松动、焊缝附近是否变形等。闸门应定期启动，以防止泥沙淤积，橡皮止水如有硬化应及时更换。

（4）木结构。木结构应尽量保持干燥，定期刷油漆或沥青进行防腐处理，对个别损坏的构件应及时更换。

（5）启闭机械和机电设备的维护。这些设备应有防尘防潮设施，需经常保持清洁，定期检修；应经常检查油、水、气管路是否正常，各轴承、齿轮、滑轮及润滑系统应定期加润滑油并检查其油质是否合格；应定期检查泥沙对水轮机轴承、导水叶的磨损和卡阻等。

（6）防冻保护。在北方寒冷地区应采取措施防止冰块对建筑物的破坏。在水电站进水口应定期排冰，注意防止冰块对水轮机转轮叶片的破坏。

2. 水工建筑物的修理

（1）土坝的修理。土坝修理的主要内容包括裂缝处理、滑坡处理、渗漏和管涌处理以及护坡修理。

（2）混凝土及钢筋混凝土建筑物的修理。主要包括裂缝处理和表面缺陷的修补。裂缝处理可采用表面涂抹及贴补、齿槽嵌补或灌浆等方法进行处理。表面缺陷可用填混凝土或用水泥喷浆喷水泥砂浆等方法修补。此外，还可采用环氧材料、铁屑混凝土等修补。

参 考 文 献

[1] 赵广和，等．中国水利百科全书（综合分册）[M]．北京：中国水利水电出版社，2004.
[2] 郑连弟，等．中国水利百科全书（水利史分册）[M]．北京：中国水利水电出版社，2004.
[3] 陈志凯，等．中国水利百科全书（水文与水资源分册）[M]．北京：中国水利水电出版社，2004.
[4] 中国水利百科全书（第二版）[M]．北京：中国水利水电出版社，2005（4）.
[5] 中国水利百科全书（第一版）[M]．北京：中国水利水电出版社，1990（1）.
[6] 何俊仕，林洪孝．水资源概论[M]．北京：中国农业大学出版社，2006.
[7] 朱铁铮．20世纪中国河流水电规划[M]．北京：中国电力出版社，2002.
[8] 李珍照，等．中国水利百科全书（水工建筑物分册）[M]．北京：中国水利水电出版社，2004.
[9] 林继墉．水工建筑物[M]．北京：中国水利水电出版社，2006.
[10] 普通高等学校理工科本科专业规范：水利水电工程专业[S]．2009.
[11] 谈广鸣，等．水利类专业发展趋势研究报告[R]．武汉大学，2005.
[12] 顾圣平，田富强，徐得潜．水资源规划及利用[M]．北京：中国水利水电出版社，2010.
[13] 田士豪，陈新元．水利水电工程概论[M]．北京：中国电力出版社，2004.
[14] 邹冰，杨振华．水利工程概论[M]．北京：中国水利水电出版社，2006.
[15] 王世夏．水工设计的理论和方法[M]．北京：中国水利水电出版社，2000.
[16] 李宗坤，孙明权，郝红科，等．水利水电工程概论[M]．郑州：黄河水利出版社，2005.
[17] 沈长松．水工建筑物[M]．北京：中国水利水电出版社，2008.
[18] 马善定，汪如泽．水电站建筑物[M]．北京：中国水利水电出版社，1996.
[19] 董毓新，等．中国水利百科全书（水力发电分册）[M]．北京：中国水利水电出版社，2004.
[20] 郭元裕．农田水利学[M]．北京：中国水利水电出版社，1996.
[21] 徐建新．灌溉排水新技术[M]．北京：中央广播电视大学出版社，2005.
[22] 张景成，张立秋．水泵与水泵站[M]．哈尔滨：哈尔滨工业大学出版社，2003.
[23] 沙鲁生．水泵与水泵站[M]．北京：水利电力出版社，1993.
[24] 崔承章，熊治平．治河防洪工程[M]．北京：中国水利水电出版社，2004.
[25] 富曾慈，等．中国水利百科全书（防洪分册）[M]．北京：中国水利水电出版社，2004.
[26] 王金亭．城市防洪[M]．郑州：黄河水利出版社，2008.
[27] 郭维东．河道整治[M]．沈阳：东北大学出版社，2003.
[28] 柳学振，伶名辉．治河与防洪[M]．北京：水利电力出版社，1991.
[29] 赵绍华．防洪抢险技术[M]．北京：中央广播电视大学出版社，2003.
[30] 牛运光．防汛与抢险[M]．北京：中国水利水电出版社，2003.
[31] 孔繁德．生态保护[M]．北京：中国环境科学出版社，2005.
[32] 董哲仁，孙东亚．生态水利工程原理与技术[M]．北京：中国水利水电出版社，2007.
[33] 许士国．环境水利学[M]．北京：中央广播电视大学出版社，2005.
[34] 方子云，等．中国水利百科全书（环境水利分册）[M]．北京：中国水利水电出版社，2004.
[35] 汪恕诚．资源水利——人与自然和谐相处[M]．北京：中国水利水电出版社，2003.
[36] 梅孝威．水利工程管理[M]．北京：中国水利水电出版社，2005.
[37] 温随群．水利工程管理[M]．北京：中央广播电视大学出版社，2002.

［38］　袁光裕．水利工程施工［M］．北京：中国水利水电出版社，2008.
［39］　中华人民共和国行业标准：水利水电工程等级划分及洪水标准（SL 252—2000）［S］．2000.
［40］　水利部水资源司．中国水资源要览（1998～2002）［M］．北京：中国水利水电出版社，2003.

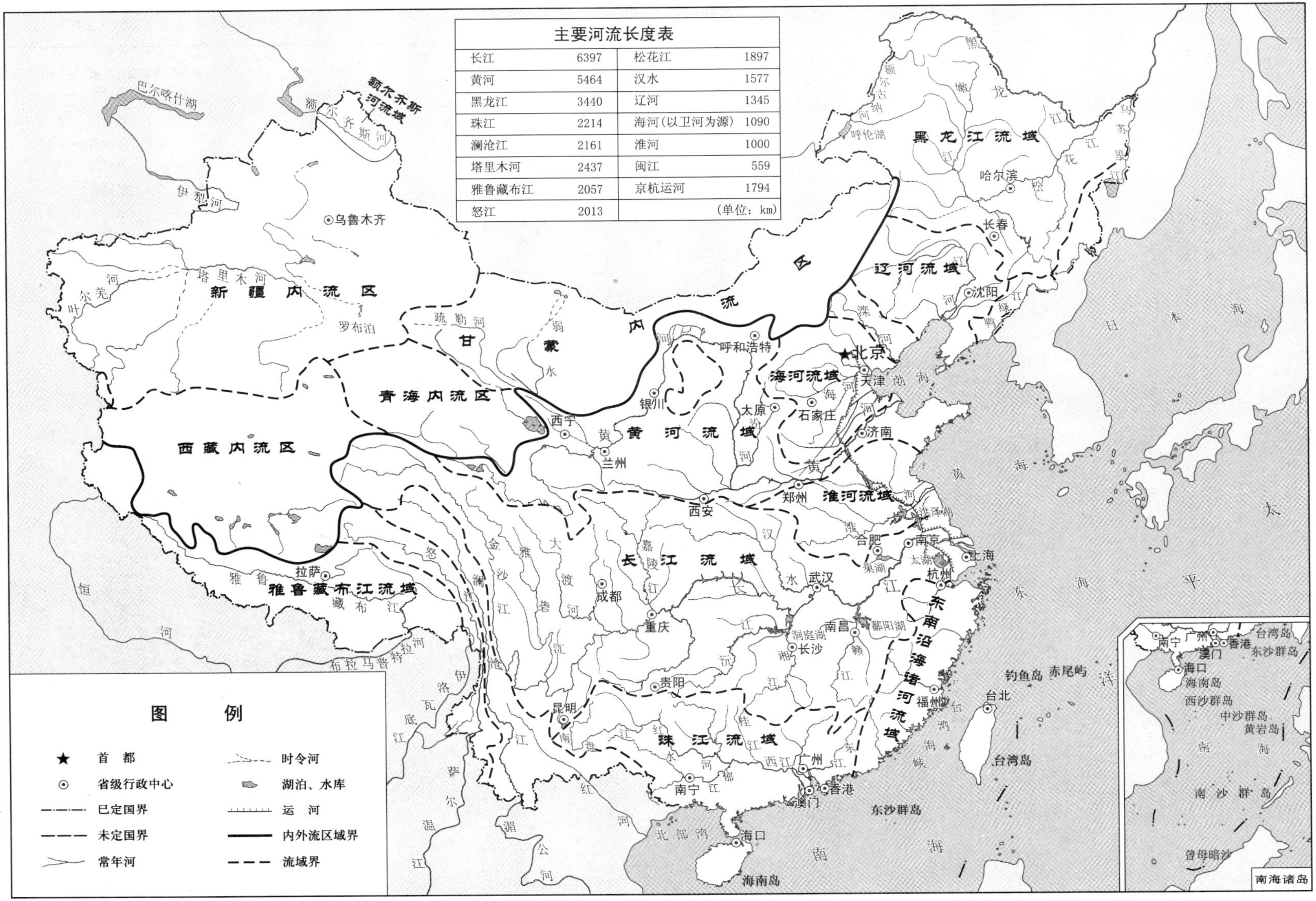

主要河流长度表

长江	6397	松花江	1897
黄河	5464	汉水	1577
黑龙江	3440	辽河	1345
珠江	2214	海河(以卫河为源)	1090
澜沧江	2161	淮河	1000
塔里木河	2437	闽江	559
雅鲁藏布江	2057	京杭运河	1794
怒江	2013		(单位：km)

附图 1　中国水系图

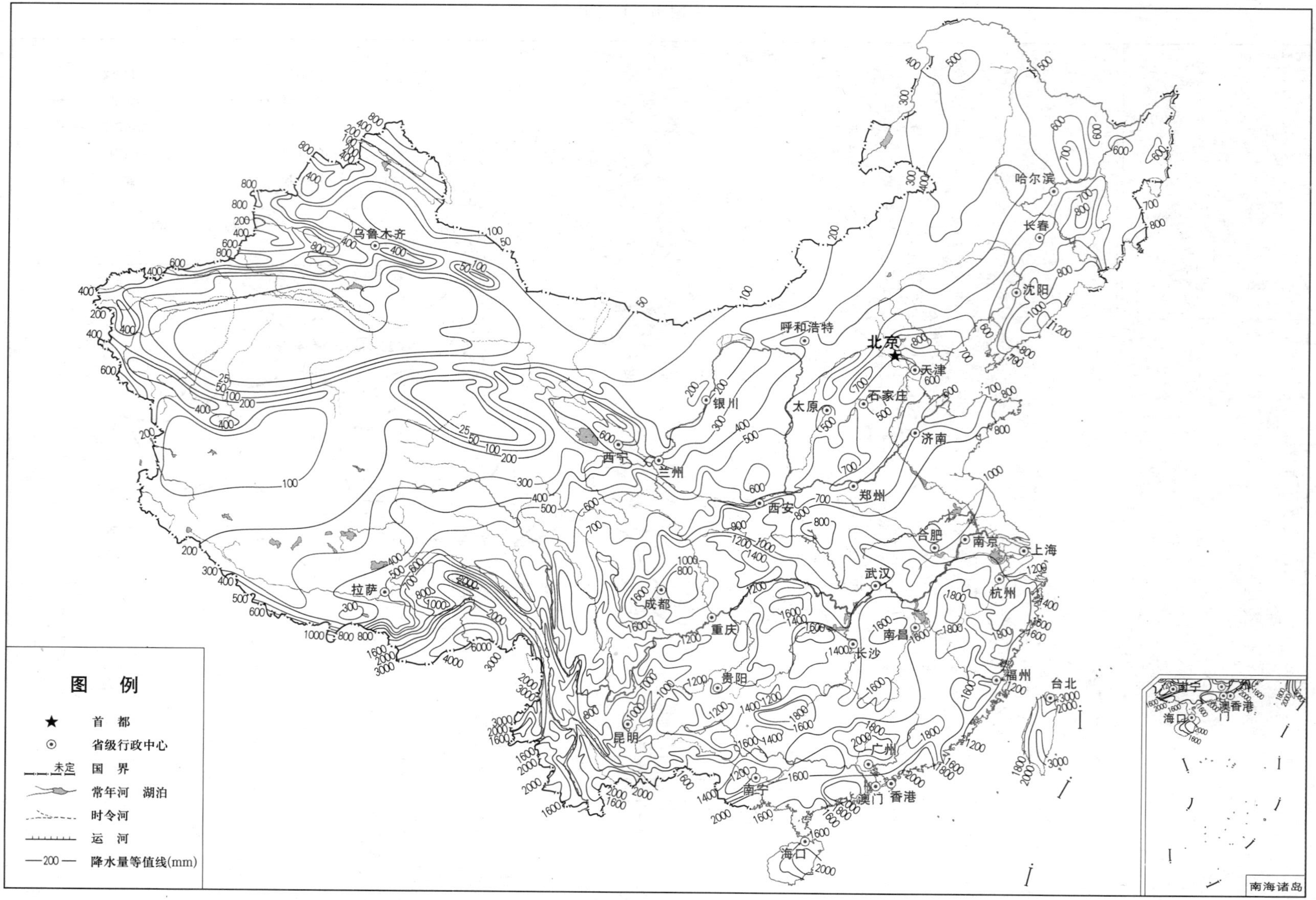

附图 2 中国多年平均雨量分布图

附图 3　长江三峡混凝土重力坝

附图 4　小浪底斜心墙堆石坝

附图 5　葛洲坝水利枢纽工程

附图 6　二滩混凝土双曲拱坝

附图 7　淮河临淮岗洪水控制工程深孔闸

附图 8　淠史杭灌区将军山渡槽

附图 9　新安江水电站

附图 10　法国朗斯潮汐电站

附图 11　主变压器场

附图 12　高压开关站

附图 13　江都排灌站

附图 14　南京市外秦淮河防洪治理工程

(a)　　(b)

附图 15　生态护坡

附图 16　三峡水利工程大江截流

附图 17　小湾水电站砂石料加工及混凝土搅拌楼